数智时代

— 数智时代丛书 —

打造智慧城市

SHUZHI SHIDAI
DAZAO ZHIHUI CHENGSHI

陈晓红 ◎ 丛书主编

陈晓红 任 剑 张新玉 ◎ 著

湖南人民出版社·长沙

图书在版编目（CIP）数据

数智时代：打造智慧城市 / 陈晓红，任剑，张新玉著. --长沙：湖南人民出版社，2024.7

ISBN 978-7-5561-3528-8

Ⅰ. ①数⋯ Ⅱ. ①陈⋯ ②任⋯ ③张⋯ Ⅲ. ①智慧城市—研究 Ⅳ. ①F291

中国国家版本馆CIP数据核字（2024）第070476号

SHUZHI SHIDAI: DAZAO ZHIHUI CHENGSHI

数智时代：打造智慧城市

著　　者	陈晓红　任　剑　张新玉
责任编辑	吴韫丽
封面设计	黎　珊
责任印制	肖　晖
责任校对	丁　雯　蔡娟娟

出版发行	湖南人民出版社 [http://www.hnppp.com]
地　　址	长沙市营盘东路3号
电　　话	0731-82683346
邮　　编	410005

印　　刷	长沙超峰印刷有限公司
版　　次	2024年7月第1版
印　　次	2024年7月第1次印刷
开　　本	710 mm×1000 mm　1/16
印　　张	26
字　　数	373千字
书　　号	ISBN 978-7-5561-3528-8
定　　价	88.00元

营销电话：0731-82221529（如发现印装质量问题请与出版社调换）

☆ 总 序 ☆

2023 年，习近平向 2023 中国国际智能产业博览会致贺信，指出，"当前，互联网、大数据、云计算、人工智能、区块链等新技术深刻演变，产业数字化、智能化、绿色化转型不断加速，智能产业、数字经济蓬勃发展，极大改变全球要素资源配置方式、产业发展模式和人民生活方式"。推动高质量发展必须促进数字经济与实体经济融合发展，紧跟数字化、网络化、智能化方向，推动制造业、服务业、农业等产业数字化，利用互联网新技术对传统产业进行全方位、全链条的改造，提高全要素生产率，发挥数智技术对经济发展的放大、叠加、倍增作用。

数字经济是我国经济发展的重要组成部分。2016 年，G20 杭州峰会发布的《二十国集团数字经济发展与合作倡议》将数字经济定义为：以使用数字化的知识和信息作为关键生产要素、以现代信息网络作为重要载体、以信息通信技术的有效使用作为效率提升和经济结构优化的重要推动力的一系列经济活动。数字经济是以数字技术为核心，以数据为关键要素，以网络化、智能化、个性化为主要特征的经济形态。近年来，我国数字经济规模快速增长，已从2012年的11万亿元增至2022年的50.2万亿元，多年稳居世界第二，占国内生产总值比重由21.6%提升至41.5%。数字经济对经济社会发展的引领支撑作用日益凸显，成为稳增长促转型的重要引擎。

当前，我国各地城市规模日益发展，社会结构日趋多元，群众利益诉求复杂多样，治理难度不断增大。积极应用数字技术，让城市更聪明、更智慧，成为推动城市治理体系和治理能力现代化的必由之路。2020年，在杭州城市大脑运营指挥中心，习近平总书记强调："从信息化到智能化再到智慧化，是建设智慧城市的必由之路，前景广阔。"党的二十大报告提出："提高城市规划、建设、治理水平，加快转变超大特大城市发展方式，实施城市更新行动，加强城市基础设施建设，打造宜居、韧性、智慧城市。"推进城市治理现代化，必须运用现代化科技手段，推动城市治理由人力密集型向人机交互型转变、由经验判断型向数据分析型转变、由被动处置型向主动发现型转变。雄安城市计算中心投入运营，为整个数字孪生城市大数据、区块链、物联网等提供网络、计算和存储服务，构建起雄安新区物理城市与数字城市精准映射、虚实交融的城市新格局。深圳实现"一图全面感知、一号走遍深圳、一键可知全局、一体运行联动、一站创新创业、一屏智享生活"，数据的有效连接与智能交互打破了不同部门、领域之间的壁垒。上海正把超大城市作为一个系统的生命体，充分利用人工智能、云计算、大数据等技术，积极推动城市运行管理创新，跨部门、跨层级、跨区域的城市运营管理加速数据联通、服务联结、治理联动。

制造业是国家经济命脉所系。党的二十大报告提出，建设现代化产业体系，推进新型工业化，加快建设制造强国。近年来，我国努力推进数智技术与制造业深度融合，智能制造应用规模和发展水平大幅跃升，有力支撑了工业经济的高质量发展。例如：借助智能设备，质检线上可以智能识别细小瑕疵，助力实现精细化生产；通过智能巡检技术，远在千里之外也能云端管理大型风力发电机，工作效率显著提升。然而，我国智能制造产业发展仍然面临高性能芯片、智能仪器仪表和传感器、操作系统、工业软件等关键核心元器件和零部件不能完全自主掌握的局面。随着工业互联网、大数据、人工智能、数字孪生实现群体突破和融合应用，智能制造应以智能制造系统软件、AI（人工智能）大模型、通用仿生机器人的部署应用为重点产业突破方向，支持打造以大模型为代表的人工智能与制造业深度融合的应用场景。

2024年《政府工作报告》提出：深入推进数字经济创新发展；深化大数据、人工智能等研发应用，开展"人工智能+"行动，打造具有国际竞争力的数字产业集群；实施制造业数字化转型行动，加快工业互联网规模化应用，推进服务业数字化，建设智慧城市、数字乡村。当今时代，数字技术、数字经济是世界科技革命和产业变革的先机，是新一轮国际竞争重点领域，要抓住先机、抢占未来发展制高点，站在统筹中华民族伟大复兴战略全局和世界百年未有之大变局的高度，大力发展我国数字经济。

展望2035年目标，数智时代正迈向繁荣成熟期，应统筹国内国际两个大局、发展安全两件大事，充分发挥海量数据和丰富应用场景优势，促进数字技术和实体经济深度融合，赋能传统产业转型升级，催生新产业新业态新模式。同时加强形势研判，推动智能产业、数字经济更好服务和融入新发展格局，立足新发展阶段推动高质量发展，在全面建设社会主义现代化国家新征程上展现新作为。

2023 年，湖南人民出版社策划"数智时代丛书"，邀请我担任丛书主编，我欣然同意。丛书拟包括《数智时代：数字经济的现在与未来》《数智时代：打造智慧城市》《数智时代：赢在智能制造》等著作，从数智时代的现在与未来，数智时代如何优化城市治理、如何推动智能制造等方面，为读者解读数智时代发展的现状与趋势，探讨数智时代发展的实践经验与理论启示。在这个数字化时代的风口上，我希望通过我们的研究和实践，与大家共同探索和把握数智时代的新趋势，加深对数智时代的了解，探索数字化为城市带来的全新面貌，推动智能产业创新发展，加强数字领域的交流与合作，携手创造更加幸福美好的未来。

"智汇八方，博采众长"，让我们共同努力，在加快建设网络强国、数字中国的路上走得更快、更稳。

中国工程院院士　陈晓红

2024 年 5 月

目录

技术篇

实践篇

未来篇

理论篇

SHUZHI SHIDAI

数智时代：打造智慧城市

☆ 第一章 ☆

绪论

第一节 智慧城市的产生与研究对象

    城市化的快速推进有效地提升了公共服务能力，促进了社会事业全面进步，进一步改善了居民的生活质量，但同时也产生了一些"城市病"，如交通拥堵、住房紧张、供水不足、能源紧缺、环境污染等。为优化城市发展结构，实现城市化的可持续性发展，智慧城市应运而生。智慧城市是当前城市发展的新理念、新模式，它以改善城市人居环境质量、优化城市管理与生产生活方式、提升城市居民幸福感为目的，是信息时代的新型城市化发展模式，对城市实现以人为本、全面协调可持续的科学发展具有重要意义。目前，新兴技术深刻影响着社会创新和城市治理的变革与发展。《中华人民共和国国民经济和社会发展第十四个五年规划和2035年远景目标纲要》指出，要加强数字社会、数字政府建设，提升城市服务、社会治理等数字化智能化水平。在此背景下，智慧城市作为连接数字政府与智慧社会的纽带，成为通向治理能力与治理体系现代化的重要桥梁，正处于数字赋能与治理驱动的交汇点。

数智时代：打造智慧城市

一、智慧城市产生的理论与实践基础

（一）智慧城市产生的理论基础

1. 城市治理理论

城市治理理论的始创人之一罗西瑙，在其著作《没有政府的治理》《21世纪的治理》等中提出了关于城市治理的概念：一系列活动领域里的管理机制，它们虽未得到正式授权，却能有效发挥作用。城市治理是政治学、社会学、法学、经济学等多学科交叉的专业领域，理念与技术缺一不可，以建立高水准的政府公共服务体系为目标，着力实现为城市居民提供高标准、便捷、智能的服务。传统的由政府为主导的城市管理思路和方式已无法满足现代化生产生活水平下城市的需求，因此加快提升城市治理能力现代化并建立完善的现代化城市治理体系势在必行。不过，在城市治理转型的过程中，必须注重治理逻辑的完整性、交互性、智能化。

近年来，我国不断完善治理体系与提升治理能力。第一，致力于打造"服务型政府"。持续强化城市治理的能力和服务民众的水平，始终坚持"为人民服务"的根本宗旨不动摇。第二，鼓励支持并引导非政府组织。充分调动当前社会组织的积极性，借助非政府组织的力量，不断完善城市治理体系。同时，帮助非政府组织解决存在的问题，从政府和立法角度提供相应的支持，推动非政府组织长足发展，成为城市治理的有力力量。第三，积极推动市民参与。市民在城市治理中可以发挥创造性作用，让城市治理变得更为民主化，鼓励多元治理，有利于形成共建共治共享新治理模式。第四，探索数字城市治理新方式。充分利用技术手段，高效整合数字化信息平台，搭建政府和非政府机构共享数据库，挖掘开发数据库，更好地实现利民、惠民、便民。

2. "整体政府"理论

"整体政府"最初是一项改革举措，是西方在新公共管理运动以后，在20世纪90年代末进行的第二次改革运动的成果。"整体政府"施政理念是由英国首相布莱尔于1997年首次提出的。当前，国家大力提倡电子政务的普及，侧重于对服务型政府和民生方面的投入，同时信息平台和数据库也在完善中。目前，信息化建设仍以地方部门为主导，以某个具体项目为对象，以一种分散独立的模式进行着，各个主体都局限于自己希望实现的需求和功能，无法兼顾不同主体之间的沟通协作以及客户的友好体验，一般仅注重单一功能的平台开发，忽略整个行业需求的资源整合，耦合度低，集成度低，使用效率低，缺乏规划统筹。在"整体政府"理论中，关键的一点是打破信息壁垒，实现不同职能部门之间高效、通畅的跨部门数据共享，实现的具体形式是打造跨部门、跨条块的数据库，从而实现信用、医疗、税务、金融、教育、人口等数据的共享，有效避免重复建设，降低统计成本，减少相关资源如人工、管理、政务等方面的浪费，形成"一窗受理"的面向对象的数据查阅模式。伴随着政府行政职能日益细化，"整体政府"理论的运用有利于防止行政职能碎片化现象，让不同政府职能部门之间协同合作，不再是一个相对独立的运行环境，打造一个沟通有效、信息数据交换高效的运行机制。这在信息化迅猛发展的时代背景下，能极大提高资源利用率，降低运行成本，提高办事效率，进而提升民众满意度，实现管理智慧化。

3. "网格化城市管理"理论

"网格化城市管理"是一种以"万米单元网格管理法""城市部件管理法"两种管理方法相结合的新型管理模式，它将当前多种数字化城市管理技术手段集成整合后，应用于具体场景，是由北京大学学者陈平及其团队将现代工程科学与现代社会科学有机结合，自主研发的，可以实现整个城市在空间、时间上监控、全覆盖式管理。这样一种"可零可整"的新型管理思路，是城市管理实践中一次有效探索，并取得创新成果。网格化城市管理显著的特征，是以某单位大小的网格为管理单元，具有信息化、封闭式、动态更新等特点，是一种新型管理模式。这种模式重视对单元信息的采集利用，将涉及城市管理的数据划分为空间数据和非空间数据，前者一般包含数字城市空间内网格单元编码数据、基本信息等静态化数据，后者则指的是供决策参考的动态信息。网格化城市管理建立了独特的"双轴化"机制，有效地将管理和监督分隔开，形成"管理轴"和"监督轴"。前者主体是调度中心，扮演着整体调度协调的角色，发挥着将问题打包分配到相关职能部门的作用；后者主体扮演监督的角色，作用是实施城市管理的全程监督，实时汇总、监督运行信息，对决策实践的成效进行评价分析。网格化城市管理取得了实践成效，为智慧城市建设提供了很好的思路，有助于提高智慧城市运行效率。

（二）智慧城市产生的实践基础

1. 国外智慧城市概念发展

国外关于城市信息化进程的研究，概念迭代逻辑基本呈现这样一种现象：智慧城市是从数字城市发展而来，而数字城市则来源于信息/信息化城市。最早研究信息城市或者信息化城市者首推南加州大学传播学院教授、社会学者曼纽尔·卡斯特尔（Manuel Castells）。他于1989年出版了《信息化城市》（*The Informational City*）一书，作为一个具有区域城市规划专业知识，以及出版"信息时代三部曲"的信息社会理论学者，他在信息对城市规划、设置与管理中的作用与效应方面，有前瞻性的认识。根据学者安娜丽莎·库奇亚（Annalisa Cocchia）的研究，1997年12月在日本京都召开的《联合国气候变化框架公约》缔约方第三次会议通过了旨在限制发达国家温室气体排放量以抑制全球变暖的《京都议定书》，此后数字城市的概念及相关研究大量增加。2010年，国外对于智慧城市的研究远超对于数字城市的研究。这与2010年IBM正式提出的"智慧城市"建设愿景密不可分。Pardo在2011年讨论了如何将一个特定的城市视为智慧城市，并提出与智慧城市的三个主要维度（技术、人员和制度）相一致的战略原则。2012年，《欧洲2020战略》（*European 2020 Strategy*）与智慧城市的提出有一定的关联性。该战略在城市空间可持续性方面，广泛使用了智慧城市标签，关注了环境保护、可持续性和社会问题等。Leonidas发现，通过八种不同类别的智慧城市概念模型，可以构成统一的概念模型，涉及智慧城市设施、服务、治理、规划和管理、建筑、数据和人。根据学者研究，国外智慧城市的多元概念模型如表1-1。

表1-1 国外主要学者的智慧城市概念模型

学者	模型名称	要素描述
安索普洛斯（2015）	智慧城市维度	资源、交通、城市基础设施、生活、政府、经济、凝聚力
内罗蒂等（2014）	智慧城市域	自然资源与能源、交通与移动、建筑、生活、政府、经济与人
格雷布伐等（2014）	智慧城市概念要素	智能交通系统、公共安全、能源消耗管控、环境保护、ICT（Information and communications Technology，信息与通信技术）
IBM（索德斯特伦等，2014）	九柱模型	规划管理服务、基础设施服务、人的服务
拿帕哈德（2011）	智慧城市方程	仪表（将城市现象转化为数据）+互联（数据）+智能
霍兰茨（2008）	智慧城市模型	政府服务、交通、能源和水、医疗、教育、公共安全和其他核心ICT系统
吉芬格等（2007）	智慧城市模型	仪表化（基于数据收集）、互联（促使数据流动）、智能（利用数据改善城市生活）

2. 国内智慧城市产生的实践基础

2009年，IBM公司发布《智慧地球赢在中国》计划书，全球范围内开始流行智慧城市这个概念。2009年开始，中国智慧城市的研究逐渐兴起，较早的文献是上海社会科学院信息研究所介绍国内外智慧城市建设实践情况的《智慧城市辞典》和《智慧城市论丛》。2012年，IBM公司在北京启动"智慧城市慧典先锋"计划。该计划以项目为抓手，全面铺开智慧城市建设，一时间成为城市治理的热点话题，从而引起国家层面的重视，在当年启动试点先行行动。2014年，我国正式将智慧城市作为国家层面战略。从2013年到2015年，3批国家级的智慧城市试点名单陆续对外公开发布。

截至 2019年12月，全国所有副省级以上的城市、七成以上地级市、三成以上县级市，总共超过700个城市发布了政策性文件，筹建或正在建设智慧城市，同时着力于拓展延伸，在开发智慧城市群的同时，不断延伸触角到智慧城镇。截至2023年，中国智慧城市ICT市场投资规模为8754.4亿元。中国智慧城市相关的政策发展过程如图1-1所示。

（1）政策

上海浦东智慧城市发展研究院于2011年最先公开发布智慧城市评价规则，又先后发布《智慧城市指标体系1.0》《智慧城市评价指标体系2.0》。该评价指标体系共涵盖6类指标，包括信息平台硬件、政府公共服务、数字化服务、文化科技涵养、居民感知反馈、友好型交互环境。2016年，国务院办公厅对外颁布了关于智慧城市试点的申报指标评价体系，即《2016—2017年中国新型智慧城市建设与发展综合影响力评估指标体系》。国家发改委、中央网信办于2018年联合对外发布《新型智慧城市评价指标》，在此评价体系中，有一个亮点是新增了市民体验指标，旨在引导智慧城市建设，坚持提高公众满意度和社会参与度，将以人为本的发展理念贯彻始终、落实到底。

从2012年开始，我国智慧城市建设相关政策从试点管理到评价指标体系构建，逐渐勾勒和明确了我国智慧城市建设的顶层设计总体原则。今后较长一段时期，我国新型城镇化建设将高标准开展智慧城市建设，不断优化城市管理服务水平。

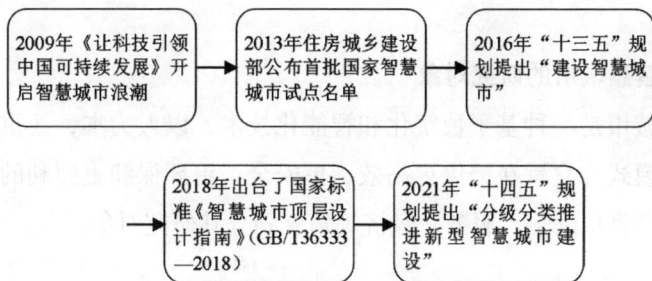

图1-1　中国智慧城市相关的政策发展过程

（2）数字化基础设施

智慧城市依赖于数字化基础设施，包括高速网络、物联网、传感器、云计算、大数据等技术，以及智能终端设备如智能手机和智能手表等，实现数据的收集、传输、存储和处理。

（3）智能化服务

智慧城市通过应用人工智能、机器学习、自然语言处理、机器视觉等技术，实现智能化服务。例如，利用智能交通管理系统优化交通流量，提供智能公交、共享单车和自动驾驶等服务；通过智能照明系统实现节能、环保、人性化的城市照明；通过智能环保系统监测空气质量、水质量等环境指标，提供环保预警和治理服务。

（4）数据驱动决策

智慧城市以数据为基础，通过数据分析和可视化，实现城市决策的科学化和智能化。例如，利用智能交通系统的大数据，优化交通信号灯控制，减少交通拥堵；利用大数据分析城市能源消耗情况，实现城市能源管理的精细化和节能减排。

（5）公众参与

智慧城市重视公众参与，通过社交媒体、智能终端和其他技术手段，实现城市和居民的互动和合作。例如，利用智能手机应用程序提供城市公共服务，如生活缴费、垃圾分类指导等；通过在社交媒体上进行在线问卷调查等方式，收集市民的反馈意见，参与城市治理和规划。

二、智慧城市的研究对象

智慧城市是一种基于数字化和智能化技术，以人为本，注重可持续发展的城市模式，它旨在提供更高效、更安全、更环保和更便利的城市生活方式。本书将从民生、服务、经济等角度划分其研究对象。

（一）民生基础保障

智慧城市的建设可从强化民生基础保障、提升资源使用效率进行研究，以此缓解所谓的"城市病"，例如：医疗资源分配紧张、教育资源配置不均衡、城市交通拥堵等问题，通过建立完善的电子信息档案为基础的智慧医疗、以信息公开透明为目标的不动产登记服务、政府信息化集中采购发行等，为广大市民提供便利的公共服务、高效的资源需求响应、有效的市民咨询投诉等高集成度的信息化服务。

（二）公共服务水平

公共服务水平一直以来是作为评价城市现代化水平的核心指标之一，也是打造"服务型政府"的目标。智慧城市可以将如何提升公共服务水平作为研究对象，体现政府管理的责任意识和担当意识，实现经济社会发展成果的共享。通过丰富理念内涵、不断创新城市公共服务的方式，不断优化流程再造，提高人们的生活质量，坚持以人为本，将市民的现实需求作为发展第一要务，提供高标准、个性化服务，推动城市公共服务均等化水平不断提升。

（三）经济持续高质量转型

经济发展是城市的基础，也是智慧城市研究的重要对象，智慧城市经济持续高质量转型主要着力于技术创新、强化产业数字基础等方面。具体内容包括：加快推动城市传统 IT 产业转型改造，积极推动数字基建，有效拉动城市数字经济，为创新驱动转型等。例如：通过对电热、制造、建设等碳排放较高的行业的数字化、智能化改造，提升城市资源利用率，以数字化促进城市低碳发展，进一步挖掘智慧城市建设背后关于供给优化、需求提升方面的发展潜力。

第二节　智慧城市研究的科学问题

　　智慧城市研究涉及多个科学问题。首先是智慧城市的定义，包括对智慧城市核心概念与组成要素的建立，以及从可持续、信息技术、国际竞争力三个方面探究智慧城市研究的目的和意义。其次，智慧城市的规划与设计问题涉及多个方面，需要综合考虑城市的基础设施、可持续发展，以及数据和通信网络、公共空间、交通、公共服务等方面的数字技术的应用，以实现智慧城市的目标和价值。这其中，基础设施与技术问题是一个关键领域，需要研究适应智慧城市发展的网络基础设施、物联网和大数据技术的应用。此外，数据收集与存储、隐私与安全问题，以及政企合作、公众参与治理智慧城市也需要深入探索。综上所述，智慧城市研究的科学问题涵盖多个方面，需要跨学科协同研究和综合考量。

一、智慧城市研究简介

（一）智慧城市的定义和背景

　　智慧城市是利用互联网、物联网、云计算、大数据、人工智能、区块链、空间地理信息集成等新一代信息和通信技术以及其他智能技术，来优化城市规划、管理和运营，提高人们生活质量，实现可持续发展的城市模式，是基于数字化和智能化的城市生态系统，旨在提供更高效、更安全、更环保和更便利的城市生活方式。

　　智慧城市的概念自2009年底首次提出以来，在国际上引起广泛关注，并持续引发全球智慧城市的发展热潮。2012年11月，中华人民共和国住房和城乡建设部出台《国家智慧城市试点暂行管理办法》，拉开了中国智慧城市建设的序幕。之后，国家出台一系列政策推进智慧城市建设，将智慧城市建设作为未来城市发展的重心，推进电子政务、智慧交通、大数据与云计算等领域的发展，从顶层设计、具体应用、评价指标体系等方面提出鼓励措施，明确了我国智慧城市建设的方向与目标，提出到2025年，建成一批特色鲜明的智慧城市。

（二）研究目的和意义

当前，全球信息技术呈加速发展趋势，信息技术在国民经济中的地位日益突出，信息资源日益成为重要的生产要素。智慧城市的研究正是在充分整合、挖掘、利用信息技术与信息资源的基础上，汇聚人类的智慧，赋予物以智能，从而实现对城市各领域的精确化管理，实现对城市资源的集约化利用。研究智慧城市的意义主要体现在以下三点。

1. 研究智慧城市是实现城市可持续发展的需要

改革开放以来，我国城镇化建设取得了举世瞩目的成就，尤其是进入21世纪后，城镇化建设的步伐不断加快，每年有上千万的农村人口进入城市。随着城市人口不断增长，"城市病"成为困扰城市建设与管理的首要难题，资源短缺、环境污染、交通拥堵、安全隐患等问题日益突出。为了破解"城市病"，智慧城市应运而生。由于智慧城市综合采用了射频传感、物联网、云计算等新一代信息和通信技术，因此能够有效地化解"城市病"。这些技术的应用能够使城市变得更易于被感知，城市资源更易于被充分整合，在此基础上实现对城市的精细化和智能化管理，从而减少资源消耗，降低环境污染，解决交通拥堵，消除安全隐患，最终实现城市的可持续发展。

2. 研究智慧城市是信息技术发展的需要

由于信息资源在当今经济社会发展中的重要作用，发达国家纷纷出台智慧城市建设规划，以促进信息技术的快速发展，从而达到抢占新一轮信息技术产业竞争制高点的目标。我国从"互联网+"到"5G+"再到"人工智能+"，信息技术在经济社会高质量发展中展现出强劲的赋能实力。我国政府审时度势，及时提出了发展智慧城市的战略部署，以期更好地把握新一轮信息技术变革所带来的巨大机遇，加快推进"人工智能+"行动，深化大数据、人工智能、云计算、物联网、数字孪生等技术研发应用，打造具有国际竞争力的数字产业集群，深入推进数字经济创新发展，推动数字经济与实体经济深度融合，促进智慧社会建设与治理。

3.研究智慧城市是提高中国综合竞争力的战略选择

战略性新兴产业的发展往往伴随着重大技术的突破，对经济社会全局和长远发展具有重要的引领和带动作用，是引导未来经济社会发展的关键力量。当前，世界各国对战略性新兴产业的发展普遍予以高度重视。我国在一系列战略规划与行动方案中也明确将战略性新兴产业作为发展重点。智慧城市建设将极大带动物联网、云计算、三网融合、下一代互联网等新一代信息通信技术领域的战略性新兴产业的发展。同时，智慧城市的建设对医疗、交通、物流、金融、通信、教育、能源、环保等领域的发展也具有明显的带动作用，对扩大内需、调整结构、转变经济发展方式的促进作用也显而易见。因此，建设智慧城市对我国综合竞争力的全面提高具有重要的战略意义。

二、智慧城市规划与设计问题

（一）智慧城市的规划原则与策略

1.基础性

智慧城市规划是未来城市规划的基础，而大数据是智慧城市规划的基础。较传统的城市规划而言，智慧城市规划依托大数据技术整合巨量动态信息，在更广泛、更全面、更智能的视野下，对城市建设中遇到的问题进行分析甚至预测，并据此进行评估，同时借助新兴信息技术或跨学科处理技术，如借助Python等编程软件，对数据进行自动化处理，最终构建城市信息模型，并通过各种媒介实时查看，如通过微信公众号实时查看城市气象预测等。

2. 多元性

智慧城市规划在大数据处理方面，以开放、共享、动态的方式，收集、整理、分析各类跨专业、跨部门、跨行业的数据，并构建公共信息平台。智慧城市规划的基础性和多元性是相辅相成的，多元性保障智慧城市规划有更广泛的数据基础，而基础性则为多元性数据信息提供平台。

3. 精准性

智慧城市规划将引导数据以高效直观、简洁有效的方式呈现给各类用户，不仅可以避免信息的冗余，还能减轻信息平台输出端的压力，让居民乐于参与与自己息息相关的城市建设。

智慧城市规划既是对城市规划的延伸，又是解决智慧城市建设中各种问题的有效手段，前者更全面、更具针对性地对规划模式进行提升，后者则通过实时反馈，对智慧城市进行深化，尤其在存量规划建设中，城市借助智慧城市规划方式，不仅能让城市不断迸发活力，还能让更多居民乐在其中。

（二）智慧城市规划中的数字技术应用

随着数字技术的快速发展，社会逐步迈进数字化新时代，移动互联网、大数据、人工智能、区块链掀起的新一轮科技革命和产业变革，深刻影响着经济社会各领域各环节，为智慧城市治理提供了更为精准更加智能的工具。当前，数字化改革正在成为数字政府建设最大的驱动力，有利于打破地域、行业的行政壁垒，全面提升政府治理效能；数字化转型正在成为产业升级和高质量发展的主引擎和加速器，有利于推动资源要素互联互通、共建共享；数字化社会正在成为缩小数字鸿沟最有效的方式，有利于缩小城乡差距、区域差距、贫富差距，进而加快推动共同富裕的步伐。

在智慧城市规划中，数字技术应用推动信息网络逐步向人与人、人与物、物与物共享的泛在网方向演进，促进信息网络智能化、泛在化和服务化，推进通信移动化和移动通信宽带化，推动计算、软件、数据、连接无处不在。5G（第五代移动通信网络）、NB-IoT（窄带物联网）等网络技术不断演进，促进高速宽带无线通信全覆盖。

（三）智慧城市设计的可持续性考虑

当前，我国新型智慧城市建设进入全面发展阶段，在国家政策引导、各部门协同推进和各地方持续创新的推动下，新型智慧城市建设取得了显著成效，在部分领域为全球智慧城市建设提供了中国方案。面向未来，在公共服务需求迫切、城市治理要求精准高效、政府财政收入紧缩的情况下，注重建设实效、鼓励多方参与、推动长效运营成为推动我国新型智慧城市可持续发展的必由之路。

因此，新时代应继续深化智慧城市建设，关注智慧城市设计过程中涉及的对象和主要措施，如图1-2所示，研究智慧城市设计的可持续性问题，推进长效运营，实现可持续发展。

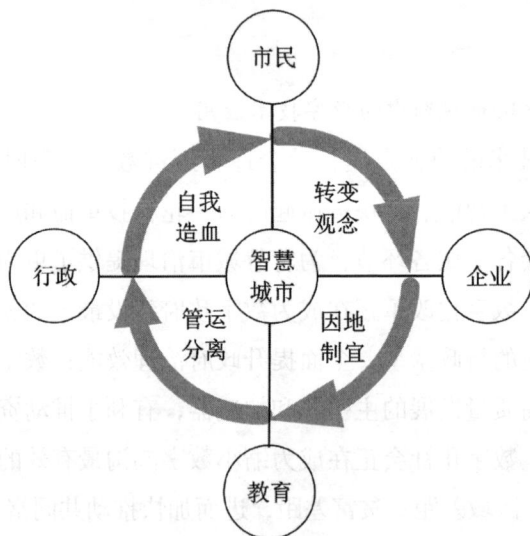

图1-2 智慧城市设计过程中涉及的对象和主要措施

1. 转变观念

规划先行构建长效运营生态。树立长效运营理念，以终为始做好长效运营规划。在开建之前，构建清晰的建设运营架构、利益分配和评估监督机制。针对政企联合、多元参与的发展趋势，通过设立国有平台公司或联合运营公司构建政企合作纽带，出台智慧城市长效运营管理办法，鼓励通过"引进外援、带动本地"的方式构建能够持续提供全面专业的业务、技术和管理能力的供给生态。

2. 因地制宜

选择适合自身发展的长效运营模式。开展长效运营模式研究，引导地方结合自身发展阶段和需求选择适合的建设运营模式，按照各类运营模式的适用条件，根据运营对象特点、运营主体能力、可用运营资源选择适合的运营模式。或通过各类运营模式组合，开展适合自身的运营实践，注意避免"零敲碎打"造成"运营孤岛"，降低运营价值。

3. 管运分离

强化专业化运营和政府监督。充分发挥政府和企业的优势，克服政府既当"裁判员"又当"运动员"的弊端。一方面，强化企业专业运营，发挥市场在资源配置中的决定性作用，形成政府引导、多元参与、合作共赢的可持续发展格局。另一方面，加强监督考核，及时发现问题，不断解决和完善，确保建设运营成效。

4. 自我造血

加强数据要素增值模式探索。激活数据要素潜能，形成政务数据共享开放和政企数据共享利用的常态化运行机制。一方面，推进数据立法，建立数据要素权责利对等机制，形成政务数据共享开放、开发运营的权责利体系。另一方面，开展数据运营，建立数据要素市场化运行机制，分级分类推进政府数据资源开发利用。

三、智慧城市基础设施与技术问题

（一）智慧城市的基础设施需求与规划

智慧城市基础设施体系是一个多层次的基础设施体系，不同基础设施之间实现互联互通才能充分发挥"网络"作用，提升基础设施使用效率。研究智慧城市的基础设施需重点关注以下几个方面：

1. 推进智慧城市基础设施体系化建设，增强城市安全韧性。

2. 推动智慧城市基础设施共建共享，促进形成区域与城乡协调发展新格局。

3. 完善智慧城市生态基础设施体系，推动城市绿色低碳发展。

4. 加快智慧城市基础设施建设，推进城市智慧化转型发展。

（二）关键技术领域的研究与创新

智慧城市是国际社会发展的方向，虽然有着不同的定位，但都离不开核心技术，这也是当今社会对智慧城市的评判标准。智慧城市利用信息和通信技术来营造新的人类合作模式。城市管理者应该意识到，技术本身并不能使城市变得更加智慧，建设智慧城市需要对技术有治理上的理解，需要一种管理新智慧城市的过程方法，需要同时关注经济收益和公共价值。智慧城市建设涉及物联网、大数据处理、人工智能、云计算、虚拟现实、数字孪生、空间信息网格、运维管理等多种关键技术。经过多年的积累，人们在这些关键技术方面积累了丰富的研究成果，推动了智慧城市各个子领域的建设。

（三）智慧城市技术部署与管理

1. 物联网技术

物联网是将多种传感器部署于城市综合体的各个角落，从而采集大量的监测数据。这些数据具有时间与空间属性，可以将城市综合体现实活动反映到网络虚拟空间上，进而将这些数据汇集，通过数据分析，能够挖掘新的价值。将所有城市综合体中的现实事物在互联网上聚合就构成了物联网。

智慧城市建设主要采用五项物联网技术：第一，通过传感器采集能源消耗、交通、生产消耗等各种城市活动数据；第二，汇总采集的数据；第三，分析汇总的数据；第四，将数据分析结果"可视化"并发送给居民，让居民的生活更便捷、生活质量更高；第五，基于对数据的分析，优化控制城市的各项活动与基础设施。

2. 云计算技术

互联网时代，尤其是社交网络、电子商务与移动通信把人类社会带入了一个以"PB（Petabytes，拍字节）"为单位的结构与非结构化数据的新时代。云计算技术出现之前，传统的计算机是无法处理如此大量并且不规则的非结构化数据的。以云计算为基础的数据存储、分析和挖掘手段，可以便宜、有效地将这些大量、高速、多变化的终端数据存储下来，并随时进行分析与计算。

3. 智能科学

智能科学是一门交叉科学，是由脑科学、认知科学、人工智能、智能分析等构成研究智能的本质和实现技术的科学。智能科学为智慧城市提供"智慧"的技术基础，支持对智慧城市中海量数据的智能识别、融合、运算、监控和处理等功能。

4. 视频监控

针对智慧社区、智慧商业、智慧酒店、智慧校园、智慧医院等"智慧城市综合体"子领域的应用特点，以及不同行业的定制，技术人员开发了视频监控应用管理平台。平台以实战业务应用为导向，以视频图像应用为手段，构建大安防体系架构。视频监控应用管理平台，采用了构架和构件、工作流、XML和Web Services、平台集成等应用技术。

四、智慧城市数据管理与分析问题

信息化、网络化、精细化是目前我国智慧城市管理的主要发展趋势。城市管理目前主要依赖数字系统，每天都会产生不同形态的海量数据资源，形成了庞大的数据库。如何利用信息量丰富的数据支持现代数字城市建设，利用数据分析和挖掘技术，同时考虑数据质量与隐私保护，生成更高层次的智能决策支持信息，为城市管理者提供决策支持，进一步提升城市精细化管理服务水平，已经成为智慧城市建设的当务之急。

（一）数据收集、存储与处理的挑战

物联网的发展正在提升数量庞大的城市人口的公共安全和生活质量，但所有这些连接点都依赖于海量的数据，从绿色城市到智能交通再到便民服务等。支撑这些系统所需的基础架构会带来巨大的成本支出，需投资复杂的网络系统、庞大的计算处理系统和广泛的存储系统，以支撑智慧城市产生的大量数据的收集、存储与处理。

城市大数据的来源丰富多样，广泛存在于经济、社会各个领域和部门，是政务、行业、企业等各类数据的总和。城市大数据的异构特征显著，数据类型丰富，数量庞大、速度增长快、处理速度和实时性要求高，且具有跨部门、跨行业流动的特征。

智慧城市的正常运转，需要高效智能处理和传递数据，有效存储大量数据是一个关键问题。只有拥有安全稳固的存储基础架构才能应对智慧城市数据的爆炸性增长。

（二）数据质量与隐私保护的考虑

智慧城市的数据涉及城市的多个方面，税务、医保、市政、公共卫生、公共安全、基础建设、民生、金融、交通等方面的数据都由不同的行政部门管理。智慧城市首先要搭建包含城市海量数据的数据湖，而数据湖的数据又来自各行各业。这种数据在共享和互通上往往会遇到很大的阻力，其根本原因在于各个行政部门对于各自信息系统数据外泄的担忧。他们担心，采集数据会给原有的内部信息系统带来安全风险，增加数据外泄的隐患。想要保障数据采集时的数据质量与隐私，可以考虑以下几点：

1. 专线传输

由政府统一牵头，建立智慧城市大数据专用网络，提高网络的安全性和独立性，避免非相关的系统接入智慧城市专网中。

2. 边界防护

智慧城市专网可以避免一部分外来的网络入侵和攻击行为，但并不能保障整个网络内部安全事件的传播。由于智慧城市专网涉及多个部门和企业，原本独立的业务系统中的数据开始互联互通。这些信息系统的规模不等，所用技术也千差万别，很多信息系统同时存在着多个网络边界。这种复杂的情况，要求智慧城市专网有更高的安全性，需要在每个网络边界节点上安装安全防护设备，从而阻止内部的网络安全攻击行为，降低网络内部安全事件传播的风险。

3. 加密传输

因为数据涉及众多的公共信息，在传输处理上需要格外慎重。数据的传输和接入部分需要采用加密手段，防止数据中途被截取或者篡改。

五、智慧城市治理与参与问题

智慧城市建设与发展是一项政府引导、全民参与、政企合作、多方共建的系统工程。发挥市场配置资源的决定性作用、鼓励社会多元参与成为新型智慧城市可持续发展的关键。在此基础上，建设智慧城市生态成为未来发展的重点方向。

（一）政府与企业的合作与协同

通过政府引导，鼓励政企合作、多方参与，创新智慧城市建设运营模式，实现智慧城市建设项目的可持续健康运营，着力提高民众体验的满意度。同时，通过体制机制创新，形成数据治理、数据开发的数据安全利用机制，释放城市数据要素活力。

（二）公众参与与城市治理

近年来，在物联网、云计算、大数据、移动互联网等新一代信息通信技术的发展及广泛应用背景下，智慧城市的建设及发展对城市政府治理提出了创新发展要求，并将推动新型城市治理模式的形成与发展。公众参与社区治理体现了智慧城市的民主建设。随着国家经济实力的增强和人们生活水平的提升，公众想要参与城市治理的意愿和热情也越来越高涨。人们可以通过参与城市治理活动，实现自身的意愿和诉求。公众参与城市治理既是行使自身权利的一种方式，也是政府行政逐渐走向成熟、完善的体现。

参考文献

[1] ANTHOPOULOS L, JANSSEN M, WEERAKKODY V. A unified smart city model（USCM）for smart city conceptualization and benchmarking[J].International Journal of E-Government Research, 2016, 12 （2）：76-92.

[2] MEIJER A, BOLIVAR M P R. Governing the smart city：a review of the literature on smart urban governance[J]. International Review of Administrative Sciences, 2016, 82（2）：392-408.

[3] PARDOT T, TAEWOON N. Conceptualizing smart city with dimensions of technology, people, and institutions[C/OL].Proceedings of the 12th Annual International Digital Government Research.New York：ACM, 2011：282-291.

[4] VAN BASTELAER B. Digital cities and transferability of results[J/OL]. In the Proceedings of the 4th EDC Conference on Digital Cities, 1998：61-70.

[5] 李兵. 物联网技术在智慧城市建设中的融合运用[J]. 机械与电子控制工程, 2022, 4（4）：32-34.

[6] 李晓昀, 邓崧, 胡佳. 数字技术赋能乡镇政务服务：逻辑、障碍与进路[J]. 电子政务, 2021（08）：29-39.

[7] 唐斯斯, 张延强, 单志广, 等. 我国新型智慧城市发展现状、形势与政策建议[J]. 电子政务, 2020（04）：70-80.

[8] 王敏, 李亚非, 马树才. 智慧城市建设是否促进了产业结构升级[J]. 财经科学, 2020（12）：56-71.

[9] 王婷.中国智慧城市的发展现状及金融模式创新探析[J]. 未来与发展，2021，45（11）：18-22.

[10] 温雅婷，余江，洪志生，等. 数字化背景下智慧城市的治理效应及治理过程研究[J].科学学与科学技术管理，2022，43（06）：51-71.

[11]袁航，朱承亮. 智慧城市是否加速了城市创新?[J]. 中国软科学，2020（12）：75-83.

[12]俞晓辉，郑伟，张轶凡. 物联网技术在智慧城市建设中的融合运用[J].中国新通信，2023，25（10）：72-74.

☆ 第二章 ☆

智慧城市的内涵与特征

第一节　智慧城市的定义

一、智慧城市的概念

　　智慧城市的概念最早源于IBM提出的"智慧地球"理念。2008年11月，IBM在美国纽约发布的《智慧地球：下一代领导人议程》主题报告中首次提出了"智慧地球"理念，即把互联网、物联网、云计算等新一代信息技术充分运用在各行各业之中。在此基础上，2009年IBM进一步提出"智慧城市"概念，并在全球进行大力宣传推广，希望通过"智慧城市"建设，助力世界各个城市走向繁荣和可持续发展。随着创新性技术的发展，赋能智慧城市的新一代技术从最初的互联网、物联网和云计算，拓展到了区块链、人工智能、大数据、物联网、云计算和5G等技术。智慧城市，是指以城市的生命体属性为基本视角，运用区块链、人工智能、大数据、物联网、云计算等新一代技术手段，一方面提高市民生活水平，另一方面提升城市公共管理的运行效率和服务水平，从而实现科学和可持续发展的信息化城市形态。因此，智慧城市涉及人们在城市生产和生活的方方面面，覆盖智慧政务、智慧交通、智慧医疗、智慧教育、智慧环保、智慧住房、智慧能源和智慧物流等多维度、多层次、多领域的应用场景。

二、数字城市、智能城市和智慧城市的区别

近些年，出现了数字城市、智能城市、智慧城市的概念。城市的数字化、智能化、智慧化是递进关系，数字化是智能化和智慧化的基础条件，智能化是智慧化的微观组成部分。

虽然智能城市和数字城市有时都被看作智慧城市，但实际上三者的侧重点各有不同。

数字城市是管理与信息服务充分实现计算机化的城市，是智慧城市的基础和重要组成部分。数字城市强调直接面向人的信息服务，用户主要通过计算机、手机等设备获得系统提供的信息。

智能指人的智慧和行动能力，有两种含义，一是指智慧与才能，二是指智力。智慧是指人的辨析判断、发明创造的能力。两者的差别在于智能更偏重于能力，智慧更偏重于明辨与创新，需要拥有更多的知识和更强的学习能力。智能城市是智能技术被充分应用的城市。智能技术使智能软件系统采用人处理事务的逻辑来代替人自动处理事务，如智能电网、智能交通、智能环保等使用智能技术的自动化系统。随着城市智能化水平的提高，居民的生活会更加方便，工作会更有效率。

智慧城市是在智能城市建设内容的基础上，建设更有效益的信息化城市，并制定城市的信息化规划，考虑城市的整体效益。所以，智慧城市就是以新一代信息技术和网络宽带化为支撑，来实现城市管理信息化、基础设施智能化、公共服务便捷化、产业发展现代化、社会治理精细化。

三、智慧城市的建设意义

智慧城市并不是某种发展的终局，而是一个个新兴技术持续重塑城市的过程。智慧城市的概念在最初被提出来时，被寄予厚望的核心技术主要为互联网、物联网和云计算，随着新兴技术的诞生和发展，当今赋能智慧城市的核心技术拓展到了区块链、人工智能、大数据、物联网、云计算和5G等技术。

智慧城市在经济、社会和服务三个方面有着重要建设意义。

（一）建设智慧城市能促进经济发展

据世界银行测算，一个百万人口的智慧城市建设，当其达到实际应用程度的75%时，该城市的GDP在不变的条件下将能增加3.5倍。这意味着智慧城市可促进经济翻两番，完全有可能实现"四倍跃进"的城市可持续发展目标。

智慧城市和智慧化基础设施的建设还能带动钢铁、水泥、电力、能源等传统行业的就业，智慧城市的建设还能消耗芯片、光纤、传感器、嵌入式系统等大量的计算机软硬件产品，从而拉动高科技产业增长，创造大量的知识型就业岗位，促进城市服务转型和服务经济增长。

（二）建设智慧城市能更好体现社会价值

21世纪，现代城市发展到后工业化阶段，规模日益扩张，人口增长、城镇化、老龄化、经济转型等问题逐渐成为城市发展所面对的核心问题。当城市面临这些实质性的挑战时，可以了解到当前的模式不再是可行的方式。城市必须使用新的措施和能力使城市管理变得更加智能，必须使用新的科技去改善他们的核心系统，从而最大限度地优化和利用有限的能源。

在社会价值体现上，智慧城市将是解决城市病的有效手段。根据2024年国家统计局网站发布的《2023年国民经济和社会发展统计公告》中数据显示，我国2023年常住人口城镇化率66.2%，图2-1为2018—2023年年末常住人口城镇化率，城镇化率增长迅速，这让解决城市问题成为了当务之急。通过智慧城市的规划：一方面是发展以智慧政府、智能交通、智慧能源为代表的城市应用，解决交通拥堵，实现节能环保，提高政府服务效率；另一方面是拓展产业发展领域，包括智慧产业发展、传统产业改造与升级，选择、引进、培育和发展战略性新兴产业中的物联网核心产业、相关产业，充分利用物联网技术对传统产业进行改造与提升，强化产业之间的互动与促进等。通过产业发展带动经济转型，并从更高起点和总体架构的角度进行智能化基础设施的建设，解决产业规划中的重复建设问题和一建就落后的问题。

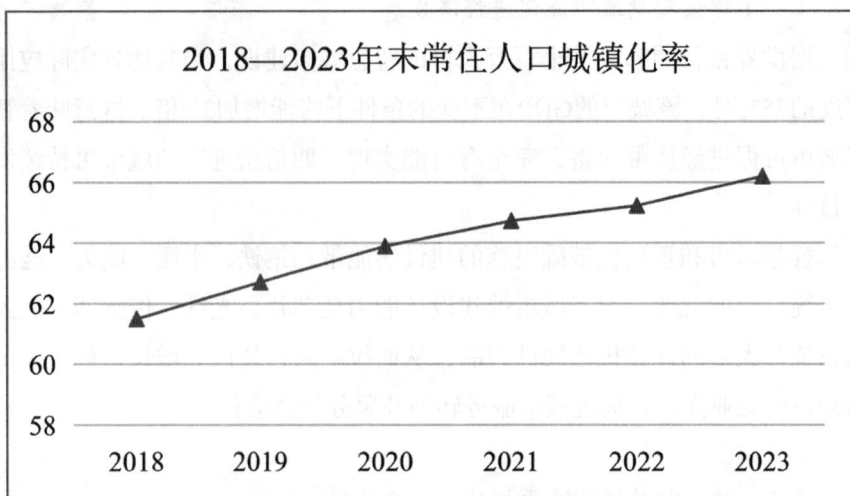

图2-1 2018—2013年末常住人口城镇化率

（三）建设智慧城市能提高政府提供服务的能力

建设智慧城市是为了更好地解决日益增加的公共服务和社会管理压力。随着公共服务和社会管理压力的加剧，政府承担的公共责任越来越大。智慧城市不仅仅是城市建设的一个方向，更是一种改变政府服务模式的重要机遇。

四、智慧城市的建设导向

城市的核心价值在于为人们提供高品质生活，智慧城市建设的根本目的是利用先进信息技术满足人们的均等化、多样化、个性化需求。当前，我国智慧城市建设要从数量发展转向质量提升，从而更好地为人们的高品质生活提供保障。因此，今后智慧城市建设要秉承需求导向、应用导向、服务导向三个理念。无论是应用导向还是服务导向，都是为了实现需求导向，来不断满足人民日益增长的美好生活需要。

（一）智慧城市建设要秉承需求导向

党的二十大报告指出，我国社会主要矛盾是人民日益增长的美好生活需要和不平衡不充分的发展之间的矛盾。因此，智慧城市建设要以需求为导向，以满足人民日益增长的美好生活需要为重要目标，通过发展创新型智慧技术和智慧产业两大关键任务，努力满足人们的各种需求。

（二）智慧城市建设要秉承应用导向

智慧城市建设要以应用为导向，扎实推进项目建设与运营。一方面，智慧城市建设要尽量少谈概念创新，少讲理念突破，而是扎根于中国大地，着眼于解决实践问题，满足实际需求，无论是智慧技术创新还是智慧产业发展，应优先考虑其实际应用价值。另一方面，作为一项投入大、产出周期长的社会事业，智慧城市建设不能以短期信息基础设施投入作为主要评价指标，而是要通过项目成果产出及公众满意度来衡量建设成效。

（三）智慧城市建设要秉承服务导向

公众的需求在哪里，智慧城市建设就要跟进到哪里，通过提供高质量产品和优质服务最大限度满足公众需求。在国家治理领域，除了社会治理、市场监管等规制性职能外，公共服务是最重要也是核心的政府职能。随着经济、社会、技术的协调发展，智慧城市建设要从治理导向转向服务导向，为公众提供均等化、多样化、个性化的服务，让他们体验城市的美好生活。

智慧城市建设是一项系统工程。在智慧城市建设中，除了要继续转变建设理念、提升智慧技术创新水平、加快智慧产业发展、加快行政体制改革外，关键还要围绕服务这一核心任务，牵引智慧城市建设。而发挥数据的核心资源作用，加大智慧服务供给，缩小"数字鸿沟"，是服务牵引智慧城市建设的重要策略。

第二节　智慧城市的历史演进

为加快推进城市数字化、网络化、智能化进程，我国各级政府高度重视智慧城市建设，其发展历程可分为以下几个阶段，如图2-2所示。

一、智慧城市的提法被艰难接受

智慧城市的提法最先诞生于美国。2008年11月，在纽约召开的外国关系理事会上，IBM发布《智慧地球：下一代领导人议程》主题报告，首次提出"智慧地球"理念。2009年1月，美国奥巴马总统公开肯定了IBM"智慧地球"思路。IBM于2009年将"智慧城市"的概念引入中国。2009年8月，IBM发布了《智慧地球赢在中国》计划书，提出了"智慧地球"在中国发展的五大主题任务（经济可持续发展、有竞争力的企业、能源有效利用、环境保护、和谐社会），揭开了IBM"智慧地球"中国战略的序幕。

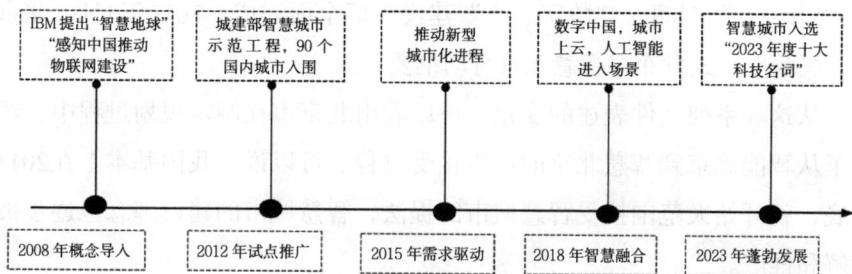

图2-2　智慧城市的发展历程

在IBM提出"智慧地球"后，中国学界和业界普遍存在争议，对于是否接受"智慧地球"理念有很大分歧。有些人认为不应该让美国公司牵着鼻子走，要有自己的创新思维。当时有大量的国外咨询公司在为政府和能源等关键部门做信息化咨询，很多专家学者也担心会产生泄密问题，担心让国外公司大规模进入会引发安全问题。另外一些人则认为，先进理念是不分国界的，只要是好的都可以拿来为我所用。

虽然存在许多争议，但是在这个时期，国内开始关注城市的可持续发展、提升城市居民的生活质量以及解决城市面临的各种挑战。人们开始意识到信息技术和互联网技术的潜力，它们可以为城市的发展和管理带来巨大的改变。在这个时期，一些先进的城市开始尝试建设智慧城市的示范项目。这些项目以信息技术为核心，通过数字化、智能化和网络化的手段，提升城市的治理能力、优化城市运行效率、改善城市居民的生活质量。这些示范项目的成功经验和成果，为智慧城市的发展奠定了基础，并为其他城市提供了借鉴和参考。

2010年9月，北京经济和信息化委员会发布《关于对智能北京发展纲要征求意见的函》，提出要"全面建设智能北京"；2010年11月，《中共北京市委关于制定北京市国民经济和社会发展第十二个五年规划的建议》为北京信息化发展提出了建设智慧城市战略目标；而在2011年9月发布的《北京市"十二五"时期城市信息化及重大信息基础设施建设规划》中提出，"十一五"期间，"数字北京"建设目标全面完成；2012年3月，北京市人民政府正式发布《智慧北京行动纲要》。

从这一系列文件表述的变化，可以看出北京市在制定规划过程中，经历了从智能北京到智慧北京的逐步接受过程。可以说，我国基本上在2011年底，就开始大范围接受智慧城市的提法，智慧城市的建设理念也逐步被理解和推广。

不仅国内，一些重要的国际组织和标准化机构也开始关注智慧城市的发展。例如，联合国、国际电信联盟等组织开始制定智慧城市的标准和指南，为智慧城市的发展提供指导和支持。

二、智慧城市在全国各地开始探索建设

智慧城市在起步阶段，是主管建设的建设部门主导的。2012年底，住房和城乡建设部（以下简称"住建部"）开始在全国组织国家智慧城市试点工作，分三批公布290个试点城市。随后科技部也下发相关通知，共同推进智慧城市建设。

由于这个阶段智慧城市建设由住建部主推，虽然其在2012年底发布的《国家智慧城市试点暂行管理办法》以及《国家智慧城市（区、镇）试点指标体系（试行）》覆盖面还是比较全面的，但在具体推动时，还是会侧重于城乡规划建设的数字化。

经过地方城市申报、省级住房城乡建设主管部门初审、专家综合评审等程序，首批国家智慧城市试点共90个，其中地级市37个、区（县）50个、镇3个。后面又增加过两批试点城市，到2015年，国家智慧城市试点已达290个。

智慧城市建设涉及多部门协调，仅靠单个非综合性部门的推动是远远不够的。到2016年，随着新型智慧城市的提出，以及新型智慧城市建设部际协调工作组的成立，住建部推动的智慧城市建设试点工作也基本告一段落。

后续住建部在智慧城市领域发力点转向了城市信息模型（CIM）平台。2019年，住建部为充分发挥专家在城市信息模型（CIM）平台建设和智慧城市建设中的作用，成立了住房和城乡建设部科学技术委员会智慧城市专业委员会，负责组织开展智慧城市领域的课题研究、政策制定和专业咨询。随着《河北雄安新区规划纲要》提出要建设数字孪生城市，城市信息模型（CIM）平台也开始进入热门建设领域。

这期间，其他部委也开始关注智慧城市建设，逐步出台相关的政策文件。2014年出台的《国家新型城镇化规划（2014—2020年）》将智慧城市作为城市发展的全新模式，列为我国城市发展的三大目标之一。同年8月，国家发展改革委等八部委联合发布《关于促进智慧城市健康发展的指导意见》，提出到2020年，建成一批特色鲜明的智慧城市，在保障和改善民生服务、创新社会管理、维护网络安全等方面取得显著成效。

三、新型智慧城市建设大规模展开

2015年底，中央网信办、国家互联网信息办提出了"新型智慧城市"概念，深圳市、福州市和嘉兴市三市获得中央网信办、国家互联网信息办批准创建新型智慧城市标杆市，先行试点开展新型智慧城市建设。2016年印发的《国家信息化发展战略纲要》（中办发〔2016〕48号）、《"十三五"国家信息化规划》（国发〔2016〕73号）均提出要建设"新型智慧城市"。同年，国家发改委、中央网信办牵头会同国家标准委、教育部等相关部门成立了新型智慧城市建设部际协调工作组，并组织开展"新型智慧城市评价工作"，标志着智慧城市建设进入了一个新的发展阶段。

2016年11月，国家发改委、中央网信办、国家标准委联合发布《关于组织开展新型智慧城市评价工作务实推动新型智慧城市健康快速发展的通知》，公开"新型智慧城市评价指标（2016年）"，正式启动2016年新型智慧城市评价工作。

2017年，是国家启动新型智慧城市建设的第二年。这一年新型智慧城市建设提速前进，数据资源整合、共享，城市运行水平和运行效率大大提升。同时，这一年新型智慧城市建设部际协调工作组也首次完成了对国内新型智慧城市建设的评价，并发布了《新型智慧城市发展报告2017》。

2017年10月，党的十九大报告提出"建设网络强国、数字中国、智慧社会，推动互联网、大数据、人工智能和实体经济深度融合"。数字中国进入全面渗透、跨界融合、加速创新、引领发展的新阶段，技术体系创新、管理模式创新、服务模式创新将切入国民经济和社会发展各领域中，构建全面发展的数字中国、智慧社会，为新型智慧城市的建设发展指明方向。

2022年10月，党的二十大报告提出，打造宜居、韧性、智慧城市，对新时代新阶段城市工作做出重大战略部署。

四、平台化成为智慧城市建设的主要特征

随着信息技术的发展，特别是平台概念的出现，智慧城市在技术上也开始朝着平台化的方向发展，同时也推动城市彻底改革原来各部门分散建设、分散管理的信息化发展模式。

地方政府开始整合信息化建设力量，形成统一的城市信息化人才平台。自2014年开始，一些地方政府开始组建统筹政府大数据和数字政府建设的专门机构。2018年，在新一轮机构改革的自选项目中，众多省份纷纷选择此类机构作为改革突破口，陆续成立诸如大数据发展管理局、政务服务数据管理局、大数据统筹局等部门，尝试解决多年来地方政府大数据治理政出多门的问题，以提升数据资源开发利用效率和"互联网+"政务服务水平。2022年底，《住房和城乡建设部关于公布智能建造试点城市的通知》下发，确定北京、广州、重庆、哈尔滨、南京、厦门、青岛、武汉、天津、成都等24个城市开展智能建造试点，促进建筑业与数字经济深度融合，培育智能建造新产业、新业态、新模式。

在这方面，广东省走得最远，将政府部门内设的信息化机构全部撤销，行政管理职能划归专门的数字政府管理部门，技术运营服务职能转交

由国有电信运营商和行业领军企业共同出资的混合所有制企业，形成了"政企协同、管运分离"的广东模式。这几年，很多地方也都开始试行此类模式。

在技术上，依托本地大型互联网企业优势，地方数字政府建设提出了平台化概念。比如，广东省提出"大平台、小前端、富生态"集约建设新模式；围绕浙江省政务服务平台，作为系统开发商的阿里巴巴提出了"政务服务中台"模式。"城市大脑""数字底座""孪生城市"等理念被大范围接受，为智慧城市建设带来新的内容。

第三节　智慧城市的内涵要素

智慧城市是大数据、区块链、数字孪生、人工智能以及物联网等技术手段的集成应用，发展智慧城市是实现"富裕"的"加速器"，是实现"共同"的"定舱石"，通过优化和整合城市的各个区域资源，增强城市服务和管理水平，实现精细化、动态化管理，提升居民的生活满意度，打造一个高效生产、以人为本、宜室宜居的生活环境。

新型智慧城市的发展包含了多个内涵要素，是城市发展的核心动力和实践方向。

一、城市智能技术机制

（一）顶层设计

顶层设计是一种自上而下的结合方式，将目标和行动相结合，确保各层充分发挥作用，并持续反馈和改进。智慧城市的设计需要制定长远目标，评估执行情况，考虑影响目标的因素，并不断修改流程要点，以提高执行力，达到实践应用。

（二）体制机制

智慧城市需要建立一套便于协调与管理的体系机制，包括资源共享、资源整合等方面，实现多个区域的数据共享，制定详细的数据范围，形成正确的数据调节方式，明确完整的数据流程，提高数据的安全性。

（三）技术创新与标准体系

技术创新和打造标准体系建设是智慧城市的核心动力，是一个城市发展的不竭源泉。

技术创新是在原有技术的基础上，发现不足，研究新的技术，进行开发、测试、推广，实现全民使用，达到工作效率的提高以及产品的创新，提高核心竞争力，满足市场的需求。

建立标准体系方面，要有规范的技术支持，与不同的企业进行合作，与不同的地区之间达成协议，避免技术的落后，以此推动技术的进步。

二、智能基础设施

智慧城市的基础设施是一个城市的根本保障，其发展基于全面覆盖的宽带网络、安全隐私的防护、智能化基础设施的建设和完善，以此支持不同领域的智能化发展。基础设施建设是指在一个城市的发展中，为了提高生活质量、促进经济发展和社会进步，进行的各种基础设施的规划、建设和维护工作，以此提高城市的吸引力和核心竞争力，它是城市发展的重要支撑。基础设施包括交通、能源输送、水资源、电信网、服务设施建设工程等方面。智慧城市提供一些智能设备，提高能源利用效率，降低能源成本。此外，智慧城市可以提供智能环保服务，通过监测水资源与土壤资源，帮助居民更好地了解和保护环境。智能环保服务是智慧城市的核心动力，它利用物联网、大数据、云计算等现代信息技术手段，对城市的发展提供可视化展示，为环境治理和决策提供核心动力。

三、智能运行中枢

通过建设城市智能运行中枢，整合城市各领域的数据和信息资源，实现对城市运行的智能化和集中化控制。智能运行中枢是智慧城市的重要组成部分。智能运行中枢出行技术包括智能信息传输、智能信息感知、智能交通定位等技术。例如，通过智能运输中枢，可以实现交通规划，实现车辆数量的提前预知，避免发生交通阻塞，提高行人出行的效率和安全性，缓解城市交通拥堵问题。智能运行中枢标准体系建设包括运行质量、安全应急、节能环保等体系标准，以及涉及交通运输过程中的数据采集等诸多需求，确保智能运行中枢的海陆空一体化出行服务。

四、智慧民生与服务

（一）智慧生活

互联网和移动终端技术的发展，通过智能化、信息化的公共设备，提高市民的生活质量和便利程度，包括智慧医疗、智慧教育等方面。教育方面，智慧城市通过数字化教育和在线学习平台，为居民提供更加优质、便捷的教育资源和服务。医疗方面，智慧城市通过智慧医疗设备，为居民提供更加便捷、高效和优质的医疗服务。例如，居民可以通过手机APP预约医生、查询病历、购买药品等，同时还可以获得专业的远程医疗服务。此外，智慧医疗设备还可以实现医疗资源的整合和利用，提高医疗服务的质量和效率。文化旅游方面，智慧城市通过智能化管理和服务，为游客提供更加便捷、安全和有趣的文化旅游体验。例如，游客可以通过手机应用程序获取景点介绍、门票预订、旅游路线规划等服务，同时还可以获得实时的旅游信息和导航指引。此外，智慧城市还可以通过智能感知和大数据分析，对城市文化旅游资源进行挖掘和管理，为城市文化和旅游产业的发展提供有力支持。智慧生活还包括智能家居、智能物流等方面的应用，为居民的生活带来便利。

（二）智慧生产

通过信息化手段提高企业的生产效率，包括智慧物流、智慧制造、智慧农业等。智慧生产在物流行业的应用主要体现在智能仓储管理、智能运输管理、智能配送管理、智能供应链管理，智慧生产在物流行业的应用，可以提高物流行业的效率和可靠性，降低物流成本，为物流行业的智能化发展提供强有力的支持。智慧生产在智慧制造方面的应用主要包括孪生制造、流程管理、质量检测、维护管理等多个方面，企业管理更加精细。智慧生产在农业方面的应用主要体现在，运用物联网、大数据、云计算等技术，对农业的生产、经营、销售、信息服务等做到有的放矢，帮助农民提高生产效率。

（三）智慧生态

通过互联网、物联网、云计算、大数据等技术手段提高居民的生活质量和城市的环境质量，包括数据的采集和分析，信息技术的跨领域合作，智能化手段进行智能化管理，提高城市生态管理的效率。综合运用生态学、信息学等学科，全民参与，旨在构建一个高效、和谐、环保、可持续发展的绿色和谐城市。

（四）智慧治理

通过区块链、5G、人工智能、云计算、大数据等技术，信息化、智能化地对资源、服务、流程进行处理。在资源方面，对于收集到的数据进行归纳整理，搭建一套完整的体系框架，对于得到的结果进行分析和利用，达到资源的整合和利用。在服务方面，对服务进行改造，使服务达到数字化、便利化、个性化，提高服务的效率和质量。在流程管理方面，集成相关技术，实现流程的自动化，提高管理人员的效率。总之，智慧治理通过更完整的治理体系，更严格的监管制度，引领智慧治理的未来发展。

（五）城市规划

城市规划是智慧城市发展的前提和基础，通过建立城市规划信息化平台，实现城市规划的智能化管理。平台可以集成多方面的数据，如土地利用、交通状况、人口分布等，为城市规划提供数据支持。同时，平台还可以实现城市规划的审批、公示等流程的信息化管理，提高城市规划的科学性和效率。

智慧城市可以通过智能化监测和管理，在土地利用、交通状况、人口分布等方面发挥重要作用。这些应用可以提高城市的治理水平和服务质量，改善居民的生活环境和生活质量，推动城市的可持续发展。

五、经济发展

经济发展通常指的是经济增长，即一个国家或地区的经济总量和人均收入的增长。经济增长是衡量一个国家或地区整体经济状况的重要指标，因为它反映了该国或地区的生产能力、消费水平和生活水平。

智慧城市在经济领域有着广泛的应用。通过智能化监测和管理，可以提高资源的利用效率，降低生产成本，提高生产效率和质量，为城市的经济发展提供强有力的支撑。同时，智慧城市还可以为居民提供更好的公共服务，提高居民的生活质量和幸福感，推动社会的可持续发展。

第四节　智慧城市的特征与表现

智慧城市的发展推动了居民的生活质量不断提高，实现了产品升级和企业发展，推动了社会经济、文化、政治向前发展，数字化管理、数字化服务得到了全面升级，居民的隐私得到了全新保障。

一、智慧城市的特征

（一）数据交互

智慧城市以数据为基础，通过各类传感器、监测设备和智能终端等技术手段，对城市各个领域的数据进行收集和分析。这些数据涵盖交通、环境、人口、能源等多个方面，数据与服务器交互，通过数据分析和挖掘，为城市管理和决策提供科学依据。当前，我国已经建立多个数据库和信息资源平台，区块链技术为智慧城市的发展提供了新的动力。在公众参与社交媒体方面，智慧城市通过社会参与机制，方便居民与企业、政府与居民之间进行联系，居民也可以在社交媒体上发表自己的意见。在智能化的商业推广方面，数据交互使商品能更好地通过广告、手机APP等方式得到推广。数据与服务器交互如图2-3所示。

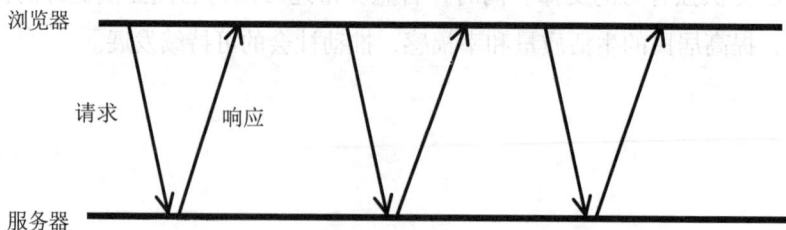

浏览器

请求　　响应

服务器

图2-3　数据与服务器交互

（二）数字化发展

基于算法支撑、人工智能引领、数字驱动、开放共享的特点，以数字化、信息化技术的手段，推动能源设备监测的发展，实现对能源的实时监测和优化调度，提高能源利用效率，减少能源浪费。智慧城市依靠先进的交通管理设备，例如智能交通灯、智能停车设备、交通预测和导航设备等，实现对交通流量的智能调度和管理，提高交通运输效率，减少交通拥堵和交通事故。智慧城市通过应用互联网、物联网和移动通信等技术，提供智能公共服务，如智慧医疗、智慧教育等，提升了公共服务的效率和便捷性，改善了居民的生活品质。

（三）可持续发展

智慧城市发展注重可持续性，通过完善智能化公共设施减少环境污染，提供更加便捷、环保的公共服务。智慧城市将人类生活和资源利用与环境保护相结合，实现了智慧城市的可持续发展。

（四）智能化演变

智慧城市演变分为不同的平台，其目的是侧重于能源的高效利用和管理。从人们认识到智慧城市的重要性到智慧城市的启动、加速和成熟，平台的演变见证了智慧城市的变化。

（五）社会协同与合作

智慧城市鼓励公众的参与和协作。智慧城市通过手机应用程序、网站链接等手段，促进市民与政府之间的互动与合作，共同参与城市规划和决策，实现城市管理的民主化和透明化。

（六）安全性与隐私性

居民的隐私是城市发展的重中之重，智慧城市重视安全和隐私保护。

智慧城市通过智能防护设备、数据加密维护网络安全，保障居民和城市设施的安全，同时保护个人和机构的隐私权，提高安全和隐私保护是智慧城市发展的重要方面。

政府应该加强对网络安全和隐私保护的监管和执法力度，对违反法律法规的行为进行严厉打击，形成良好的网络安全和隐私保护环境。提高用户安全意识和防范危险环境的能力，智慧城市应该通过网络媒体进行宣传教育，提高用户的安全意识和能力，避免用户在不安全的网络环境下暴露个人信息和受到网络攻击。

（七）以人为本

智慧城市旨在以人为本。智慧城市通过技术支持，在大量公共设施方面体现人文关怀，充分考虑残疾人、老年人、孕妇、儿童的特殊需求，为他们提供无障碍的服务，体现以人为本。

智慧城市可以通过各种智能化的设备，为公众提供便捷、高效、可持续的生活和出行体验，推动居民的幸福指数不断提升，生活水平越来越高。当然不可避免，智慧城市发展也带来诸多负面影响。例如，可能导致环境污染、资源紧张和社会不平等等诸多问题。因此，城市发展需要合理规划和管理，以最大限度地实现居民的利益。居民应该成为智慧城市建设的参与者。通过运用社交网站与移动应用程序，居民可以参与城市管理和决策，提出建议和意见，并与城市管理部门进行互动和合作。居民的参与和创新能够为智慧城市的灵活扩展和升级提供更多可能性，从而加快智慧城市的发展。

（八）灵活性和可扩展性

智慧城市的建设是一个不断发展和演进的过程，智慧城市的设施应具备灵活性和可扩展性，以满足未来的需求和创新。

智慧城市具有灵活性和可扩展性的关键在于，智慧城市的信息技术为其提供灵活升级以及灵活改造的能力。智慧城市的灵活性体现在便捷的交通、智能的医疗、智慧教育、智能环保、智能安防等领域。智慧城市的建设依赖于城市管理、医疗、教育、文化、信息技术等应用，这些应用具有灵活性和可塑性，能够随着需求的变化和技术的进步进行相应的调整和升级。

二、智慧城市的表现

（一）智慧交通

智慧交通设备是智能城市基础设施的重要组成部分，它的使用有助于提高交通效率和能源利用率，同时降低交通事故发生的可能性。

智慧交通设备通过使用各种感知设备，如视频监控、雷达和红外线传感器等，实时监测道路交通情况，根据实际的车辆流量和交通状况自动调整交通信号灯的时间和配时。这样的智能控制不仅可以优化交通流量，减少交通拥堵，还可以提高公共交通的效率和便利性。同时，一些智慧交通设备还具有行人检测功能，可以自动识别和响应行人的存在，以避免可能发生的交通事故。这些设备通过人工智能和机器学习技术，不断学习和调整交通信号灯的配时，以实现最佳的交通管理效果。

（二）智慧医疗

智能公共服务可以为居民提供更加高效、便捷的服务，提高居民的生活质量。智慧医疗可以实现医院制作的电子病历、健康档案等一些资料在不同医院之间进行传递的操作，给医生提供更加清晰、准确的病人资料，患者可以灵活就医，确保患者病情的隐私性。随着智能化时代的发展，远程医疗、个性化诊断、智能医疗影像等实现了医疗信息化与智能化，提高了医疗服务的质量。

（三）智慧教育

智慧城市中常常聚集着各类教育机构和培训中心，它们为市民提供了更多的教育和培训机会，是提升市民素质和能力的途径，有助于个人的职业发展和社会经济地位的提升。智慧教育可以提供适宜的课程满足用户的需求，学生与老师的交流也可以实现畅通无阻。智慧教育运用云计算、大数据、人工智能、跨部门整合等技术，将学校的学籍管理、教师管理合成为一体，通过信息化技术手段，实现学生的在线学习、教师的在线辅导等功能，可以对老师的教学质量进行数字化评估，从而提高教育的服务质量。学生可以通过智慧教育平台在线上课、完成作业、参加考试等，还可以获得教师和同学的在线帮助。此外，智慧城市还可以提供智能化、信息化教育管理，通过大数据和人工智能技术，对教育数据进行挖掘和分析，为教育机构提供更加精准的教学管理和服务。

（四）智慧环保

智慧环保利用各种先进的感知工具和技术，如区域环境在线监测设备及监控视频、污染源排放口在线监测设备及监控视频、污染治理设施状态传感器、射频识别等，实现对环境状况的全面、实时感知。通过各种信息化设备、网络与先进的感知工具进行连接，智慧环保能够实时传送和共享感知的信息，实现环保领域的互联互通，为智能分析和决策提供基础数据。利用先进的技术和设备，智慧环保能够综合分析和管理环保领域的所有信息，实现智能化调度和管理，提高环保管理的效率和精度。通过智能分析工具对环境数据进行智能分析和预测，可以为环境决策提供科学依据。

（五）智能照明

智能照明设备通过使用智能感知技术，如感光元件和智能控制软件，可以根据环境光线、时间和电量的变化，智能地调控照明的分配。

这些设备可以自动调整照明亮度、颜色和维度等参数，以适应环境和满足用户用电需求。智能照明设备不仅可以提高能源利用率，减少能源浪费，还可以改善公共场所的照明质量，提高人们夜间出行的安全性和便捷性。

第五节　智慧城市的体系框架

一、智慧城市的总体框架

以"创新、协调、绿色、开放、共享"为发展理念，以"四横三纵"的框架结构为基准，智慧城市运用物联网、人工智能、大数据等新兴技术来收集、传输、存储和分析城市各个领域的数据，从而实现了城市运行的可视化、智能化和优化管理，不仅提升了城市管理效率，还改善了城市居民的生活品质，为城市发展注入了新的活力。智慧城市的总体框架具体参见图2-4。

（一）纵向结构

智慧城市的体系框架纵向自下而上可分为感知层、设施层、数据层和应用层四个层次，各层次之间相互联系、相互支撑，描绘智慧城市蓝图。

1. 感知层

感知层是智慧城市体系结构的基础，也是智慧城市技术体系的首要环节，负责采集城市的各种信息和数据。感知层主要运用了包括传感器、监测设备、物联网等技术在内的传感设备和技术，如RFID（Radio Frequency Identification，射频识别技术）、GPS（Global Positioning System，全球定位系统）、摄像头等。它通过收集和监测城市中的各种数据，如环境数

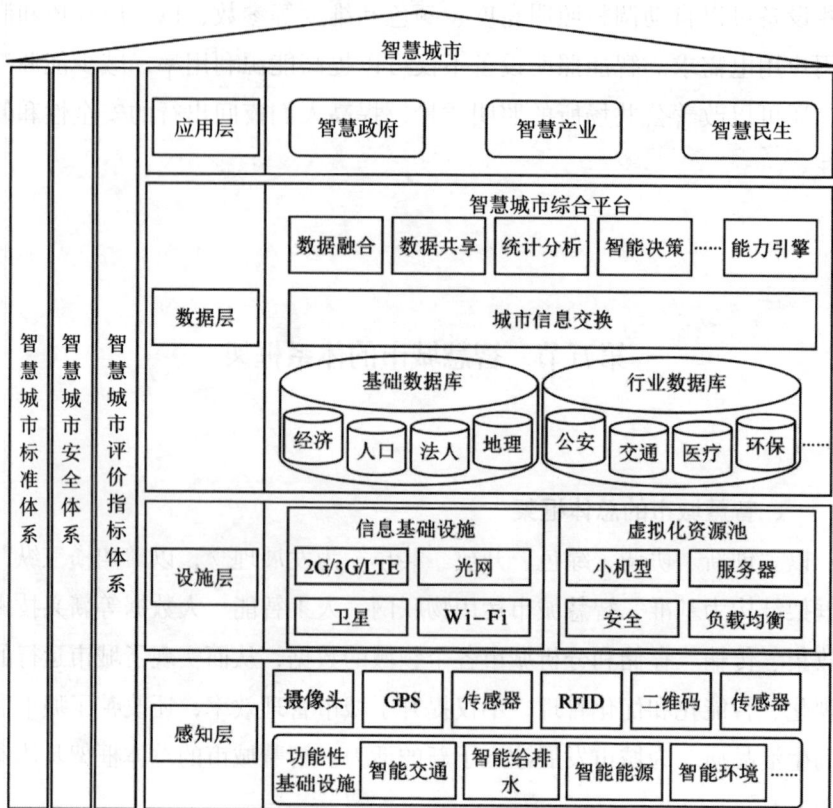

图2-4　智慧城市的总体框架

据、交通数据、能源数据等，实时了解城市的状况和变化，并直接影响智慧城市的数据质量和精度。由此，感知层可以帮助城市管理者更好地了解城市的需求和问题，为后续的决策和规划提供数据支持。

2. 设施层

设施层是智慧城市建设的重要信息基础设施，负责完成各种感知网络的接入和数据传送，实现更全面的互联互通。设施层包括两个部分：一个是城市的信息基础设施，如卫星、光网、Wi-Fi等，负责提供可靠的通信通道；另一个是虚拟化资源池，如各类服务器，负责计算并存储各类资源。

设施层需要与感知层和数据层进行紧密的协作,通过设备接口和网络的连接,将感知层的数据传输到数据层,并将应用层的指令传递到各个基础设施,为智慧城市的数据层和应用层的实现提供基础设施和便利条件,为城市的智慧化奠定坚实的物理设施基础。

3. 数据层

设施层之上是数据层,负责对数据进行存储、处理和分析,从而满足应用层业务需求。它利用云数据库技术和大数据分析技术,将感知层收集到的原始数据进行存储、整合和处理分析,提供强大的数据支持和数据分析能力。数据层还可以通过数据关联、数据挖掘和数据活化技术建立数据仓库并实现数据共享,帮助城市管理者更好地了解城市的发展趋势和变化。

4. 应用层

应用层是智慧城市体系结构的最顶层,负责实现各种应用和服务。它是智慧交通、智慧环保、智慧能源、智慧安全等各领域各方面应用系统的集合。从宏观上讲,智慧政府、智慧产业和智慧民生构成了智慧城市的应用层。应用层的作用是将数据层提供的数据分析结果应用于城市管理和公共服务中,实现智慧城市的目标并满足城市发展的需求。应用层可以为城市管理提供各种便利的功能,例如实现交通拥堵的预测和调度、环境污染的监测和治理、能源消耗的优化和管理等。应用层的发展还可以创造新的商业模式和就业机会,促进城市的经济增长和可持续发展。

综上所述,感知层负责感知城市的各种信息和数据;设施层负责提供城市的基础设施和基本服务;数据层负责存储和处理各种数据;应用层负责实现各种智慧城市的应用和服务。它们为智慧城市的发展提供了数据支持、物理设施支持、技术支持和应用支持,通过相互协作、紧密配合,共同实现城市的智慧化运行。

（二）横向结构

智慧城市的体系框架横向可划分为安全、标准和评价指标三个支撑体系，为实现智慧城市美好愿景保驾护航。

1. 安全体系

安全体系是智慧城市体系结构中的一个重要组成部分，主要负责保障城市信息化系统和物联网设备的安全。智慧城市涉及大量的信息传输和数据处理，因此安全问题成了智慧城市建设中亟待解决的重要问题。安全体系的作用是确保智慧城市系统的数据和信息不受恶意攻击和非法侵入，保障城市的信息安全和网络安全。安全体系运用网络防火墙、入侵检测系统、数据加密等技术手段以及对管理规范和安全意识的培养，从技术和管理两个方面为智慧城市提供安全保障。只有确保智慧城市系统的安全，才能有效地保护城市居民的隐私和个人信息，提高智慧城市系统的可信度和可用性。

2. 标准体系

标准体系是智慧城市体系结构中一个重要的组成部分，主要负责制定和推广智慧城市建设和运营的标准和规范。智慧城市涉及多个领域和多个行业，有着复杂的技术和应用要求，很容易造成数据多口采集、缺乏同步、效率低下等情况，因此需要制定统一的标准和规范来管理各个环节。标准体系的作用是提供统一的技术规范和操作规程，促进不同地区和不同领域的智慧城市实现互联互通和数据共享。标准体系可以帮助解决智慧城市建设过程中的技术瓶颈和难题，减少不必要的重复投资和资源浪费，同时还可以促进智慧城市的创新发展，推动产业的协同发展。

3. 评价指标体系

评价指标体系是智慧城市体系结构中最核心的部分，主要负责评估和监测智慧城市的建设和运营情况。智慧城市的建设和运营需要投入大量的资源和资金，因此需要建立科学有效的评价指标来评估城市的智慧化水平和发展成果。评价指标体系的作用是帮助城市管理者监测指导智慧城市建设的进展情况，评估智慧城市的综合效益和社会效果。评价指标体系可以从多个维度和角度进行评估，包括技术指标、经济指标、社会指标等，以全面地评价智慧城市的建设和运营情况。评价指标体系的建立可以促进城市之间的经验交流和借鉴，推动优秀的智慧城市经验的复制和推广。

综上所述，智慧城市的体系横向结构包含安全体系、标准体系和评价指标体系三个支撑体系。安全体系负责保障智慧城市系统的安全，保护居民的信息和隐私安全；标准体系负责制定和推广智慧城市的标准和规范，促进城市间的互联互通和数据共享；评价指标体系负责评估和监测智慧城市的建设和运营情况，帮助城市管理者指导监督城市的智慧化水平和发展效果。这三个体系相互协作、相互支持，为智慧城市的可持续发展提供了安全保障、技术规范和量化评估支持。

二、智慧城市的功能架构

智慧城市建设是对传统城市发展模式的革新，是中国推动区域创新发展的一项重要举措。为了实现城市的智慧式治理和高质量发展，一个科学合理的功能架构是必不可少的。功能架构的设计建议遵循"一城一智慧"原则，在此仅提出一种可落地实施的框架建议。智慧城市平台的功能架构分为IaaS（Infrastructure as a Service，基础设施即服务）层、PaaS（Platform as a Service，平台即服务）平台层和SaaS（Software as a Service，软件即服务）应用层，同时云管理功能贯穿各层实施各类运维管理，业务管理功能贯穿各层实施各类业务管理。智慧城市平台的功能框架具体参见图2-5。

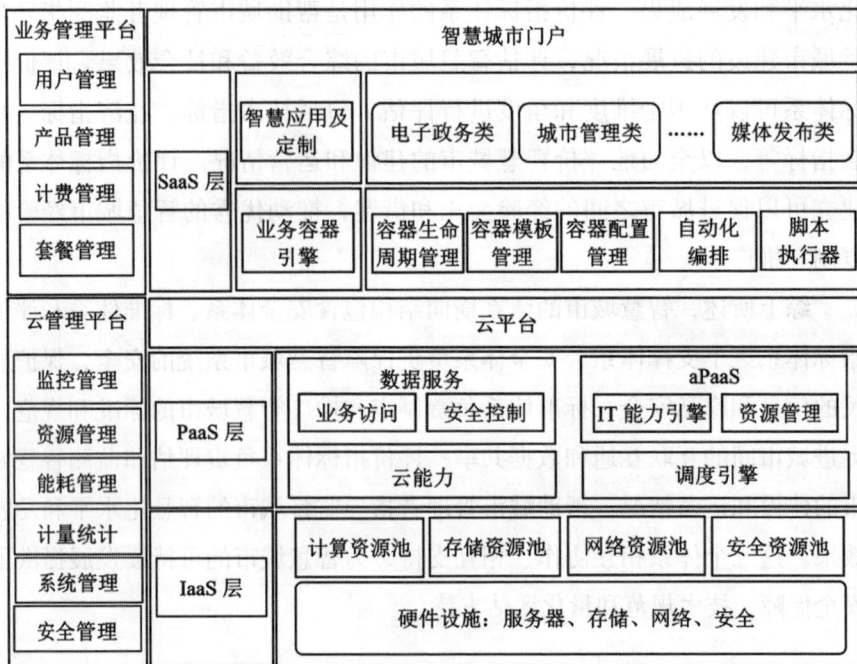

图2-5 智慧城市平台的功能框架

（一）IaaS层

IaaS层负责提供智慧城市所需的基础设施资源，包括计算、存储、网络等资源。在这一层次上，主要提供云计算基础设施，以满足智慧城市的各种需求。例如，IaaS层可以提供计算资源池、存储资源池、网络资源池、安全资源池和相应的硬件设施，为上层的应用提供计算和存储能力。IaaS层的作用是为PaaS平台层和SaaS应用层提供稳定、高效的基础设施支持。

（二）PaaS平台层

PaaS平台层包括 aPaaS、数据服务、云能力和调度引擎四个部分，负责提供用于开发、测试和部署应用程序的平台环境和共享云服务。在这一层次上，主要提供开发工具、运行时环境和中间件等，以支持应用程序的开发和运行。例如，PaaS平台层可以提供数据存储、消息队列、身份认证等服务，为开发人员的快速开发和部署应用程序提供便利。PaaS平台层的作用是为SaaS应用层提供开发和运行环境，简化应用程序的开发和部署过程。

（三）SaaS 应用层

SaaS应用层负责提供各种面向用户的应用程序。在这一层次上，主要提供智慧城市的各种应用服务，并通过云平台门户进行展现，如智能交通、智能安防、智能环境等。例如，SaaS应用层可以提供交通流量监测、视频监控、环境监测等应用程序，帮助用户实现智慧城市的各种需求。SaaS应用层能够为用户提供丰富多样的应用服务，实现智慧城市各个方面的功能。

（四）云管理功能

云管理功能贯穿各层，实施各类运维管理。云管理平台从功能逻辑上划分为资源管理、运维监控和多数据中心管理架构三个层次。例如，云管理平台可以对基础设施进行监控和管理，确保其稳定性和安全性；可以对运行的应用程序进行监控和优化，保证其正常运行。云管理功能可以实现对整个智慧城市架构的监控和管理，保证其高效稳定地运行。

（五）业务管理功能

业务管理功能贯穿各层，实施各类业务管理。业务管理平台具有用户管理、服务管理、数据管理等功能。例如，业务管理平台可以对用户进行身份认证和权限管理，确保数据和服务的安全；可以对数据进行处理和分析，为决策者提供科学依据。业务管理功能可以实现对智慧城市各类业务的管理和优化，提高智慧城市的效率和服务质量。

综上所述，智慧城市功能架构是建立在云计算基础上的一种科学合理的架构模式。IaaS层提供基础设施支持，PaaS平台层提供开发和运行环境，SaaS应用层提供各种面向用户的应用程序。云管理功能贯穿各层实施运维管理，业务管理功能贯穿各层实施业务管理。这些层次和功能协同作用，为智慧城市的建设和发展提供了全面的支持和保障。

智慧城市是以信息和通信技术为基础，通过数字化、网络化和智能化应用，提升城市治理能力和居民生活质量的现代城市形态。它的发展经历了漫长的历史演进过程，通过不断吸收创新科技和管理理念，逐渐形成了独特的内涵要素和特征表现。为了有效组织和管理智慧城市，智慧城市体系架构和功能架构提供了一个科学合理的框架。在未来，智慧城市将会更加注重对居民个体需求的满足，通过智能化技术和数据分析，提供个性化的公共服务，为人们创造更加便捷、舒适和可持续发展的城市生活环境。

参考文献

［1］MGI.Smart cties：digital solutions for a more livable future[R]，2019.

［2］本刊编辑部.开启智能建造新征程，激活城市基础设施建设新动力[J]. 中国建设信息化，2023（16）：46-47.

［3］陈赤平，卞安雯.智慧城市建设能否提升居民幸福感——基于中国健康与养老追踪调查数据的实证分析[J]. 湖南师范大学社会科学学报，2023（04）：86-95.

［4］国家统计局.中华人民共和国2023年国民经济和社会发展统计公报[R/02]. 2024-2-29.

［5］刘冬雪，刘佳星，梁芳，等.新型智慧城市整体框架研究[J]. 邮电设计技术，2018（09）：61-64.

［6］王帆，章琳，倪娟.智慧城市能够提高企业创新投入吗?[J]. 科研管理，2022，43（10）：12-23.

［7］颜昌武.智慧城市建设中的技术与智慧[J]. 浙江学刊，2023（05）：29-33.

［8］姚璐，王书华，范瑞.智慧城市试点政策的创新效应研究[J]. 经济与管理研究，2023，44（2）：94-111.

［9］臧维明，李月芳，魏光明.新型智慧城市标准体系框架及评估指标初探[J]. 中国电子科学研究院学报，2018，13（01）：1-7.

☆　第三章　☆

国内外智慧城市建设与治理的模式与经验

随着第三次工业革命的出现，人们的生活方式和工作方式逐渐发生改变。随着信息技术产业的迅速发展，智慧城市的概念越来越普及。当然，智慧城市的发展不是一蹴而就的，而是一个持续发展的过程。除了对现有的城市基础设施进行改造升级之外，更重要的是依靠不断发展的信息技术，形成更为科学、高效的城市管理模式，促使城市实现可持续发展，从而更加主动、智慧地服务于人们的生活和工作。当前，我国正处于经济转型升级的关键时期，建设智慧城市已经成为实现经济转型升级并推动城市高质量发展的关键手段。城市现代化的不断推进，以及新发展理念的提出，赋予了智慧城市新的内涵和新的要求。

第一节　国外智慧城市建设与治理的模式

伴随着信息技术的飞速发展，美国、英国、日本、韩国等发达国家开始研究如何运用新一代信息技术来重新审视城市的本质、城市的发展目标定位、城市功能的培育、城市结构的调整、城市形象与特色等一系列现代城市发展中出现的关键问题。针对如何加大信息技术在城市管理、服务和运行中的创新性应用，这些国家相继提出了发展"智慧城市"的战略举措，把智慧城市建设作为提升城市竞争力的重要手段，城市智能发展的新模式开始孕育成型。

一、国外智慧城市建设发展概况

（一）欧洲

欧洲智慧城市建设始于2000年。2000—2005年欧洲实施了"电子欧洲"行动计划，2006—2010年完成了第三阶段的信息社会发展战略。早在21世纪初，欧洲就开始了智慧城市的实践。2000 年，英国南安普敦市启动了智能卡项目，自此欧洲智慧城市建设的序幕正式拉开。此后，欧洲各国相继开始建设智慧城市，并取得了相当可观的成绩。

1. 奥地利

美国城市与气候专家博伊德·科恩曾选用完全不同的四项指标——创新、绿色、生活质量、数字化管理，评选出"全球十大智慧城市"。在该评选中，奥地利首都维也纳一举夺魁，成为唯一一个在所有评选指标中挺进前十的城市。事实上，维也纳的智慧城市建设与其大力推行的"智能城市发展规划"密切相关。

所谓智能城市发展规划，目的是让维也纳在未来的城市发展中，对所面临的能源挑战和气候挑战做出应对，并实现经济和科技的现代化。该规划中包含多个发展计划，"城市供暖和制冷计划"和"城市气候保护计划"是其中最突出的。在城市供暖方面，维也纳禁止用填埋的方式处理垃圾，而主要将固态垃圾和废水回收利用，通过燃烧和气化技术使垃圾和废水转化成新能源，满足地区暖气和热水需求，同时减少二氧化碳排放。在城市气候保护方面，则包含了37个项目和385项具体措施，涵盖了能源生产和利用、城市交通、城市结构、政府采购、城市垃圾管理、农林业、自然保护和公共关系等多个领域，是维也纳市最大的综合环境发展规划。

2. 英国

2007年，英国在格洛斯特郡实行了"智能屋"试点，将传感器安装在房子周围，传感器传回的信息使中央电脑能够控制各种家庭设备。智能屋装有以电脑终端为核心的监测和通信网络，使用红外线和感应式坐垫可以自动监测老年人在屋内的活动情况。屋中配有医疗设备，可以为老年人测心率和血压等，并将测量结果自动传输给相关医生。

贝丁顿社区是英国最大的低碳可持续发展社区，其建筑构造是从提高能源利用角度考虑的。该社区的楼顶风帽是一种自然通风装置，设有进气和出气两套管道，室外冷空气进入和室内热空气排出时会在其中发生热交换，这样可以节约供暖所需的能源。由于采取了建筑隔热、智能供热、天然采光等设计，综合使用太阳能、风能、生物质能等可再生能源，该社区与周围普通住宅区相比可节约81%的供热能耗以及45%的电力消耗。

在新冠疫情期间，伦敦启动奥德修斯计划。该计划通过收集人们的社交距离及使用的交通工具等数据，致力于帮助伦敦市政府了解居民居家隔离状况，同时评估政策干预的效果。该项目为政府制定政策提供帮助，引导分阶段、有原则、以数据为驱动的方式逐步恢复经济和人们正常的生活方式。

智慧伦敦建设成果显著，信息技术公司云集伦敦。伦敦市政府表示，2006—2016年从事信息技术的就业人员增长77%，数字化相关企业增长90%，极大促进了伦敦的经济发展。目前，伦敦具有清洁科技、治理科技、数字化医疗、教育科技、出行创新、金融科技、法律科技等专业服务枢纽。

3. 丹麦

丹麦首都哥本哈根被认为是智慧城市的典型代表，持续推进碳中和目标。哥本哈根将来自手机、公共汽车GPS系统、下水道和公共垃圾桶中的传感器的无线数据连接起来，旨在进行有效的垃圾管理和短途出行管理，以减少城市的碳排放量。同时，该城市建立了旨在减少空气污染的孵化器——哥本哈根解决方案实验室。例如，该实验室的智能停车项目可以帮助司机用APP找到停车位，从而减少废气排放和交通拥堵。近年来，为了实现零碳排放城市的目标，哥本哈根鼓励市民骑车出行。2010年，哥本哈根开始推广一种智慧型自行车，让骑车变得更轻松。这种自行车的车轮装有可以存储能量的电池，并在车把手上安装射频识别技术或是全球定位系统，汇聚成"自行车流"，通过信号系统保障出行畅通。与此同时，政府大力完善沿途配套设施建设，如建立服务站点、提供简便修理工具等，为自行车出行提供便利。数据显示，智慧型自行车的推广与配套设施建设卓有成效，越来越多的市民长距离骑自行车，以减少使用会产生温室气体的运输工具的频率。

4. 瑞典

瑞典首都斯德哥尔摩在国际智慧城市组织ICF的评选中曾获得"全球智慧城市"奖项，其智慧城市建设的亮点在交通系统上得到了最大的体现。

在斯德哥尔摩，平均每天有45万辆汽车驶过城市中央商务区，严重的交通拥堵时有发生。政府决定，通过准确动态地测量并且跟踪道路使用情况，征收"道路堵塞税"，以解决交通拥堵问题。

经过研究，IBM为瑞典公路管理局设计、安装并且运行了一套先进的智能收费系统，包含摄像头、传感器和中央服务器。政府在道路上设置了十几个路边控制站，通过使用RFID射频技术等高新技术，自动识别进入市中心的车辆，按照车辆出行的时间和地点，自动对注册车辆进行收费。同时，引入自由车流系统，以分析采集的车辆位置信息，实现为城区通行车辆提供回避拥堵路线的服务。这一举措将交通量减少了20%，温室气体排放量减少了8%至14%。

5. 西班牙

巴塞罗那的城市转型起源于20世纪80年代。巴塞罗那市议会对智慧城市的规划主要专注于四个主题，即智慧管理、智慧经济、智慧生活和智慧居民。其中，智慧经济由具有创意的公司、机构、居民三者共同协同合作，其发展方向主要分为国际推广、国际合作和地方项目三个方向。比如，巴塞罗那智慧城市的主要合作伙伴有思科公司、法国燃气苏伊士集团和施耐德电气有限公司等。

巴塞罗那在智慧城市的建设过程中采取了一系列创新性举措：如在城市范围内提供免费的 Wi-Fi服务，覆盖范围包括公共空间和交通设施等；推出了巴塞罗那公开政府应用，旨在提高政府行政透明度，方便公众表达自己的意见；在交通方面，提供绿色出行方式——公共自行车、新型公交网络，推广新能源车辆、智能交通信号灯等。此外，市政厅设置的垃圾桶按照不同的垃圾进行分类设置，垃圾桶底部与地下的垃圾处理中心直接连通。同时，智能化垃圾系统带有传感器，当垃圾即将装满时，传感器会通过无线网络传输的方式发送信息给垃圾处理中心，从而提高了垃圾转运处理效率。

现如今，巴塞罗那将城市的未来寄托于数字孪生技术，通过数字孪生技术集成巴塞罗那的海量数据，实现巴塞罗那整个城市的虚拟化和数字化。未来，巴塞罗那将依托数字孪生技术，构建城市级数据闭环赋能体系，实现城市在信息纬度上的模拟、监控、诊断、预测和控制，从而指导物理维度上的实体城市的建设，以期应对城市在建设、管理、运行过程中出现的不确定性，使政府能够为未来的巴塞罗那进行准确的定位，做出决策，提高居民的生活质量。

（二）美国

美国智慧城市发展状况整体较为均衡。2015年9月白宫提出智慧城市计划，并提供了一系列的资金扶持，同时举办了各类活动，鼓励全国都积极参与到智慧城市的发展建设中来。政府还大力支持智慧城市与私营公司和高等院校之间的合作。

当前，美国主要智慧城市纷纷建立数据分析团队，利用物联网、大数据和人工智能等技术，通过数据采集、数据整合、数据分析和数据可视化等手段，实现了数据驱动的决策和服务，其举措主要有以下三点：一是实时感知、全面掌握城市状况；二是识别问题高发和高风险区域；三是提前预测问题，主动采取预防措施。

同时，美国智慧城市利用交互式地图、城市数据仪表盘、紧急信息通知工具、开放数据应用程序、资源查找器等数字工具，主动向市民提供城市信息和数据，以方便市民可以轻松、便捷地查询。

1. 迪比克

2009年9月，美国中西部爱荷华州的迪比克市与IBM共同宣布，将建设美国第一个"智慧城市"。通过采用IBM一系列新技术，迪比克市将完全数字化，并将城市的所有资源都连接起来，包括水、电、油、气、交通、公共服务等。其中，能源、水务以及交通三大系统建设是优先发展的领域。比如，迪比克市给每户人家、每个店铺都安装了数控水电计量器，它使用了低流量传感器技术，防止公共设施和民宅水电泄漏；同时搭建了实时可持续发展的综合监督平台，对采集到的信息进行整合、分析。目前，迪比克市智能水表项目已经取得成效，不仅为城市节省了大量用水，还因为智能水表自动抄表功能，为城市每年节省10多万美元的人工费用。此外，迪比克市还计划开展一个项目，该项目将通过使用传感器、软件和互联网，让政府和市民能够检测、调整他们使用水、电和交通的方式，以期打造更加节能、智能化的城市。

2. 纽约

纽约是美国第一大城市和第一大商港，也是世界经济中心之一。21世纪初，纽约提出旨在促进城市信息基础设施建设、提高公共服务水平的"智慧城市"计划。

2005年，纽约市启动电子健康记录系统，并于2009年由美国联邦政府和纽约市健康与心理卫生局共同推进该系统的建设和升级。目前，纽约市各大医院和社区医疗保健机构普遍采用全套电子病历系统，该系统极大方便了医生调取病人病历，提高了医疗措施的准确性。随着信息技术在医疗领域的深入应用，电子医疗已经成为纽约吸引人才和创造就业关键的三大领域之一。

纽约智慧交通的建设始于20世纪末，目前已建成一套智能化、覆盖全市的智慧交通信息系统，成为全美最发达的公共运输系统之一。纽约智慧交通信息服务系统可以及时跟踪、监测全市所有交通状态的动态变化，极大方便了机动车驾驶者根据智慧交通信息系统发布的交通拥堵情况和出行最佳路线信息选择出行路线，相关部门也可以根据后台智能监控系统提供的路况信息进行交通疏通。纽约在全市范围内广泛推行E-Zpass电子不停车收费系统，这种收费系统每车收费耗时不到两秒，其通行能力是人工收费通道的5到10倍。

近年来，纽约市政府对下水道系统进行了一系列维修改造，制作了全市下水道电子地图，可以清晰显示市内下水管道和相关设施位置，方便施工人员进行下水道清淤等作业。市政人员还通过在下水道井盖下方安装的监视器，对水流、水质、堵塞等情况进行不间断监测，当下水道水位高于警戒线时，监视器就会自动发出警报，工作人员根据监视器发出的警报及时采取措施，最大限度预防灾害的发生，提高全市下水道的运行能力。

（三）其他地区

亚太地区（除美国之外）智慧城市建设多与自身城市特色相结合，因地、因需制宜，呈多元化发展，力求打造别具一格的城市风貌。

1. 加拿大

多伦多作为加拿大国家金融中心和重要的港口城市，是著名的国际大都市。全球十大智慧城市排名中，多伦多位居第二，在智慧城市社会公共服务、城市管理以及节能环保等方面都取得了良好的成绩。

多伦多市政府倾力打造名为"发现之旅"的智能生态网络和步行系统，推出了城市短途自行车自助租赁服务，最大限度地减少了对高能耗车辆的使用，以此达到节能环保的效果。多伦多市政府加强了与私营机构的相互合作，制定了多伦多智能通勤倡议，最早采用高速公路不停车电子收费和道路交通信息采集等先进技术，改善高速公路运营情况，提高交通运输效率，提升了交通管理的智能化水平。

为有效回收垃圾，多伦多市政府为居民提供了十多种语言的垃圾分类指示和垃圾回收日历，帮助居民正确处理垃圾分类。环保节能垃圾车采用新型科技天然气发动机，代替了之前的柴油发动机，极大降低了城市环境污染和噪声污染。在建筑方面，多伦多融入了绿色有机外墙和绿色屋顶技术，降低建筑能耗，并在城市基础设施上安装LED照明装置，大力推行"LED节能照明城市"行动，推动了市政府各部门之间合作开展节能照明活动。

建设Wellbeing Toronto网站，方便市民对多伦多140个社区的就业率、犯罪率、安全性、教育、住房、环境、人口情况、托儿服务以及交通情况等信息进行查询和比较。Wellbeing Toronto项目旨在帮助市民更好地了解所在的社区，加强公众与政府之间的连接和沟通，同时该网页上登载的第一手民情资料，也给市政府提供了相关决策参考，以便提供更符合市民需求的公共服务。

2. 韩国

韩国首都首尔的电子政务发展指数，近年来一直位居联合国电子政务调查榜前列，其智慧城市建设也颇为成功。

首尔的智慧城市建设是以网络为基础，将医疗、教育等服务系统统一部署在思科公司的数据中心，通过网络接入，方便实现远程医疗、远程教育等服务，并且通过标准化方式向企业开放IT基础设施，鼓励企业开发新型服务。数据是首尔智慧城市项目的核心。通过对城市模式的积累和分析，例如通过部署在城市各处的传感器和闭路电视测量的交通流量、速度和空气质量，为智能基础设施和服务奠定了坚实的基础。

首尔智慧城市建设取得了一系列成效：在城市设施管理方面，利用无线传感器网络，管理人员可随时随地掌握道路、停车场、地下管网等设施的运行状态；在城市安全方面，利用红外摄像机和无线传感器网络，提高灾难监测自动化水平；在城市环境方面，智慧环境系统可自动将气象信息发送到市民的移动终端；在城市交通方面，智慧交通系统可实现对公交信息和公共停车信息的管理，并实现智能支持残障人士出行。

3. 新加坡

根据2024年全球智慧城市指数报告，新加坡在全球排名第五，亚洲排名第一，击败了北京、台北和首尔等城市。

新加坡是一个典型的资源匮乏、国土面积狭小的岛国，其智慧城市建设发展模式一直备受世界瞩目。新加坡非常强调智慧城市和数字经济发展的总体框架设计，也强调顶层设计和政府的主导作用，特别是注重技术的统一以及规划的相互协调，来规范城市发展的各个环节，把国家长远的发展和智慧城市建设的项目有机地结合在一起，形成一体化新的体系。新加坡很早就意识到IT资源和通信产业有着巨大的潜力。1981年，新加坡全国计算机委员会成立，旨在发展IT技术，使新加坡加速进入信息时代，逐步提高本国经济综合实力和改善民众生活质量。2006年，新加坡资讯通信发展管理局（IDA）发布"智慧国家2015年（iN2015）计划"。该计划借助信息通信技术将新加坡打造成智慧型国家暨全球化城市，通过信息通信技术人才、市场主体、政府和社会的互联合作提升国家的跨领域资源整合能力，实现数字通信驱动的智能化国家目标。该计划涉及政府重要经济部门和机构的结构转型、具有全球竞争力的信息通信产业、覆盖全国的高速信息通信基础设施、熟悉信息通信行业和具备全球竞争力的信息人才。例如在经济领域，政府主要通过帮助中小企业使用信息通信解决方案、资信综合资金辅助计划和软件运营服务等措施促进其业务发展。

2006年以来，新加坡智慧国家计划的实施，在一些公共服务领域实现了质的转变，即从供给方主导向供给方与需求方双向互动转变、从离散化的服务向一体化的服务转变，由此也影响到了新加坡居民日常生活。其中，信息通信技术应用是智慧城市建设的核心。截至2013年1月，新一代全国宽带网络计划使新加坡的高速宽带网络已经遍布全国。借助信息通信技术，新加坡政府通过iGov2010使得40余万家当地企业获得唯一身份识别码，从而将电子政府转变为整合政府，旨在推进政府集成数字化办公。在交通建设方面，新加坡早在1998年就建立了电子道路收费系统，即根据道路拥堵状况对机动车进行收费，并取得了良好的成效。在此基础上，新加坡启动了智能交通管理系统，通过优化交通信号系统、城市快速道路监控系统，安装传感器、红外线设备、电子扫描系统、接合式电子眼以及ERP管理系统等，使道路、交通参与者和交通系统之间紧密相连，从而为交通参与者提供实时的路况信息，使其能够在出行路线、出行工具和出行时间等方面做出最佳选择。

4.日本

继"e-Japan""u-Japan"之后，日本于2009年7月推出了"i-japan（智慧日本）战略2015"。该战略的要点是大力发展电子政府和电子地方自治体，推动医疗、健康和教育的电子化。该战略旨在到2015年实现以人为本，"安心且充满活力的数字化社会"，让数字信息技术如同空气和水一般融入社会的每一个角落，并由此改革经济社会，激发出新的活力，实现积极自主的创新。因此该战略的要点在于实现数字技术的易用性，突破阻碍其使用的各种壁垒，确保信息安全，最终通过数字化技术和信息技术向经济社会的渗透打造全新的日本。包括东京在内的日本各城市积极落实国家战略，重视新技术的研发和应用推广，在远程医疗、电子病历等方面进行了积极的尝试。

目前，东京电子病历系统在各类医院已基本普及，电子病历系统整合了各种临床信息系统和知识库，如能提供病人的基本信息、住院信息和护理信息，为护士提供自动提醒服务，为医生提供检查、治疗、注射等诊疗活动记录。此外，医院采用笔记本电脑和PDA（个人数字助理）实现医生移动查房和护士床旁操作，实现无线网络化和移动化。目前，日本的医疗信息化建设基本实现了诊疗过程的数字化、无纸化和无胶片化。

受政府财政及其他因素影响，日本在建设智慧城市时呈现出了一个鲜明的特征，那就是民间企业成为智慧城市建设的主要力量，并通过利用自身的资源优势，采取各种方式吸引民间企业和社会各方面的研究力量积极参与，共同来完成智慧城市的打造，进而推动政府改善城市管理。

二、国外智慧城市建设与治理趋势分析

欧洲国家把智慧城市建设看作建设绿色、低碳、可持续城市的有效途径，高度重视创新型智慧城市建设。亚太地区因地、因需制宜，在建设路径创新上呈多元化发展。美国的智慧城市发展尽管与欧洲相比进展较慢，但其在改善交通、提高能源效率和保障公共安全方面也在不断付出努力。美国以业务与服务为创新主导，本着促进城市基础设施建设和提升政府公共服务的宗旨，通过基础设施建设、国家政策保障、数据开发研究等领域建设智慧城市，不断应对城市化进程中面临的挑战。

以欧洲城市为例，其智慧城市发展有三大元素六个主题：三大元素分别为技术因素、体制因素以及人的因素；六个主题包括智慧治理、智慧经济、智慧移动性、智慧环境、智慧公众和智慧生活。其中，智慧环境和智慧移动是欧洲多数智慧城市发展普遍重视的两个要素。

国外智慧城市发展模式主要是政府、市民和企业合作模式，政府主导建设模式，国家战略驱动发展模式，以服务为主的建设模式等四种，其智慧城市创新发展都离不开政府主导，或者政府引导企业、市民参与智慧城市投资建设。具体来说，国外智慧城市建设具有如下特征：

1. 数据开放透明：数据是城市规划与管理的"主心骨"。开放透明的城市数据，涵盖城市需求、消耗、服务、管理等方面，能够营造更公开、透明的城市管理环境，提高城市管理效率，促进城市创新发展。

2. 以人为本：技术的革新和大数据的运用能够以一种新的方式来满足城市居民的需求，并将城市居民与专家、投资者、政策相关机构等充分结合，从而发挥群众智慧，驱动整个城市的改革创新。

3. 技术革新：技术革新一方面依靠人才资本的技术提升，另一方面则依靠先进的技术。城市数字化基础设施建设是智慧城市"硬"策略实施的保障，也为城市"软"策略实施提供支撑，进而为促进城市创新和发展提供机会，推动城市经济发展。

4. 可持续发展：真正的智慧城市是可持续发展的城市，包含经济、社会和环境的可持续发展，且三个方面有机连接，形成一个"智慧链"，为智慧城市的发展提供不竭的动力。

第二节　国内智慧城市建设与治理的模式

与国外不同，我国智慧城市建设多以政府为主导，通过出台多项发展规划和法规政策，引导企业和科研单位参与建设，共同推动国内智慧城市的持续发展。目前，我国智慧城市在基础环境、产业转型、城市管理、民生等方面的发展初见成效。

一、国内智慧城市建设发展概况

（一）一线城市

1.北京

为了满足新时代首都治理创新的新要求，把握新一代信息技术发展机遇，首都智慧城管正依托海淀"城市大脑"平台建设，努力开创服务导向、问题牵引、智能感知、数据驱动、协同联动、众创共治的城市治理新局面。

海淀"城市大脑"平台建设，以遍布海淀全域的城市感知网络为硬件基础，以城市大数据为核心资源，以物联网、云计算、大数据、人工智能为关键技术，以政府主导、多元参与、共建共享为机制保障，对海淀全域进行全感知、全互联、全分析、全响应、全应用。目前，海淀区已经完成了"城市大脑"1.0的建设。海淀"城市大脑"算力已达每秒2028万亿次，可以将遍布于全区的20余万个传感器采集到的数据进行实时汇集，构建"时空信息一张图"。同时，搭建了"1+1+2+N"的城市感知体系、AI（Artifical Intelligence）计算中心、IOCC城市运营指挥中心等基础框架和共性服务平台，针对城市管理、公共安全、生态环保及城市交通四大板块打造出一系列应用场景，取得了阶段性成果，对政府治理体系建设起到了积极的推动作用。

习近平在2015年中央城市工作会议上发表重要讲话，对"五位一体"智慧城管建设提出明确要求，要求综合运用物联网、云计算、大数据等现代信息技术，实现感知、分析、服务、指挥、监察"五位一体"。在北京市相关部门和市区街的共同努力下，通过推进数据信息汇聚共享、基于大数据的执法流程再造和全过程数字化设计，系统功能迭代开发，功能分批逐级运行，初步落实了"到人、到点、到事"，推进了市区街三级纵向联动和相关委办局横向协同的综合执法数字化转型，进一步推进了"五位一体"智慧城管的发展。

到2023年，北京市逐步建设高水平的自动驾驶示范区，目前已有800

多辆来自28家公司的自动驾驶车辆在示范区进行测试，总测试里程超过2000万公里。这些车辆涵盖了多种应用场景，包括客运、物流、清洁和快递服务，展示了自动驾驶技术在实际城市生活中的广泛应用。例如，在客运领域，百度Apollo的自动驾驶出租车服务已经在北京市区内运营，用户可以通过手机应用预约无人驾驶出租车。这些车辆配备了先进的传感器和导航系统，能够在复杂的城市道路环境中安全行驶，为市民提供便捷的出行服务。在物流方面，美团和京东等公司已经部署了自动驾驶配送车，这些车辆主要用于在校园和社区内进行快递和外卖的"最后一公里"配送。美团的智慧无人配送车可以在校园内自主导航，将外卖准确地送到学生手中，不仅提高了配送效率，还减少了人工成本。在城市清洁领域，清洁机器人已经在北京的多个公园和主要街道上投入使用。这些机器人能够自动识别垃圾并进行清扫，还配备了AI技术，可以识别行人和障碍物，确保在清扫过程中不影响行人的正常通行。北京市还计划将自动驾驶示范区扩展到通州区和顺义区。这些区域将进一步测试和应用自动驾驶技术，覆盖更多的城市服务领域，如公共交通和环卫清洁等，旨在打造一个全方位的智慧城市示范区域。北京市还在积极推进智能交通管理系统，通过与自动驾驶车辆的协同工作，优化城市交通流量，减少拥堵和交通事故。例如，北京市交通管理部门与科技公司合作，开发了基于大数据和AI的交通预测和管理系统，能够实时监控和调节交通信号，提高道路通行效率。

此外，北京市东城区人民政府于2023年发布《北京市东城区智慧城市建设工作实施方案（2023—2025年）》，总体要求到2025年，初步建成与"四个中心"功能相适应的首都智慧城市核心区和协同高效的数字政府，建成与"六个高地"建设相适应的数字经济繁荣典范城区，建成以市民共享数字生活需求为中心、以城市高效运行为场景的智慧城市应用体系，公众获得感、满意度显著提升，城市治理智能化水平显著提高，数字化创新引领发展能力显著加强，数字技术与实体经济融合取得显著进展，构建宜居、绿色、韧性、智慧、人文的城市发展东城范式。

2.上海

2023年，上海人均GDP已达到18.04万元，生产要素成本的上升快于要素生产力的上升，因此需要进一步提升要素生产率，转变经济增长方式。上海着力深化信息化与经济社会各领域深度融合，围绕民生诉求"补短板"，从两个方面进行智慧城市建设：基础设施建设和应用体系建设。

在基础设施建设方面，全面建设功能服务型信息基础设施，集中和规模化部署互联网数据中心，参与研制并引进位居国际前列的超级计算主机系统建设高精度位置服务平台。建设"金融云""中小企业服务云""健康云"等云服务体系，在云计算服务器、资源管理平台等关键技术领域实现突破。深化实施本市高新技术产业化物联网专项，重点支持先进传感器、网关芯片及产品、短距离无线通信芯片的研制等。发展基础软件、工业软件和大型行业应用软件，打造一批行业应用软件解决方案商，建立产业集聚区。重点支持工业软件的开发和应用，实现现代化工业建设。建立电子政务系统、金融领域网络操作系统、商贸领域查询跟踪交易系统等应用软件。着力推动汽车电子芯片、高端智能电表芯片、平板显示相关芯片等战略新兴领域的发展。

为了提高科技转化为服务的水平，上海市实现了一系列应用体系建设，包括：（1）建立智能化消防数字平台，实现消防水源分布和应用、重点目标监管等信息的动态采集，共享消防水泵、探测报警器、防火门等消防设施状态、重点部位图像和灭火救援预案等信息；（2）建立安防视频资源共享系统，实现重点场所和道路的视频探头覆盖，推进治安防控视频资源在政府相关部门间共享，全面提升城市视频资源的整体使用效益；（3）建设完善的交通状态指数参数采集发布系统，通过互联网、广播、电视、移动通信等多种渠道，向公众提供道路通行状况信息；（4）建立公共交通信息服务系统，提升公交营运效率，实现轨道交通与地面公交换乘信息发布，推进道路停车电子收费和预约停车服务；（5）建立交通管理综合应用系统，深入挖掘数据在交通管理决策中的应用效果，提升交通指挥协调能力和智能诱导能力；扩大高速公路不停车收费系统的覆盖面，提升收费道口通行能力。

3. 广州

改革开放以来，广州市非农业人口比重大幅上升，2005年末非农业人口占比69.28%。广州已经在人口转移为主导的城市化中发展到了较高水平，进入结构转换为主导的城市化是广州现阶段的必然选择。为了强化国家中心城市地位，跨入世界先进城市行列，广州全面推动信息网络基础设施建设和实体基础设施智慧化改造。

在信息网络基础设施建设方面，建设智慧城市云计算中心，以广州超级计算中心为核心打造面向全国的高性能计算应用服务集聚区，大力建设城市智能处理平台，依托广州高新技术产业开发区，打造跨地域、跨行业和跨职能部门的云计算服务集聚区。建立城市综合管控中心，通过网络舆情监测系统、视频监控、政府数据中心等渠道广泛获取城市各类信息，综合应用文本挖掘、知识管理等技术对城市热点事件进行分析、预警、监控和趋势预测，搭建全市统一的城市管理空间信息承载服务平台。

实体基础设施智慧化改造方面，构建动态感知、主动管理、人车路协同的智能交通系统，推进覆盖全市的视频监控系统，智能化升级改造，规模应用图像智能识别与分析技术，完善车辆识别和实时交通状态预警功能，逐步推广电子车票应用，形成对公交车、出租车以及整体路网通勤状态的实时、统一监控。打造运作高效的智慧港口，全面应用于港口的物流作业、运输服务及港口管理等方面，全面提升货物和集装箱装卸系统的效率和港口运营管理能力，构建业务国际化、发展规模化、处理智能化的"大物流"港口。发展基于传感网络、地理信息系统、卫星遥感等技术的新型水利基础设施，大力发展智能电网，推动物联网技术在城市配电、用电环节的应用。构建智能化的公共安全监控系统，推进社会治安、食品监控系统升级改造和智能化应用，推进市区视频监控点的全面联网，进一步提升监控信息分析能力，利用智能预警、虚拟巡逻等手段降低城市犯罪率。建立上下贯通、左右衔接、互联互通、信息共享的应急指挥系统，完善社会预警和应对突发事件的信息运行机制，增强对各种突发性事件的监控和应急处理能力。

在2023年，广州加速建设5G基础设施，计划建成超过8万个5G基站，总投资超过300亿元人民币。这些基站将为全市提供高速的5G网络，支持各类智慧城市应用。广州的天河区成为首批5G覆盖的示范区之一，市民可以在家中和工作场所享受高速的网络连接。此外，广州还在主要商业区、地铁和公交车站等公共区域部署了5G网络，为市民和游客提供便捷的网络服务。为了推动5G应用，广州市政府在智能交通、医疗、教育和公共安全等多个领域进行了探索和实践。在智能交通方面，广州市推出了基于5G的智能公交调度系统，通过实时数据传输和智能算法优化公交线路和调度，减少乘客的等待时间，提高公交运营效率。广州的一些主要公交线路已经实现了自动驾驶公交车的试运行，这些公交车可以自动识别路况，智能调节车速，确保安全和准时。在医疗领域，广州的多家医院引入了5G远程医疗系统，通过高清视频和数据传输技术，实现了专家远程会诊、手术指导和病历共享。这样做不仅提高了医疗服务的效率，让偏远地区的患者也能够享受到大城市的优质医疗资源。例如，广州市第一人民医院利用5G技术成功进行了多例复杂的远程手术，极大地提升了医疗服务的覆盖面。在教育方面，广州市的多所学校试点了5G智慧校园建设，利用5G网络支持在线教育、VR虚拟现实教学和智能校园管理系统。学生可以通过VR设备进行沉浸式学习，体验虚拟实验和历史重现等教学内容，极大地提升了学习的趣味性。例如，广州市第二中学的学生在VR教室中进行虚拟科学实验，亲身感受物理和化学现象。

2024年，广州举办国际智能制造技术与装备展览会，展示最新的驱动系统、传感技术、控制技术、工业网络和人机界面等。这次展览会旨在满足各行业采购者的多样化需求，推动智能制造解决方案的应用和推广。此外，展览会还设立了"受邀买家计划"，为符合条件的买家提供VIP通道、免费商务午餐、差旅津贴等福利，促进买家与参展商之间更有实质意义的商业交流。

4. 深圳

2022年5月，深圳市政务服务数据管理局联合市发展改革委发布了《深圳市数字政府和智慧城市"十四五"发展规划》（以下简称《规划》），提出到2025年，打造国际新型智慧城市标杆和"数字中国"城市典范，成为全球数字先锋城市。为此，深圳市围绕城市运营管理中心构建、城市混合云生态构建和数字社会构建三个方面全面支撑城市治理体系和治理能力现代化，使深圳成为更具竞争力、创新力、影响力的全球数字先锋城市。

在城市运营管理中心构建方面，建设全国首个新型智慧城市运营管理平台——深圳城市运营管理中心。城市运营管理中心是集城市大数据运营、城市规划、综合管理、应急协同指挥等功能于一体，技术、业务、数据高度融合的跨层级、跨区域、跨系统、跨部门、跨业务综合协同管理和服务平台，是城市运行管理的"大脑"和"中枢"。深圳城市运营管理中心利用深圳超算中心计算资源，全面接入电子政务资源中心数据，并进一步接入电信运营商、基础设施运营商以及互联网企业等社会数据，形成大数据，推进技术、业务和数据融合，并通过对各电子信息"神经末梢"收集而来的信息进行数据处理和分析，勾画出完整的"城市运行图"，实现城市管理从"被动反馈型"到"主动出击型"的转变，让城市治理体系和治理能力变得真正"智慧"起来。

在城市混合云生态构建方面，构建起统筹集约、全面覆盖的通信网络基础设施体系，实现泛在高速网络连通。统筹布局以数据中心和边缘计算为主体、智能超算为特色的全市算力一张网，强化算法等科技能力支撑，实现算力的"云边端"统筹供给。构造城市混合云生态，实现云资源的一体化融通。

在数字社会构建方面，《规划》提出要聚焦教育、医疗、养老、抚幼、就业、文体、助残等重点领域，强化信息资源深度整合，推动线上、线下服务更加高效协同，加快打造均等普惠的民生服务体系，让数字社会建设成果更好惠及全体市民。建设全民共享的数字社会，推进相关服务的适老化改造，为老年人使用智能化产品提供便利，逐步消除"数字鸿沟"，让老年人更好地融入智慧社会。

在数字经济和金融科技领域，深圳在2023年取得了显著进展，加快建设金融科技研究机构，推动数字货币钱包、智能合约管理和金融大数据智能分析等关键技术的突破。例如，深圳设立了国家级的金融科技实验室，致力于研究和开发先进的金融技术。该实验室与多家银行、科技公司合作，开发了一款基于区块链技术的数字货币钱包，该钱包不仅支持日常交易，还具备高效的跨境支付功能，极大地提升了金融交易的便捷性和安全性。同时，深圳市政府还与知名科技公司合作，推出了智能合约管理平台，使企业能够在区块链上安全、快速地执行合约。平台利用智能合约自动执行交易条款，减少了人为干预的风险和错误，提高了交易的透明度和效率。具体而言，深圳的一家初创公司开发的智能合约管理系统，已经在房地产交易、供应链管理和保险理赔等领域得到了成功应用，大大简化了复杂的业务流程。此外，深圳金融科技公司还开发了多种大数据分析工具，帮助金融机构更好地进行风险管理和市场预测。例如，平安集团利用人工智能和大数据技术，推出了一套智能风控系统，可以实时分析海量的交易数据、识别潜在的金融风险，并提供精准的风险控制方案。这些智能分析工具还被用于个性化金融产品推荐，使金融服务更加贴近用户需求，提高了客户满意度和忠诚度。

（二）新一线城市

1.杭州

习近平在浙江工作期间就做出了建设"数字浙江"的重大决策部署。他特别指出，杭州过去是"风景天堂""西湖天堂"，下一步是"硅谷天堂""高科技天堂"。为贯彻习近平的重要指示精神,杭州从践行"两个维护"的政治高度,持续深化杭州城市大脑和移动支付之城的建设,进一步挖掘城市发展潜力,加快建设智慧城市。

杭州在城市大脑建设方面,于2016年成立城市大脑运营指挥中心,运用"城市大脑"提升交通、卫健等系统治理能力,开启城市数字治理的新征程。杭州"城市大脑"涵盖公共交通、城市管理、卫生健康、基层治理等11大系统48个应用场景,建成数字驾驶舱155个,日均协同数据1.2亿条。通过这些数据,杭州的城市管理者可更有效地配置公共资源、做出科学决策,从而提高城市治理效能。到目前为止,"城市大脑"大致经历三个阶段:(1)数字治堵。交通信号灯自适应控制与协同管理技术优化交通信号灯控制,推出了交通延误指数,在人口净增120万、总路面通行面积因施工减少20%的情况下,交通拥堵排名从全国第2名下降至第57名;(2)数字治城。坚持问题导向,相继推出舒心就医、便捷泊车、欢快旅游、街区治理等11个重点领域48个应用场景、155个数字驾驶舱;(3)数字治疫。新冠肺炎发生以来,首创杭州健康码、企业复工复产数字平台、亲清在线、读地云等,为"战疫情、促发展"提供了重要支撑。健康码、亲清在线集聚了超过2000万日活流量,这两大超级链接为杭州"城市大脑"提高群众和企业黏合度提供了重大契机。

在移动支付之城建设方面,杭州地铁全面实现手机购票;全国首条可以使用支付宝乘坐的公交线2015年8月在杭州开通。如今,杭州市民通过支付宝城市服务,可以享受政务、出行、医疗等领域60多项便民服务。杭州出租车都支持移动支付,超市便利店都能使用支付宝付款,杭州的餐饮门店有4万多家,都可用支付宝买单。此外,杭州的美容美发、KTV、休闲娱乐等行业也都支持移动支付。而随着"互联网+政务"的发展,更多的事情可以在网上轻松办理,"浙里办"让百姓办事"一次不跑",随时使用电子社保卡实现全程数字化就医……

在2023年,杭州大力推进5G网络的全面覆盖和应用,计划到2024年建成更完善的5G基础设施。这些5G网络不仅为城市的智慧应用提供了强有力的支持，还在2023年举办的第19届亚运会上展示了最新的5G-A技术。这些技术包括5G-A基站和可重构智能（Reconfigurable Intelligent Surfaces, RIS），确保了亚运会期间多个8K视频直播的顺利进行，并支持了多达10万用户同时上网。杭州在亚运村及各大比赛场馆内部署了数百个5G-A基站，使运动员、工作人员和观众都能享受到高速稳定的网络服务，极大地提升了赛事体验感。此外，杭州加快建设金融科技研究机构，推动数字货币钱包、智能合约管理和金融大数据智能分析等关键技术的突破。例如，杭州推出了基于区块链的智能合约管理平台，杭州的一些金融科技公司已经开始在区块链平台上运行智能合约，涉及领域包括供应链金融、保险理赔和房地产交易。这些智能合约自动执行预设的条件，大大减少了审批时间和操作风险。

2. 宁波

改革开放初期，宁波的产业结构以"轻、小、集、加"为主，发展贴牌加工产业，确立了走外向型经济的发展道路，随后钢铁、石化、造船等产业依托港口迅速崛起，形成了临港重化工业主导的发展格局。面对不断上升的劳动力和原材料成本，以及日趋饱和的环境承载能力，粗放式的发展模式难以持续。基于此，宁波从基础设施建设、产业基地建设和应用体系建设三个方面，共同促进宁波智慧城市建设。

在基础设施建设方面，建立人才资源、文化资源、社会信用、文件档案等综合数据库，建立信息资源交换与共享平台、物联网公共服务等平台。构建泛在化的信息网络，加快推进三网融合。推进光纤到户，推进新一代互联网、广播电视网、移动通信网络的建设，构建统一高效的泛在网络。积极推进三网融合。强化互联网安全管理，完善重要单位信息安全等级保护制度、数字认证、信息安全等级测评制度。建立重要数据容灾中心。

在产业基地建设方面，培育建设物联网公共服务平台、智慧城市感知计算服务平台，引进移动通信数据中心、金融数据处理中心、重点产业和资源数据等行业应用的数据中心。建立智慧城市装备和产品研发制造基地，重点提升智能家电、智能电表、智能交通装备、智能工业控制、智能健康医疗装备等设计制造企业。建立农业专家咨询服务系统、农业电子商务、特色农业基地等，实现农产品生产、加工、储藏、运输和市场营销科学化、智能化。培育和提升现代物流、工业设计、电子商务、信息服务等现代服务业。

在应用体系建设方面，建立物流开展智慧试点，大力推广视频识别、多维条码、卫星定位、货物跟踪等信息技术在物流企业和物流监管部门中的应用。重点推进智慧电能建设，加快智慧技术在发电、输电、配电、供电、用电服务等环节的广泛应用。推进社会治安监控体系、灾难预警体系、应急体系、安全生产重点领域防控体系、口岸疫情预警体系等指挥安保系统建设，数字城建、数字城管平台建设等。推进综合交通服务和管理系统、交通应急指挥系统、数字公路综合信息服务系统、电子收费系统、港口信息管理等智慧交通应用系统建设。建立医疗系统，开展智慧健康保障试点，构建覆盖城乡医疗卫生机构的信息化网络体系，重点建设医疗急救系统、远程挂号系统、电子收费系统、电子健康档案、远程医疗等系统。

在2023年，宁波推出了"智慧交通管理系统"，通过5G网络和智能交通信号控制系统，优化了城市的交通流量。该系统可以实时监控交通状况，调整信号灯时长，减少交通拥堵。在宁波市中心的多个主要路口，智能交通信号控制系统已经投入使用。这些系统通过摄像头和传感器实时收集交通数据，并利用人工智能算法分析车辆和行人流量，自动调整信号灯的时长和顺序，从而减少高峰时段的交通拥堵。同时，宁波还在主要道路上安装了智能监控设备，这些设备可以识别交通违规行为和潜在的交通事故风险，并及时向交通管理部门报告。通过这种方式，宁波不仅提高了交通管理的效率，也提升了道路安全性。此外，宁波积极推广新能源汽车，并建了大量的充电桩，支持绿色出行。截至2023年底，宁波已经建成超过1万个新能源汽车充电桩，覆盖了市区主要公共停车场、商业中心和居民小区。在宁波市海曙区的一些大型商场和办公楼下，新能源汽车充电桩已经成为标准配置，市民可以方便地为电动车充电。这不仅方便了电动车主，也促进了新能源汽车的普及和使用。为了鼓励市民选择绿色出行，宁波市政府还推出了一系列激励措施，例如对购买新能源汽车的市民提供财政补贴，并为使用新能源汽车的司机提供免费停车优惠。这些措施极大地提升了市民使用新能源汽车的积极性，进一步推动了绿色出行的发展。

此外，宁波积极参与国际智慧城市建设的合作项目，并成功申办了2026年世界举重锦标赛。通过举办国际赛事，宁波展示了其在智慧城市建设中的创新成果，并推动了国家间的技术交流和合作。在筹备世界举重锦标赛期间，宁波将利用智慧城市技术提升赛事的组织和服务水平，包括智能票务系统、智能场馆管理和实时观众互动平台。

（三）其他城市

1. 济南

党的二十大报告强调，要加快建设数字中国。在这一战略背景下，作为山东数字强省建设的龙头城市，济南率先提出打造数字先锋城市，以数字赋能发展，推进城市大脑建设、数字产业发展和数创公社建设，加快智慧城市建设。

在城市大脑建设方面，构建智慧泉城运行管理中心。济南汇集整个城市运行数据，建立应急、防汛、交警、消防、气象等有关部门联勤联动机制，为公共安全、交通管理、森林防火等社会治理领域的各类重大突发事件的高效处理、协同联动提供有力支撑。依托大数据技术，济南99%以上的政务服务事项可实现全程网办。济南将智慧能量注入基层治理领域，全力助推社区治理能力现代化。

在数字产业发展方面，实行数字经济、数字政府、数字社会一体化推进，打造万亿级数字经济产业发展高地，推动数字化高质量发展。

　　数智时代：打造智慧城市

建立国家健康医疗大数据北方中心，汇集中国北方地区约6亿人口的健康医疗数据，覆盖从出生到老年的全生命周期，上述数据在此进行高效融汇、处理、运营、应用，从而吸引一批医疗机构和科研机构入驻，形成集聚效应。济南智能传感器产业园作为超算数字经济生态创新圈"两心、四区、五园"的核心组成部分，园区聚焦汽车电子、工业生产、消费电子、智慧家居、环境监测五大应用领域，依托"超算中心"和"公共中心"双心驱动力，结合区域内山东省科学院、山东高等技术研究院等3家高校及重点实验室、5家科技研发机构和2个公共服务平台等高端创新平台，为发展数字经济提供了良好的"智力"支撑。

在推进数创公社建设方面，率先采用政府购买服务方式建成政务云计算中心，政府部门主要业务信息化覆盖率达90%。济南采用"同城三中心"+"异地多点"灾备模式，建成了全国首个市级政务云，有5616台云服务器在政务云运行，全市政务系统上云率达到100%，已经实现了政务业务"应上云尽上云"。

2.银川

"十四五"以来，银川牢牢把握打造宜居、韧性、智慧城市工作主线，主动融入黄河流域生态保护和高质量发展先行区建设工作大局，针对性解决交通拥堵、人性化城市建设、基础设施空间布局限制等问题进行城市更新优化，城市高质量发展步伐坚韧有力。

城市更新加速，交通拥堵指数明显下降。根据《银川市国民经济和社会发展第十四个五年规划和2035年远景目标纲要》有关内容，市住建局负责的市政公用设施建设无具体量化指标，对标"十三五"期间"新增市政道路165公里"的工作总量，银川市住建局以城市体检结果为导向，在交通疏堵方面，针对城市交通拥堵突出问题，制定了"3103"改善路径（即"3"个策略、"10"项措施、"3"个阶段），系统化提出了城市交通拥堵"6+N"治理方案。

城市更新紧盯精细化、人性化打造。银川2022年度实施海绵城市项目

26个，完成海绵城市建设投资5.1亿元。海绵城市建设过程中，城市建设者更加注重细节打造，通过建设雨水花园实现自然降水的综合利用，不断提升再生水的使用效率，让更多的水资源能够重复利用到自然补水当中。在城市内涝治理方面，不断完善优化城市防汛应急预案，做到提前安排部署、提前完善预案、提前储备物资、提前检修保养、提前疏通清掏、提前改造积水点、提前应急演练、坚持24小时值班值守的"七提前一坚持"，加强排水防涝设施维护，年均清掏疏通城市排水管道500公里，及时对24座设备设施进行维护保养，利用泵站、污水厂科学联动提前抽排污水，确保管网汛前处于"空管"状态。

城市更新需系统优化基础设施空间布局。城市要发展，合理利用空间十分重要，尤其是在老城区更新改造过程中，更加要学会在狭窄空间内"微操"，要坚持从满足人民日益增长的美好生活需要出发，按照适度超前的原则，统筹增量和存量、传统和新型基础设施发展，系统优化基础设施空间布局、功能配置、规模结构，创新完善全生命周期发展模式，显著增强人民在共享基础设施方面的幸福感。

二、国内智慧城市建设与治理趋势分析

我国不同地区建设智慧城市的起始点是不同的：以上海、深圳、广州等为代表的城市以信息基础设施建设带动智慧城市的发展。信息基础设施是智慧城市建设的骨骼，信息基础设施建设能快速提升城市信息化能力，信息基础设施作为"智慧城市"建设的关键主体和基础已经成为世界各国的共识。以杭州为代表的互联网示范城市多以物联网产业发展作为建设智慧城市的出发点。物联网是新兴智慧产业的重点开发领域，也是智慧城市建设的一个重要部分，不少城市希望以物联网的建设作为突破口，来进行智慧城市的建设。发展物联网产业不仅是提高信息产业核心竞争力、改造提升传统产业和提升社会信息化水平的重要举措，也成为各地加快发展方式转变，推进自主创新的重要突破口。以宁波、济

南、银川等为代表的城市通过应用领域带动智慧城市的建设。通过重点建设一批社会应用示范项目，以点带面、逐步深入地建设智慧城市。这些城市多围绕应急系统、食品安全、智能医疗和数字出版等产业进行建设，智慧城市初见雏形。

第三节　国内外经验总结与借鉴

欧洲国家在智慧城市建设方面起步较早，也有了一些成功的经验，特别是在通过智慧城市的打造，促进城市节能减排，实现低碳可持续的城市发展路径方面有一定经验可循。中国智慧城市的建设虽然起步晚，但已经开始实现跨越式发展。

与国外相比，我国的智慧城市建设压力和投资风险共存：一方面，智慧城市建设有一定的盲目性，存在跟风建设现象；另一方面，也存在融资渠道单一的问题，房地产开发商的风险投资占一定比例。智慧城市某些系统在建完之后，缺乏专门运营机制支撑。在智慧城市建设中，要特别注意投融资风险把控，应在预算等资金管理方面加强监管。

一、国内外智慧城市发展的区别

通过对欧洲国家和美国智慧城市发展实践的分析，综合国内智慧城市的发展现状，三者之间主要存在以下几方面的不同：

1. 发展模式。欧洲智慧城市建设是一种混合型发展模式，吸收居民、市场与政府三方力量，且以自下而上的发展推进模式为主；美国智慧城市建设则偏向政府和企业主导型的发展模式，以大力推动信息基础设施建设为先导；国内智慧城市建设仍处于初期发展阶段，更倾向于政府主导型的智慧城市发展模式。

2. 理念目标。欧洲智慧城市的建设更侧重于环境的智能化改善以及切实生活环境的信息化建设，城市整体的发展建设以可持续性为基本原则；美国智慧城市的建设则更注重以信息基础设施建设拉动本国经济提升；中国智慧城市建设的理念更为宏观，以建设世界一流智慧城市为目标，以加强城市基础设施建设、提高信息化的城市监管、调整经济结构为落脚点，实现绿色城镇化及居民生活质量提高等目标。

3. 实践应用领域。欧洲智慧城市项目应用主要在公共服务、公共管理以及产业经济三个方面。在应用领域中，公共设施建设项目是推进过程中的首要关注领域。美国智慧城市项目应用主要为公共设施建设类，以信息基础设施建设为首要发展领域。国内智慧城市建设实践领域覆盖面较广，包括但不限于城市规划、农业、工业、商业、教育等。政府主导项目以公共设施为主，智慧民生、智慧政务等均为实践的主要领域；非政府主导项目主要包括商业类项目，以电子商务和交通为主。

4. 技术研发。欧洲智慧城市研究，以城市可持续发展为目标，以环境改善和能源节约为理念。美国智慧城市研究则主要关注网络与信息技术研发，旨在强化城市服务供给、改善交通、应对气候变化和刺激经济复苏。中国智慧城市研究借鉴了国外许多较为成熟的技术和发展理念，并将其灵活转换为适合中国国情的应用模式，驱动城市智慧发展和经济增长；政府十分重视技术研发，提供多方面的引导和支持，如鼓励高校科研及创建技术开发区等。

5. 资金模式。欧洲的资金模式主要包括四类：科研类项目以政府投资为主；PPP投资模式在实际建设项目中较为常用；跨行业投资是企业之间出现的灵活的投资模式；国际协同投资是不同国家之间的协同投资。美国智慧城市主要是政府机构主导运作机制，建设了大量有代表性的智慧城市，通过将顶尖企业作为智慧城市建设的核心力量，最终形成政府同企业、科研机构等多方协同投资建设的模式。国内的资金模式则主要由政府引导，一类是完全由政府投资，政府发起、把控、提供专项基金进行投资建设；一类是由政府引导的商业风投，企业、其他机构、政府等多方协同投资建设；PPP投资模式也逐渐出现在中国。

二、国外智慧城市建设经验借鉴

总的来说，欧洲智慧城市建设更重视城市居住者，以人为本是智慧城市的核心。同中国相比，欧洲的智慧城市发展和建设相对成熟，其环境、社会与经济的可持续发展与智慧城市共同建设发展的机制和方法体系值得我们借鉴。

国内外智慧城市发展理论体系亟待完善。虽然全球智慧城市建设浪潮异常迅猛，但是缺乏完善的理论体系支撑，因此带来很多不可预见的城市建设风险。

投资抗风险能力需加强。智慧城市与城市化的结合，使得房地产行业泡沫引向智慧城市，加剧了智慧城市建设的投资风险。韩国松岛是一座新兴城市，尽管政府使用多渠道、组合式的融资方式，但其中大部分投资仍来源于地产开发商的风险投资，因此风险性较大。

信息安全与隐私泄露风险与日俱增。即使是对于信息安全和隐私保护问题重视程度很高的国家，在智慧城市的建设中也存在国家与个人信息泄露的风险。信息安全和隐私保护始终是智慧城市建设必须考虑的重要课题。

在智慧城市建设过程中，不同部门、不同行业间的信息应是互通有无。但当前，多数城市、多数部门与行业之间均各自为政，无法实现信息共享，致使"信息孤岛"的僵局难以被打破。

通过对美国、欧洲等发达国家和地区的智慧城市建设实践进行分析，不难得出以下几点可供我国借鉴的宝贵经验：

1. 智慧城市建设需要有的放矢。各国城市不要为了盲目跟风，而是为了解决某些实际问题而有针对性地进行智慧城市建设。

2. 智慧城市建设务必经济实惠。受限于政府财政支出论证严格性与程序的复杂性，智慧城市建设不可能全面铺开，需要循序渐进，以某个工程或者项目的形式针对重点民生领域实施。

3. 智慧城市建设需要以人为本。智慧城市离不开公众的参与，因此智慧城市建设必须首先要考虑到公众的感受，以为人民服务为根本理念。

数智时代：打造智慧城市

参考文献

［1］贝文馨. "智慧城市"核心内涵研究[D]. 上海：上海师范大学，2017.

［2］晁亚男，胡莹. 智慧城市背景下国外公共图书馆发展现状研究——以新加坡、澳大利亚、加拿大三国为例[J]. 国家图书馆学刊，2021，30（04）：86-98.

［3］丁波涛. 国外智慧城市评估的新进展及启示[J]. 中国建设信息化，2019（01）：12-15.

［4］打造全光智慧城市首都样板 助北京全球数字经济标杆城市建设[N]. 人民邮电，2021-09-30（006）.

［5］冯祥晖，云周，杨文. 新型智慧城市与数字经济融合方式的研究[J]. 通信与信息技术，2023（S1）：78-81.

［6］赖百炼，吴军虎，王红涛. 我国"智慧城市"建设现状、内容及建议[J]. 测绘通报，2013（S1）：89-91.

［7］栾玉树，卢飞. 欧洲国家推进智慧城市建设的经验及其对我国的启示[J]. 住宅与房地产，2020（32）：76-80.

［8］李春佳. 智慧城市内涵、特征与发展途径研究——以北京智慧城市建设为例[J]. 现代城市研究，2015（05）：79-83.

［9］李鲲鹏. 银川：打造宜居智慧韧性城市[N]. 银川日报，2023-07-04（001）.

［10］刘杨. 济南市智慧城市建设存在的问题及对策研究[D]. 济南：山东大学，2018.

［11］王志斌. 从国外经验看如何打造智慧城市[J]. 智能城市，2020，6（16）：37.

［12］吴琦. 我国智慧城市建设运营发展趋势分析[J]. 中国国情国力，2023（12）：18-21.

［13］熊翔宇，郑建明. 国外智慧城市研究述评及其启示[J]. 新世纪图书馆，2017（12）：84-91.

［14］许爱萍. 发达国家智慧城市建设的典型经验与启示[J]. 河北地质大学学报，2017，40（04）：68-72，106.

［15］杨帆. 智慧城市建设经验探索——以巴塞罗那为例[J]. 美与时代：城市，2018（11）：2.

［16］尹婧文. 国外智慧城市建设中市民参与实践及启示——以英国智慧城市项目OPHC为例[J]. 四川师范大学学报（社会科学版），2022，49（05）：111-119.

［17］殷聪，俞柏峰，郑从卓. 宁波智慧城市建设"十四五"蓝图绘就[N]. 宁波日报，2021-07-23（007）.

［18］张振刚，张小娟. 广州智慧城市建设的现状、问题与对策[J]. 科技管理研究，2015，35（16）：87-93.

［19］张蔚文，金晗，冷嘉欣. 智慧城市建设如何助力社会治理现代化?——新冠疫情考验下的杭州"城市大脑"[J]. 浙江大学学报（人文社会科学版），2020，50（04）：117-129.

技术篇

SHUZHI SHIDAI

☆　第四章　☆

物联网与智慧城市

本章主要讲述物联网的定义、组成，以及物联网感知识别技术。物联网的主要目的是采集数据，为智慧城市的建设与发展提供条件。

第一节　物联网技术概述

物联网（The Internet of Things，IoT）概念首次由MIT机构于1991年提出，之后RFID技术的发展，物联网得到了快速发展。而物联网传入中国，则是始于1999年中科院的传感网项目。该项目重点研究物联网的组成与作用，以及利用物联网传感器来采集数据与分析数据，从而获得一定的工业应用。"物联网"概念的正式确定是在2005年，ITU（International Telecommunication Union，在《ITU互联网报告2005：物联网》报告中确认了物联网的组成、工作原理、市场机遇和未来趋势，以及在硬件、算法、软件三个层面的技术挑战。中国在2008年提出了《中国物联网发展规划》，预示着中国将大力发展物联网技术。随后，象征物联网基础水平的RFID技术在2010年得到了快速发展，自此物联网行业进入飞速发展时期。经过几年的发展，中国三大电信运营商在2013年推出了物联网业务，正式宣告物联网进入商用时代，开始走进寻常百姓家。随着欧洲提出"工业4.0"概念，2015年中国提出了《中国制造2025》，特别将物联网应用技术列为重点发展领域之一。通常物联网传感器应用范围有一定的限制，但是在2019年随着5G技术的推广，5G物联网技术的发展为社会各个领域带来了机遇，物联网的应用场景也变得愈加丰富。经过二三十年的发展，物联网已经被认为是物物或人物相连的互联网。因此，物联网被通俗地定义为：把所有物品通过各种信息传感设备与互联网连接起来，实现智能化识别、运作与管理功能的巨大网络。具体的物联网传感器主要有：卫星、超宽带、蜂窝网、蓝牙、Wi-Fi、RFID、条形码、可见光、惯导、地磁、雷达、声呐和5G等。

在全球经济一体化、工业自动化和社会发展数字化进程的加速，以及全球竞争激烈的大环境下，物联网技术对于满足人民对美好生活的向往过程中扮演着重要角色。

一、物联网基本定义

尽管目前国内外对物联网还没有形成统一的概念，但是随着各种新型传感器感知技术、现代物流技术和人工智能等先进技术的发展，物联网通常被定义为：物联网是通过可以采集和传输数据的传感（包括条形码或二维码、RFID、红外感应器和激光扫描器等信息传感设备）按照约定的通信协议，通过一定的网络将物与物、人与物、物与网络连接起来，并进行信息传递与处理，以便在智能化识别、定位、跟踪、监控和管理等社会应用方面全方位服务人类。依据上述定义，可知物联网是连接人与物之间的桥梁。此外，物联网还可以融合地理信息空间与物理空间，将有用信息数字化和网络化，以便于数据在传输过程中被建模，从而通过发现规律来更好地服务人类。

物联网技术的出现，使得原先物理设施与电子产品之间的无联系关系转变为一套数字系统。这套物联网数字系统不仅可以采集物理设施的性能和物理参数，还可以通过参数数字化建模来构建内涵关系，使得物理设施变得智能，电子产品更具人性化。两者既独立，又相互配合，相得益彰促使人类美好智能生活的开启。

二、物联网的体系结构

物联网为了实现物与物和人与物之间的信息交互功能，首先需要感知数据，然后传输数据，最后才能应用到社会生活的方方面面。为此，物联网通常被认为由感知层、网络层和应用层构成，三个层面之间的关系与功能如图4-1所示。

1.感知层由各种能够感知物理信息的传感器组成，这些传感器包括：RFID、可见光、压力、温度、摄像头、Wi-Fi和蓝牙等。传感器的主要作用是通过自身内部的电子仪器感知物体的信息数据，就好比人体能够感知温度和压力等。

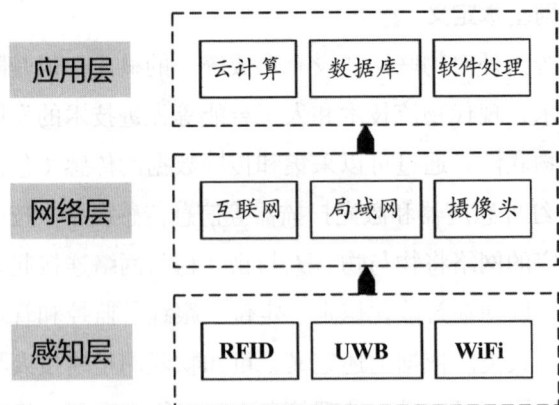

图4-1 物联网体系结构图

数智时代：打造智慧城市

物联网在感知层面上主要实现现实世界中物与物、人与物之间的数据收集功能，这些数据主要是视频、图像、声音、物体信息等具有一定表征性能参数的数据。感知层在三个层面中处于最底层，是物联网技术中最基础，也是最重要的一层，对其他两个层面产生重要影响。在数据采集与处理方面，感知层主要依靠各种传感器来采集物理事件与数据。具备采集数据功能的传感器，如压力传感器、温度传感器、声音传感器、射频传感器、二维码传感器、卫星传感器、可见光传感器、超宽带传感器、Wi-Fi路由器、蓝牙传感器、水下声呐传感器和雷达传感器等，这些特定功能的传感器会采集相应的特定数据，以便将数据传输到网络层进行处理做铺垫。

感知层依赖传感器进行数据采集，而在采集数据中涉及的技术主要有：信息阈值检测、无线及有线信息传输、嵌入式硬件设计、数据组网技术和分布式数据存储等。通过嵌入式硬件系统感知外界信息数据，并通过感知层中的通信与传输技术将信息数字化后传递出去，从而使数据最终到达应用端，真正意义上实现物联网数据感知功能。

2. 网络层用以接收来自感知层各种传感器的数据，从而实现数据间的融合与信息交互。其链接感知层和应用层，并在传输到应用层之前对数据进行分析与处理。在物联网技术中，该层具备人类大脑中枢的角色与功能。

网络层的主要作用是利用网络通信技术实现对上层感知到的数据和信息进行传递与处理，以便将处理结果传递给应用层。这些网络技术包括互联网、地轨卫星通信网、移动基站网络等。其中，类似4G、5G移动网可以为手机用户提供广泛的信息；而以Wi-Fi为主的无线局域网可以在小范围内提供无线感知与网络传输功能；还有超宽带技术在符合条件的射频频率范围内，可以在高保密性的前提下传输大量数据信息，目前已经应用到汽车智能钥匙和地铁进出闸口方面。由此可见，网络层的目的是向上承接感知层的有用信息，向下结合应用层的各种需求进行数据处理与传输。

感知层中主要的核心技术包括：远近距离通信技术、有线或无线通信技术、通信调频技术、宽带或窄带信号处理技术和数据管理与融合处理技术等。这些技术应用的主要目的是为了实现物联网网络层的数据传输与处理。

3. 应用层主要是根据感知层和网络层传递的数据，结合社会行业需求而设计出一定的应用案例，主要体现在工业发展水平上。应用层主要服务人类，因此应用层越高端，社会生活则越进步。

应用层的主要作用是对感知层和网络层传递数据。该层包含应用子层和应用两个部分。其中，应用子层依靠网络层传递的数据，在获得设计者的需求后，对数据进行融合、存储、分析、建模和挖掘等加工操作，以实现一定的设计功能；而应用部分则是为社会行业中具体的应用案例提供数据支撑与功能服务。

应用层得以实现的关键技术有：云计算、数据挖掘、智能AI大模型、数据库、软件处理等。这些技术主要体现在应用端的数据处理和展示方面。

感知层是物联网发展和应用的基础，网络层是物联网发展和应用的可靠保证，没有感知层和网络层提供的基础，应用层就成了无源之水、无本之木。但未来的物联网发展将更加关注应用层。

三、物联网关键技术

（一）感知与识别技术

物联网系统的成功应用得益于传感器对物理世界中发生的事情进行数字化表示，以便于后期计算机能够自适应分析与建模。为了确定方向，古代人通常使用指南针来辨别方向，而现代人通常借助地球磁场运动方向研发磁力计，进行高精度方向探测；为了测量人类的体重与身高，现代人使用压力传感器和超声波传感器分别测量体重和身高。其他传感器，诸如卫星传感器可以通过发射信号来实现地面移动物体的定位与测速，以及通过摄像头拍摄照片并建立图像模型来进行识别。这些传感器性能的高低通常与传感器内部的零器件有关，比如零器件的敏感程度、材料性能、工艺制作水平和测量技术等。这些因素都会对传感器的可靠性、精确性和抗干扰性有所影响，对后续网络层和应用层的性能也影响较大。故而，物联网传感器技术水平的高低主要体现在传感器自身数据采集的准确性和后续数据分析建模的可靠性两个方面。首先，数据采集不准，就无法谈论模型的准确性，模型的准确性需要有稳定可靠的数据来源。因此，前者是后者的基石，后者可以验证前者的准确性。此外，出于经济方面的考虑，传感器的经济指标也特别重要，比如功耗水平、使用寿命和故障率等。发展高可靠、高稳定、低功耗的传感器，是发展物联网产业的重要方向。

识别技术主要是对外界事务参数的识别，包括外形识别和坐标识别等。常规的物联网识别技术主要依赖条形码和RFID标签进行，后来随着科技的发展产生了视觉和图像方面的识别技术。如果说感知是为了获取数据，那么识别就是一个技术应用。

（二）网络与通信技术

数据被采集和被分析通常在不同的设备间进行，故而设备间需要使用技术来进行高质量、高可靠性和高保密性的信息交互，而这种技术称作网络与通信技术。

物联网的网络与通信技术主要涉及数据接入和数据传输两个层面的关键内容。其主要目的是为了实现感知层与应用层之间的数据双向传输及信息反馈。为了实现此功能，不同的物联网传感器在智慧城市中的使用频率需要分开，否则容易混频而形成干扰。例如机场，塔台与飞机之间的通信频率需要一个纯净的环境，所以无线电管理部门要求机场附近不得使用其他无线电频率进行通信。这也是机场附近不准使用无人机飞行的根本原因，其他频率的干扰会对机场固定频率的通信形成大的干扰，从而影响飞行安全。为保障通信安全性，不同的无线传感器在智慧城市建设过程中需要使用不同的频率资源，新的传感器频率若要公开使用，需在国际频率组织进行备案，以保障各种物联网系统的独立性与通畅性。

（三）信息处理与服务技术

智慧城市建设所依赖的数据主要是由传感器采集而来。故而，面对海量大数据，信息处理与服务技术主要包含大数据的存储、分析、调用、搜索、筛选和建模等，宽泛的概念还包括数据挖掘、AI智能技术、云计算与云服务和隐私设计等。由于数据中涵盖多种噪声，故而只有对数据加以处理后，才能将数据建模应用到应用端，实现为智慧城市服务。物联网不仅可以获取各种物理原始观测数据，更为重要的是从海量数据中分析数据背后的规律，让人类利用这些规律做出为人类服务和为社会服务的产品应用。

（四）位置信息服务技术

当前，无论人或者物进行什么活动或者在哪里，都需要提供时间和坐标两个位置信息。故而，利用物联网传感器向用户和物体提供位置信息，具有重要的工业价值与现实意义。比如：利用卫星定位技术可以为导弹提供精确制导，也可为广大用户提供车辆和人员出行定位服务，利用蓝牙或Wi-Fi定位技术可以为大型商场、超市、医院和地下车库提供导航、导购、导医服务，利用UWB传感器定位技术可以为工厂提供高精度定位技术等。

尽管物联网发展已有几十年的时间，但是为智慧城市服务还处于初级阶段，在持续发展过程中，后续对于大规模传感器获得的海量数据进行数据分析与处理，将是国内外科研工作者的研究重点。

第二节　物联网感知识别技术

智慧城市的建设需要依赖传感器提供原始观测数据来实现应用端的各种产品，物联网数据采集实质上是应用了传感器的感知识别技术。感知识别技术的主要目的是感知物理世界物体本身的存在与性能参数，感知物体的位置与速度等，并识别物体的类型与物体间的差异性。具备感知识别功能的常见传感器有超宽带、Wi-Fi、蓝牙、声呐、雷达、卫星和移动基站等，这些嵌入式传感器能够感知相应物理与化学微观变化，并对这些微观变化进行量化，从而形成数字表征。

物联网感知是智慧城市的数据来源，物联网识别是智慧城市的应用目的，两者相辅相成，共同配合，促进了社会的飞速发展。

一、自动识别技术

自动识别技术在智慧城市建设中应用广泛，比如公交卡、地铁卡、银行IC卡、超市条形码、社区门禁卡等。这是一种快速自动化的信息采集与识别技术，主要由磁感线圈组成。当线圈与仪器接触后，磁感线圈被激活产生电能，使得机器可以识别出线圈内部的编码，然后机器调取自身系统该编码的信息进行加减和其他操作。故而，RFID技术标签本身不存储任何信息，只是携带ID编码，关于数据的操作均在识别标签的机器内部操作，故而识别较快。因此，自动识别技术属于综合性高新技术，可减少人工数据录入和操作的繁杂且重复的工作。

通常，自动识别系统包括识别系统、中间件系统和软件系统三个组成部分。其中，识别系统主要负责采集和存储数据；中间件系统负责提供两个硬件设备间的通信接口与相关通信协议，以及数据接口；软件系统则对识别系统数据进行各种具体应用的展示。三个组成部分呈现递进关系，且相辅相成。

自动识别系统可分为光学识别技术和生物特征识别技术。光学识别依靠OCR（Optical Character Recognition，光学字符识别）技术，实现将文档转换为平面行列形式的图像格式，再通过识别软件将其转化为文本格式，以便后期编辑处理与加工。OCR技术涉及相关匹配技术、模式识别技术和概率判决依据。其中，相关匹配技术是先提取字符的特征向量，然后与数据库存储的字符特征向量进行相关运算，从而根据相关度大小判断具体字符。模式识别中的相关运算既可在时域处理，也可在频域处理，后来发展到可以在空间域进行处理，不同域的处理方式各有特色与优缺点。概率判断则是依据前面相关运算的结果，以及结合经验信息进行判断和选择其类型归属。当前，人工智能技术的发展与AI大模型的产生，促进了OCR技术的迅猛发展和丰富应用。

生物识别技术首先依据个体差异性，通过数字化进行表征呈现。数字化表征可以结合具体应用而定，比如人体指纹、虹膜、掌纹、人脸、静脉、声音、字迹、步态、形态等。由于人与人之间在上述特征方面具有一定差异性，故而科学家面对不同应用环境时可以设计出防伪性高、隐私性强和安全性高的产品。比如：智慧城市中的智能家居入户门大多采用指纹和人脸进行安全性验证与识别；金融机构交易通常采用动态人脸识别系统等。生物识别技术应用广泛、安全性高，具有随时随地可用的优点，因此该类传感器在智慧城市建设中扮演着重要角色。接下来，介绍各种生物识别技术（指纹、虹膜、掌纹、人脸和语音）的工作原理与优缺点。

1. 指纹识别：指纹器首先采集人体指纹信息，包括指纹的指尖纹路、指纹分叉点、指纹长度及走向等，然后将上述特征信息与数据库存储的指纹信息进行相关运算，判断其身份。指纹识别技术是人体特有的，并且人与人之间差异显著，故而识别速度较快且技术成熟。但是，该技术在具体使用过程中，容易被他人根据真实指纹模仿出假体指纹，影响安全性与私密性。

2. 虹膜识别：基于人体眼睛内部的巩膜、虹膜、瞳孔和视网膜结构特征，虹膜识别技术通过研究上述特征内部的斑点、细丝形状与长度、条纹等细节来实现特征数字化表征。由于这些细节特征通常不会随着年龄的改变而改变，故而具有特征与身份的唯一性。因此该项技术具有唯一性、稳定性、非侵犯性和安全性的优点。

3. 掌纹识别：与指纹识别原理类似，利用掌纹中的纹路走向及长短和几何特征进行数据建模分析，从而采用对比相关法判断身份信息。在识别方式上存在脱机识别和在线识别两类，由此引发的问题是脱机掌纹的安全性得不到保障，存在盗用风险。

4. 人脸识别：识别原理与指纹和掌纹识别类似，区别在于所提取的特征不同。人脸识别过程中，需要的特征主要是人脸的大致形状，眼睛、眉毛、鼻子、耳朵之间的相互几何关系等，这些特征在图像行列式数据中存在一定的联系。运用神经网络或者人工智能技术进行分析与建模，可以判断出具体的个体。虽然该项技术必须在线活体检测，安全性相对于指纹和掌纹技术高，但是在不同光照环境下人体脸部特征提取存在一定差异，增加了一定的提取难度。

5. 语音识别：语音识别技术通过机器采集说话者的声音信号进行分析，从而进行语义识别。由于声音频率和音色变化较大，目前该类传感器在智慧城市建设中仅用于不需要设计安全性的应用，比如百度地图语音识别等应用。

二、条形码技术

条形码由黑白相间且宽度不等的黑条和白条组成，根据一定的编码规则来表征不同信息。条形码可以涵盖国家、类型、生产日期、价格和身份ID码等详细信息，因此在智慧城市的物品销售环节被广泛使用。

条形码具体的组成由前区、起始符、数据符、校验码、终止符和静区组成。静区的作用是让读写器进入该条形码通道；起始符代表条形码信息的开端；校验符主要检验读写器读取的数据是否正确，校验码种类很多，一般出厂时会告诉读写器制造厂商。

三、射频识别技术

条形码由于存在"有形"的条码而存在安全性与隐私性的问题，故而后续科学家研发出了"无形"的射频识别技术。射频识别系统主要由电子标签和读卡器组成，两者不需要直接接触便可以完成信息读取，实现动态自动识别功能。读写的具体原理是电子标签内部携带有磁感线圈，而读卡器通常需要供电，当电子标签靠近读卡器时，标签内部的磁感线圈被读卡器磁化实现通电功能，进而读卡器对标签进行身份ID码识别和信息读写操作。在整个无线通信过程中，标签仅仅提供身份ID信息，数据读取与存储由读卡器连接的软件系统负责。

根据上述原理，可以推断出RFID技术存在以下优点：（1）通信距离短，安全性高：由于利用了磁生电原理，电子标签与读卡器之间的有效距离通常在十几厘米以内，安全性相对较高，不易被盗刷；（2）信息交互速度快：信息交互或者读卡器读取信息速度往往只要几秒，相对速度较快；（3）电子标签寿命较长：电子标签通常可以用十几年，且可多次进行数据增减操作；（4）抗干扰能力强：不论处于何种环境，RFID技术信息读取与交互都可以正常工作，不受影响。

通常，RFID技术根据具体的应用和环境进行设计，但是常规的组成主要有电子标签、读卡器、天线和后台系统四个部分。各个组成部分的详细介绍如下：（1）电子标签：电子标签内部涵盖有ID信息，主要由磁感线圈和天线组成，部分安全性要求高的电子标签还具有芯片。当磁感线圈接近读卡器时，被读卡器磁场激活而通电，从而实现对电子标签线圈和芯片的供电；（2）读卡器：读卡器通过读取电子标签的身份ID信息，然后通过内置天线将身份ID信息传输给后台，实现数据的读取。读卡器内部含有射频模块、时钟单元、信号调制模块和信号解调模块。射频模块主要用来与电子标签对话或者信息交互，而信号调制模块则是将接收的信号调制后通过天线传输到后台，同样接收后台软件的信号后需要解调后才能进行相应操作，时钟模块用来记录信息交互发生的时间，便于后台管理与维护；

（3）天线：任意两台设备通过无线通信的方式均需要天线单元，天线主要采用电磁波的方式实现射频信号传输。通常根据无线通信传感器的工作频率，天线也相应具有短波、长波和微波等类型，天线根据指向性划分，具有全向和定向等，按照形状分类，则有面状、球状、线状阵列天线等。

四、传感器技术

（一）传感器的定义

接收物体发出的信息，并将这些信息转换为易于传输和成像信号的仪器称为传感器。还有一种定义是将"无形"的生物特征或社会规律检测出来，并加以数字化表示的仪器也可称作传感器。

（二）传感器特性

传感器的特性直接影响传感器系统的性能指标，因而评价传感器优劣的指标主要是它的核心特性，比如线性特性、灵敏度、分辨率、迟滞性、时变性、抗干扰性和稳定性等。

（三）传感器的种类及工作原理

温度传感器：将物体随温度变化的规律转变为数字化表示的传感器称为温度传感器。当前，温度传感器种类较多，常见的有水银温度计、指针式温度计、电子温度计和红外线温度计等。

湿度传感器：能够感受环境中水蒸气含量，并将含量的多少进行数字化表示的装置。湿度传感器依靠湿敏元件中电阻随湿度大小变化的规律而实现。由于电阻感受到环境中的水蒸气而发生电阻值大小的变化，从而测试电阻的大小或者功率的实时值便可以测出湿度。

压力传感器：将压力大小转化为电信号的传感器。其主要利用了压电效应实现，即将压力变成电信号。压力越大，电信号越强，从而实现探测功能。当前，智慧城市中部分城市广场的无人钢琴和灯光系统可以通过行人脚步踩踏进行演奏和亮灯操作，非常受行人喜欢，尤其是儿童。

加速度传感器：一种测量物体角加速度或者线加速度大小的装置。线加速度通常指的是以重力g为评价指标进行衡量，主要由加速度计测量得到。角加速度通常由陀螺仪进行测试。加速度计通常由XYZ三个方向构成，XYZ坐标系可以由人为设定，实际上加速度计载体坐标系与地球空间坐标系之间存在转换矩阵，从而实现不同载体坐标系之间的转换。

五、定位技术

随着科技的发展和社会的进步，人们对智慧城市中的位置和时间服务要求越来越高。而位置和时间服务通常涉及物联网的定位技术，位置服务主要是提供位置坐标信息，而时间服务主要是提供精准的计算时间，通常，两者结合才会产生有效意义。

（一）卫星定位系统

目前，全球主要有六大卫星导航定位系统：美国全球定位系统（Global Positioning System，GPS）、中国北斗卫星导航系统（Beidou Navigation Satellite System，BDS）、欧洲伽利略卫星导航系统（Galileo Satellite Navigation System，Galileo）、俄罗斯格洛纳斯卫星导航系统（Global Orbiting Navigation Satellite System，GLONASS）、日本准天顶卫星导航系统（Quasi-Zenith Satellite System，QZSS）和印度区域导航卫星系统（Indian Regional Navigation Satellite System，IRNSS）。其中，除了日本和印度两个系统不具备全球定位功能之外，其他四个均具备全球位置服务能力。下面介绍其中主要的卫星导航系统：

GPS：美国陆海空域在20世纪70年代开始研制空间卫星定位系统，到1994年初步建成由24颗卫星组成的全球卫星定位系统。其设计初衷是向美国军方提供全球任意位置的经纬高时空信息，用于美国军方的军事行动和情报服务。GPS卫星设计轨道数为6个，每个轨道倾角为55度，且每个轨道包含4个卫星，各个轨道离地面高度统一为20200km。这种卫星布局使得地球任意位置可以观测到至少4颗GPS卫星，以便消除时钟误差。随着卫星服务期限延长，部分卫星开始老化和偏离轨道，后续陆续发射新的卫星接替老的卫星或者增加单个轨道面的卫星，目前GPS系统共有30多颗卫星在服役阶段。

GPS卫星主要有空间站卫星部分、地面监控站部分和用户终端三个部分构成。

空间站卫星部分：主要指的是在空中运行且保持联系的整个卫星群。卫星群分布在各个相互垂直的卫星轨道上，每个轨道上卫星绕地球的周期为11小时58分钟。每个卫星在向地面发射信号时，需要依靠星载原子钟记录发射时间，若各个卫星内部的原子钟与地面终端原子钟保持一致且提前获得卫星的位置坐标，则通过接收时间减去发射时间，然后与电磁波传输速度相乘便可以获得距离，最后利用圆相交原则即可计算出地面位置。此外，卫星在太空中运行主要依靠地球引力提供能量，虽然月球引力和太阳引力相对较小，但是这两个引力会对卫星形成摄动力而干扰卫星的正常运动，从而使得卫星发生"出轨"现象。为解决"出轨"问题，每个卫星均搭载有两块大面积的太阳板，可以24小时不间断获取太阳能，当地面监控站发现卫星"出轨"而偏离轨道时，可以通过发射命令给卫星，从而实现卫星轨道的纠正。

地面监控站部分：通常由注入站、主控站和监控站构成。监控站会存在多个，且实时不间断接收GPS卫星信号，并将接收的卫星星历数据、钟差数据和轨道数据传递给主控站；主控站则根据对上述数据的分析来判断卫星性能参数是否正常；当卫星偏离轨道或者不正常时，主控站将给注入站发送命令，使注入站直接给太空中的卫星发射信号，从而对存在问题的卫星进行修正，保证整个系统正常运行。需要注意的是，由于美国在全球有很多同盟国，故而监控站可以部署在全球各地。部署区域的广阔，有助于更加高效地检测卫星性能。

用户终端：除了常见的手机是卫星用户终端设备外，还存在精密测量信息的卫星接收机。卫星接收机通常部署在屋顶，而手机终端则可随意放置。因此，卫星接收机定位的精度相对手机而言高很多，定位精度可达厘米级别，而手机终端通常定位精度在米级。由于人体存在肉眼，亦可以定位，故而米级的定位精度对于行人而言已经可以满足使用需求。当车载定位使用手机时，由于存在一定的道路约束及激光雷达或者摄像头辅助，地图供应商提供的定位精度会较手机高很多。不论是手机终端还是卫星接收机终端，均通过内置卫星天线来获取卫星观测数据。根据卫星轨道数据、钟差数据和星历数据，使用卫星定位算法获取自身位置坐标和时间信息。此外，GPS定位主要分精密单点定位技术和相对差分定位技术两类。单点定位技术通过一台接收机连续多次观测卫星伪距数据来实现自身位置解算，这种定位精度无法消除电离层、对流层等误差而导致精度一般。相对差分定位技术适用于流动用户终端设备。流动终端依靠附近固定接收机发送过来的误差修正量实现自身高精度定位。而固定接收机需要提前标定坐标，然后采用单点定位技术实现定位，两次定位的差值便是卫星误差引起。一旦获取误差大小，便可以修正流动终端的位置，故而定位精度较高。

影响卫星定位精度高低的因素主要有：卫星和接收机终端时钟偏差、大气层延迟、电离层延迟、对流层延迟，以及与环境因素相关的多路径和非视距误差等。目前，提高卫星定位系统精度的主要手段就是对上述误差源进行有效建模，实现高精度位置信息服务。

综上所述，GPS系统存在如下特点：（1）定位精度高：手机用户平面二维定位精度在空旷情况下优于5m；（2）抗干扰能力强：可以提供不间断的卫星数据；（3）数据质量高：依靠高质量卫星观测数据，具备定位时间短的优点；（4）功能多：不仅具备定位功能，还能提供时间服务，以及救援服务。

BDS（Beidou Navigation Satellite System，北斗卫星导航系统）：自2021年中国北斗卫星导航系统具备全球位置服务能力后，BDS正式进入第三代系统，又称BDS3。其与GPS类似，由空间卫星部分、地面监控部分和用户终端设备三个部分组成。BDS3共有三种卫星轨道，分别为低轨同步、中轨和高轨卫星轨道。BDS3由35颗卫星组成，中高轨部署30颗，低轨同步卫星有5颗。设计轨道面为3个，轨道面之间角度为120度，轨道倾角为55度。BDS组成及工作原理与GPS类似。两者的不同点在于卫星信号调制频率不同，以及BDS增加了卫星报文功能，可实现手机用户向卫星发送报文的功能。BDS各项定位性能指标与GPS处于同一水平，部分性能指标优于GPS。BDS原子钟多以氢钟为主，而GPS多以铷钟为主。同样，BDS可在全球范围内为用户提供全天候和全天时的位置与时间服务，定位精度优于10m，测速精度优于0.2m/s，授时准确度优于10ns。

（二）蜂窝网定位技术

卫星导航定位系统只能用于室外环境，而对于室内环境或者室外存在遮挡的环境，比如高楼林立的街道和树林之中，卫星信号从几万公里外传播到地球时信号能量相对微弱，故而无法穿越建筑及部分遮挡物，导致在复杂场景下无法定位。为了解决这个问题，蜂窝网定位技术依靠中国移动、中国联通、中国电信等建设的信号塔实现无线信号定位。由于三大运营商提供的无线信号能量相对较大，具备穿墙功能，可以在室内环境使用，故而可以提供位置信息服务。蜂窝网可视为卫星定位系统的辅助手段，其定位精度目前在50—120m之间。之所以称为蜂窝网定位技术，是由于移动基站布局采用六边形，基站与基站之间的连接线成蜂窝形状。

蜂窝网定位技术的原理通常有四类，分别为场强定位、到达时间定位、到达时间差定位和到达角定位。

场强定位：定位原理与Wi-Fi场强定位原理一致，分为离线建指纹库和在线定位两个阶段。首先，离线建指纹库阶段是通过移动站或者标签测量蜂窝基站围成区域内一些固定位置点的信号强度，构成位置-场强矩阵式指纹库；然后，在线定位阶段是不知道位置信息，通过移动站采集任一点的场强信息与指纹库进行对比，然后筛选部分相似的位置点进行聚类计算，获得定位坐标。通常，场强是多个基站的信号强度，指纹库是多行多列的矩阵。这种定位方法相对粗糙，定位精度较差，且指纹库建立费时费钱，工作量较大。

到达角定位：通过在蜂窝基站内部添置具备发射角度的阵列元器件，移动站在一定范围内，可以接收固定基站发射的电磁波阵列信号，依靠计算多个阵元之间的传输延时反算出移动站到固定基站的角度。当获得多个角度之后，便可采用角度面相交的方式获得最终位置信息。

到达时间定位：蜂窝固定位置的基站源源不断实时对外发射电磁波信号，当移动站接收到信号时，在时钟同步前提下通过计算到达时间与发送时间的差值来获得传输时间，与电磁波传输速度相乘获得移动站与固定基站之间的估计距离。当获得多个基站与移动站之间的距离后，以固定基站的坐标为圆心，以估计距离为半径画圆，故而存在多个圆。将圆的交点作为移动站待估计的位置坐标。这种定位方法相对简单，且时钟准确较高，在空间条件下定位精度表现优异。但是对于遮挡严重的室内环境，其定位精度受非视距误差影响较大，精度相对较低。

到达时间差定位：在不保证固定基站与移动站之间时钟同步的条件下，将固定基站之间进行时钟同步，移动站在接收多个基站信号后，可随机选择一个基站信号为基准信号，其他基站信号与基准信号作差，根据差值与电磁波传播速度相乘便可获得距离差数据。依据移动站到两个固定基站之间的距离差为定值的原理，可知移动站的轨迹与双曲线。因此，通过多个双曲线相交便可以获得移动站的位置信息。该定位方法通常计算复杂，精度略低于到达时间定位方法。

对于蜂窝网定位技术而言，影响定位性能的最主要因素便是非视距误差。因此，通过缩短移动站之间的部署间隔，增大发射功率，对于降低非视距误差具有重要作用，后来科研工作者根据这个原理提出了5G定位技术。5G定位技术与蜂窝网定位原理类似，基站之间间隔缩短，部署密度增加，虽然定位精度和数据传输速度增加，但是成本有所增加。

（三）室内无线定位技术

当前，BDS和GPS是室外最为广泛使用的定位方式。车载导航一般融合BDS、GPS、GLONASS和Galileo系统进行取长补短的高精度融合定位。人的一生，绝大部分时间是在室内度过，故而室内定位服务需求旺盛，且高精度定位技术的需求迫在眉睫。尽管，蜂窝网通信技术可以实现室内定位，但是百米级的定位精度无法满足室内高精度定位的需求。因此，利用各种无线传感器实现室内高精度定位，并且与室外卫星定位技术配合，实现室内外无缝定位是国家重大战略需求。

1. 超声波定位技术：超声波定位技术通常有两种定位模式，分别为到达时间和到达时间差。两种定位模式都需要将坐标已知的基站固定，然后移动站通过接收固定基站发射的声波信号来进行位置估计。第一种定位模式直接测量固定基站发射声波信号到达移动站的时间间隔，然后与声速相乘，从而获得观测距离数据。通过至少三组距离数据，便可以使用圆相交准则获得移动站的位置信息；第二种模式通过测量移动站同时接收多个基站的到达信号，然后选择一个信号作为参考信号，其他信号与参考信号作差，再将差值与声速相乘，从而获得距离差数据。最后，利用双曲线定位原理实现移动站的位置估计。考虑到采用了参考站信号，后者至少需要4个固定基站才能实现定位解算。此外，固定基站也可以是动态的，但是只要提前获取其运动轨迹数据，就可以类似卫星定位形式将其位置当作已知来进行定位解算。超声波定位技术具有成本较低、结构简单和定位精度适中的优点，但也存在时钟同步复杂和受非视距误差影响定位精度的缺点。

2. 超宽带定位技术：超宽带定位技术主要存在三种定位模式，分别为到达时间、到达时间差和到达角度。超宽带定位技术在具体应用中，由于通信频带较宽，可以在准许范围内随机选择一个频率，但各个厂商提供的超宽带硬件工作频率通常存在一定差异。超宽带定位技术因具有定位精度高（分米级）、功耗低、抗干扰能力强和隐私性与安全性高的特点而广泛应用于工业领域，比如工厂无人车定位、高压电厂人员定位与导航等。

3. 蓝牙定位技术：蓝牙定位技术存在两种定位模式，分别为指纹库定位模式和信号强度反算距离定位模式。其中，指纹库定位前面已有介绍，这里不再赘述。第二种模式通过利用标签或者移动站接收固定基站的蓝牙信号，由于蓝牙信号的强度与距离存在一定关系，可以根据信号强度值反算出距离参数；然后，结合固定位置的蓝牙基站与距离信息进行圆相交，实现蓝牙定位。两种定位模式的定位精度通常在2—5m，精度有限。但是蓝牙具有成本低廉、兼容手机无需额外硬件、功耗低、组网容易和设备体积小的优点，但也具有定位精度低、可用距离短和信号强度不灵敏的缺点。因此，蓝牙定位系统目前主要用于商场购物、地下车库寻车、医院导诊和旅游景点自助游览解说等场景。

4. Wi-Fi 定位技术：Wi-Fi通常采用指纹库定位技术较多，Wi-Fi通信距离在几十米范围内，通信距离长于蓝牙系统，且Wi-Fi信号具有穿墙、终端兼容手机、不需要额外安全设备、成本低廉等优点，但是也存在信号不稳定、定位精度不高、指纹库建设和维护成本较高等缺点。由于精度不高，通常需要与惯性导航进行融合定位；也由于维护成本较高，科研工作者提出了众包技术，即通过行人在导航定位过程中，自主上传指纹库信息。

5. 惯性定位技术：惯性导航通常包含三个部分，分别为磁力计、加速度计和陀螺仪。利用磁场由南极指向北极的特点，磁力计类似于古代的指南针，具有定向的功能；加速度计根据三轴重力加速度值静止状态为常数的原则，依据实际值与常数的差值反映出三个方向的重力数据，从而可以获取步长和步频两个参数。尽管磁力计和陀螺仪都具有测向功能，但单独使用时各有缺点，故而在测向方面一般将两种数据进行融合。惯性定位技术具有短时、精度高的优点，但存在随时间增加而误差累计的缺点。因此，惯性导航通常不能单独使用，一般需要与卫星定位技术和其他无线传感器技术融合使用。

除了以上提及的定位技术之外，还有基于视觉、可见光、磁场和声呐传感器等定位技术。当前，定位性能的优劣一方面受硬件水平限制，比如芯片灵敏度等；另一方面，定位性能受算法方面的数据处理与建模关系较大。因此，好的硬件与优秀的算法相互配合，方能获得较高的性能。

参考文献

［1］陈栋，张翔，陈能成.智慧城市感知基站：未来智慧城市的综合感知基础设施[J].武汉大学学报（信息科学版），2022，47（2）：159-180.

［2］甘早斌，李开，鲁宏伟.物联网识别技术及应用[M].北京：清华大学出版社，2014.

［3］龚健雅，张翔，向隆刚，等.智慧城市综合感知与智能决策的进展及应用[J].测绘学报，2019，48（12）：1482-1497.

［4］李海啸.面向智能工厂的无线传感器网络定位技术研究[D].沈阳：中国科学院沈阳计算技术研究所，2021.

［5］苏毅珊，张贺贺，张瑞，等.水下无线传感器网络安全研究综述[J].电子与信息学报，2023，45（3）：1121-113.

［6］张冀，王晓霞，宋亚奇，等.物联网技术与应用[M].北京：清华大学出版社，2017.

☆　第五章　☆

大数据与智慧城市

　　本章主要讲述大数据的定义、大数据与智慧城市之间的关系、大数据来源、大数据特点和大数据分析技术等内容。智慧城市的建设伴随着各种各样的大数据，因而学习大数据与大数据分析技术对于从技术层面理解智慧城市具有重要作用。

第一节　大数据的概念及与智慧城市之间的关系

一、大数据的定义

　　大数据被定义为具有数量巨大、变化速度快、多样化和价值密度低等主要特点的数据集合。其中，大规模主要指数量巨大。通常大数据具有数据结构复杂和类型较多的特点，因而对于大数据的分析需要适当地对大规模数据量进行处理，处理大规模数据的技术被称为大数据技术。

　　当前，在智慧城市建设过程中，大数据的规模时刻在变，呈现高速增长和多样性的趋势特点。如何从大数据中筛选数据并发现规律，从而更好地服务人类，这是一个重要且具有挑战性的研究问题。

二、智慧城市与大数据的关系

智慧城市可以通俗地理解为富含高科技的城市，各种信息化或者网络化技术对城市的发展和宜居起到促进作用。当前，我国大力提倡智慧城市建设，希望未来智慧城市成为城市发展的新型模式。

智慧城市的根本含义是融合科技规划、智能设备、信息化技术和网络化管理技术等，实现市民居住、出行、旅游、购物等各种社会活动的便捷性与安全性。智慧城市以提高人们的生活质量和幸福感为宗旨，优化安居环境，提高社会安全系数，提倡人性化管理，可实现食品完整生态链追踪，以促进城市的可持续高速发展。

大数据吸引了人们的广泛关注，大家一致认为大数据将引发新的科技革命，对社会生活和生产产生积极影响。对于智慧城市而言，要满足广大人民对经济繁荣、社会安定、食品安全、医疗安全、国防强劲的社会大环境的需求，大数据及大数据技术在其中要发挥重要作用。在一定程度上，可以说大数据是智慧城市发展的基石。因此，充分挖掘大数据潜在的规律，从而衍生出一系列大数据分析技术，对于社会各个行业的发展和壮大具有重要的经济价值。

如果说智慧城市是果实，那么大数据就是能够帮助植物结出果实的肥料。没有大数据的城市，就好比古代的城市，居民无法体验智能出行、智慧物流等智能服务。城市拥有大数据的支撑，便有了智慧的大脑。随着大数据的快速增长，大数据产业发展如火如荼，遍布社会生活的方方面面。

大数据在智慧城市具体应用方面表现优秀。在政府管理方面，大数据给决策者提供技术决策支撑；在城市规划方面，根据大数据中涵盖的人口数量、居民出行规律、环境参数等构建高维模型，然后为决策者提供有价值的决策支撑；在智慧交通领域，通过由建筑与道路组建的三维数字化地图，利用大数据可以构建更加智能和人性化的红绿灯工作时间，合理减少等待红灯的时间；在国防建设方面，利用各种声呐传感器采集的声波信号及噪声，构建大数据模型精准探测潜在目标的方向和位置；在公职人员反腐败和税务逃税领域，通过采集交易数额与频次，并结合个人收入、房产与支出情况，构建基于大数据的AI大模型进行判定，有助于纪检机关和税务机关的精准调查。

结合上述智慧城市与大数据之间的关系可以得出如下推论：（1）大数据构成了智慧城市的基础；（2）利用大数据更好地服务智慧城市将成为商业竞争的根本；（3）利用大数据技术分析，有助于个人发展和认识提升，也有助于智慧城市的可持续发展；（4）城市智慧程度取决于大数据的准确性与有效性。

第二节　大数据来源及特点

数据狭义上指的就是数字，广义上指的是可以代表物体的一些属性参数。因而，可以被数字量化的特征或物体均可以称作数据，比如：图形、声音、字体、数字等。数据既可以描述物体特性，又可以通过被加工或者建模来形成新的物体，比如通过测量人体的身高与体重来推算体脂率，从而设计出相应的产品。

智慧城市会生成各种大规模数据，比如车载出行数据及行驶轨迹、移动电话通话频率与时间及跨越的蜂窝网基站数、居民用电量和用水量、互联网购物消费记录、商场接待顾客数等。上述数据若进行细分，则存在非常复杂的类型。为了科学研究，通过分类和归纳方法可以将智慧城市中产生的各类数据大致分为两类：机器数据和用户数据。

一、机器数据

顾名思义，机器数据即机器工作过程中产生的数据。随着科技的进步与经济的快速发展，智慧城市中遍布监控摄像头、智能移动终端（手机、平板和电脑等）和交通运输工具（汽车、共享单车和共享电动车等）等数据采集器，这些具有数据采集功能的传感器采集了大量的数据，在国民经济主战场发挥了重要作用。此外，这些设备背后的服务器、信号塔等也会产生海量数据，它们同样是机器数据的主要来源之一，而且它们产生的数据均需要添加时间信息，以便于后续查询与研究。

科技的发展，将促使更多的机器制造更大规模的数据。面对海量数据，需深层次挖掘数据背后的意义与规律，以便更好地降维数据与研发更好的产品服务人类。与此同时，挖掘数据规律后将为管理者提供更加全面的政策制定依据。

前面已经对机器数据进行了定义，下面将通过卫星传感器详细论述机器数据的产生过程与数据特点。

卫星传感器为全球用户提供了精确的位置信息与时间信息，在国际社会与社会经济建设中扮演着重要的角色。随着手机的普及，每台智能手机均可以不间断地接收卫星信号数据，从而利用多颗卫星数据进行分析与定位，最终实现位置的精确测定。卫星传感器工作时，内部的时钟振荡器可以提供精度为微纳秒级别的时间数据。此外，为了将信号发射出去并传送到地球表面，卫星传感器首先会产生一个基带信号，由于基带信号通常频率较低且不易于远距离传输，故而将基带信号与高频载波（通常为正弦波或者余弦波）相乘，经过高通滤波器后，基带信号与高频载波将生成一个具有高频特性的调制信号，接着调制信号经过卫星朝向地球的天线发射出去，以便于被地球卫星终端接收。地面接收机接收到调制信号后，需要进行解调操作，才能获取到含有有用信息（数据）的基带信号。解调的过程主要包括：首先，将调制信号与高频载波相乘，然后经过低通滤波器，获得卫星想要传递给地球的基带信号。卫星数据，从产生到发射到被接收这一整个过程非常复杂，而且数据量较大，手机用户有几十亿，需要处理的数据巨大。为了将海量数据进行降维处理，目前在卫星通信领域有效的方案便是利用手机自身的处理器进行数据计算，再将少量结果数据上报给移动站服务器。这样就实现了海量数据单独处理，处理结果具有相对较少的特点，易于服务器存储。

随着智慧城市建设步伐加快，越来越多的传感器投入使用，越来越多的数据类型被生成，如何有效地处理多维多类型的机器数据，将是后续研究的重点。

二、用户数据

用户数据指的是生活在智慧城市中的居民在日常生活中所产生的数据。比如网购交易数据、网购浏览规律、饮食数据、旅游数据、观看互联网视频数据、学习数据、运动数据、团队活动数据和水电气数据等，均属于用户数据。尽管用户数据在数据规模上比机器数据小很多，但是从数据类型、数据复杂度和数据价值等方面来看，用户数据相较于机器数据则显得更加重要。为了突出用户数据的特点，本小节以互联网社交数据为例进行介绍与研究。

随着5G时代的到来，网速随之急速加快，观看流畅且传输高速的短视频应运而生。人们可以在茶余饭后观看抖音视频、刷微信朋友圈和浏览互联网消息，并在观看和浏览的过程中即兴参与其中。比如观看抖音卖货视频，会想下单购物；刷微信朋友圈，会想留言互动。这些行为，便产生了大量的社交数据。研究这些数据可以判断用户的喜好。中国互联网协会发布的《中国互联网发展报告（2023）》显示，中国互联网发展具有如下特征：（1）中国5G建设全球领先，双千兆网络通信设施发展迅速；（2）算力总量全球第二，云计算总量逐年上升；（3）AI大模型获得较快发展；（4）物联网发展迅速，车联网进入先导应用阶段，区块链技术持续创新并获得深度应用；（5）电子商务交易保持上升趋势，数字化与智能化产品在电子商务交易中占据重要地位；（6）网络音视频产品或者软件竞争激烈；（7）网络教育助推东西部地区教育均衡发展。鉴于互联网的快速发展，参与人数日益增加，相应的用户数据也同步激增。用户数据激增的背后，监管措施也需要同步完善。比如2022年的天猫"双十一"活动，成交金额突破三千亿人民币。巨额交易背后需要税务完善税务征收，需要强大的运算处理技术提供支撑，也需要强大的物流支持。交易金额背后隐藏的数据价值，需要去挖掘，以便提供给企业和政府做相应的决策。

总之，在智慧城市建设的道路上，需要个人、企业和政府的共同努力与协作创新，才会促使用户数据的价值被运用到实处。

三、智慧城市的数据分布

在高速发展的大数据时代，国家政策的制定、经济的发展趋势、社会秩序的维持、个人的发展规划等都不可避免受到政策的影响，或者说受到决策者的重要影响。而决策者制定政策也不再单纯靠经验，当前更多的是依靠获取的数据，根据大数据分析与建模得出的规律合理地进行施政。为了更好地利用大数据，首先需要了解大数据的定义、来源、类型。以下将重点介绍智能城市中常见的七种数据类型。

（一）市政数据

作为城市建设和管理的主要职能部门，政府和相关管理部门对所采集的各种数据有必要进行归类存储、分类研究等操作，以便于更好地满足人民对美好生活的向往。这些数据通常指的是进口商品数据、出口商品清单、教育人口数据、引进人口数据、财政收支数据、税务数据、医疗报销数据、药品数据、文化演出数据、金融数据、货运数据、滴滴出行数据、大宗商品消费数据，等等。

（二）医疗数据

医疗数据在智慧城市建设中呈井喷式上升，现代医疗给患者带来福音的同时，其产生的数据也急剧增加，给医疗机构带来诸多技术存储难点。医疗数据不仅具有数据量大的特点，还具有种类繁多和数据类型多样的特点。比如，常规的抽血检测数据相对较小，内存空间仅需要比特单位即可。而医学胸透图像数据较大，需要兆比特单位内存空间。断层扫描CT图片则需要上千兆比特存储空间。这些例子仅仅是一个患者产生数据所需要的存储空间，一个智慧城市有上百万甚至上千万人口，存储压力巨大。患者在医疗机构诊疗过程中形成的数据称为医疗数据，包括挂号科室、患者基本信息、患者医保信息、患者用药记录、患者历史检查结果、抽血化验数据、护理数据、主治医生信息、拍片数据、用药记录、手术记录、住院出院记录等信息。医院将这些数据制作成一个电子病例，为患者建立一个档案，需在计算机内存中开辟一个空间进行存储。

医疗机构在智慧城市建设中扮演着重要的角色，是保障居民生命健康的屏障，守护着公民的健康。如何有效监管医疗机构管理数据，使之不被盗取用于非法用途，以及科学家如何运用医疗数据进行科学研究，实现大的突破来解决疑难杂症，这些都是当前面临的医疗难题。

（三）地图数据

地图数据指的是地球表面任一点的经纬高数据和地表数据。经纬高数据的计算通常在一个固定的地球坐标框架下，通过卫星定位技术来获取地球上任一点的经纬高数据。地球坐标系通常以地心为圆心，地心与0度经纬线的交点的连线为X轴正方向，地心与北极点的连线为Z轴正方向，在确定X轴和Z轴的基础上利用右手定则确定Y轴。当坐标系建立，以及获取到卫星运行的轨迹坐标后，采用卫星接收器即可获取地球任一点经纬高数据。当经纬高数据获得后，还需要构建地表数据。地表数据指的是地球表面坐落于任意经纬高上面的物体。比如，地表呈现的可能是学校、医院、高架桥、河流、植物和高楼大厦等。这些地表数据与经纬高数据结合便构成了谷歌地图或者百度地图。此外，高精度的地图软件具有重要的经济价值与重大军事价值。通过地图数据，人们可以找到想要的任意目标。因此，军事行动前，首要任务便是获取精确的地图数据。一旦目标和坐标被确定，精确导弹打击便可以完成。因此，各个国家为了国防安全，部分地表数据包括军事机构和雷达站等军事设施通常不让外人靠近，以防被敌特测绘获取。地图数据为智慧城市的经济建设提供了强有力的技术支撑，已服务上万亿次人类出行需求及众多工程建设。

（四）交通数据

随着经济的发展和人民收入的提高，国内汽车保有量每年都在大幅增加，在便利人们出行的同时也引发了包括堵车严重、停车难在内的一系列问题。这些问题严重影响了智慧城市的发展并部分阻碍了经济的持续增长，增加了居民的出行时间成本。利用大数据先进技术发展智慧城市框架下的智慧交通，可以有效缓解城市拥堵问题，促进城市的高效发展。当前，大数据技术主要依靠城市摄像头、市民电话、卫星定位数据、雷达传感器、社会调研等手段或技术来获取数据，然后基于这些大规模数据进行深入研究与建模，以探索出一种合理的方法治理城市交通问题。比如，基于城市道路路口摄像头实时采集的视频信息，可以将其转换为图片信息，然后利用目标检测技术获取每个路口等待红绿灯的汽车目标及数量；之后将同一路口的多个方向的汽车目标上传给后台系统，通过一定算法判断各个方向的红绿灯需要持续工作的时间，以实现智能化交通的目的。再比如，以前城市道路停车收费系统需要人工进行收费，增加了管理难度以及运营成本，导致"停车贵"问题出现。为了解决"停车贵"的问题，目前，城市道路收费系统使用蓝牙和摄像头等传感器识别车辆，来计算停车时间和记录车辆信息，降低了人工维护费用。利用交通数据构建交通大数据模型，缓解智慧城市交通拥堵问题，对于促进经济建设发展和提升居民的生活愉悦感具有重要意义。

（五）教育数据

教育是国之根本，是科技发展和社会进步的根本动力。教育的主要目的是为国培养人才，通过培养人才，强大国家实力，因此教育受到各级政府的高度重视。教育产生的数据被称为教育数据，其主要涵盖教育水平、教育程度、入学率、就业率、教育成本、居民教育支出和各阶段教育人数等数据，也包括教学资源和公共教育平台等教育资源数据。一个城市发达与否，与教育水平高低密切相关。一个城市教育程度高的人越多，城市文化生活越丰富，城市的竞争软实力越强，相应科技越发达。

《2022年全国教育事业发展统计公报》显示，各级各类学历教育在校生2.93亿人，共有各级各类学校51.85万所，专职教师1880.36万人，九年义务教育巩固率为95.5%，国家财政性教育经费投入占比GDP达到4%以上，总投入为61344亿。当前，随着人口出生率的降低，教育数据时刻在变化，根据教育数据的变化发现其背后的经济趋势和社会规律，将具有重要意义。比如，出生人口数减少，死亡人数保持稳定，则人口将持续下滑，从而推测房价呈现下降的趋势，上涨压力巨大。根据人口数据变化趋势可以推知，未来国民教育程度将会越来越高，相应学历水平也会提高，学校数量将会减少。

对于政府，依据教育数据，并结合大数据分析技术，可以制定很多政策，包括房价策略、学校扩建审批、公益设施选址和各阶段教育招生等。对于个人，根据教育数据的变化，同时结合大数据分析技术与个人具体情况，可以选择未来有前景的专业，还可以决定是否有必要在大宗商品上进行开支，等等。教育数据的源头在人，如何利用各种教育大数据进行分析与建模是一个非常重要和具有挑战性的课题。

（六）旅游数据

旅游数据是指居民出游全过程产生的数据，包括火车飞机汽车运输数据、饮食住宿消费数据、游玩路线数据、互联网发帖数据和旅游带动的经济数据等。由此可知，旅游数据对于旅客来说主要是消费数据，对于旅游当地来说主要是经济收入。旅游业不仅促进了经济的循环，也带动了一系列就业，保障了民生。旅游业在当前国际竞争激烈的环境下对于促进经济发展起到了重要作用，尤其是假期，比如国庆假期有几亿人次的国内大流动。人口大规模流动，反映出旅游业的兴旺，也反映出旅游当地的治安现状。旅游业是一面镜子，反映了当地智慧城市建设的成果。

深入分析与研究旅游数据，充分发挥大数据分析技术的作用，研究人口流向趋势、出行交通方式、消费喜好、景点喜好和住宿方式等内容，可以间接反映出居民家庭的经济状况，以及智慧城市建设在哪些方面具有优势，在哪些方面存在问题，从而针对性地制定合理的措施。

（七）企业数据

企业数据指的是企业在生产经营过程中所产生的数据，包括订单信息、交易金额、程序代码、员工薪酬、员工个人信息和客户信息等。对于实体企业来说，店铺布局、产品推广、活动优惠对消费群体的研究有助于企业的业务扩展。而对于互联网企业来说，合理利用掌握的数据并进行分析，可以获得很多信息，比如，（1）了解目标客户的喜好，根据喜好推介相应的产品；（2）获得个人交易频率与金额数据，以帮助企业决定是选择推荐高端产品还是实惠产品；（3）互联网平台浏览数据与交易数据，有助于政府制定相应的措施。

在智慧城市建设中，企业在创造自身价值的同时，其产生的企业数据还可以为城市管理者提供非常具有借鉴意义的资料。

本小节主要介绍了各种数据类型，并分别给出了各种数据的定义。至此，对于大数据在智慧城市中扮演的角色有了一个基本描述，接下来讨论智慧城市中的大数据特征。

四、智慧城市的大数据特征

大数据指的是在社会生产活动中由人类或者机器产生的大规模数据的集合。正如前面内容介绍的，大数据具有数据体量较大和数据种类非常丰富的特点。如果采用常规手段对数据进行存储，将需要数量庞大的储存器进行储存，在数据爆炸的时代显得非常不适用。因此，研究大数据的特性，从对数据的认识、解读、分析、建模到应用这个完整过程，其中每一步都需要深入研究，也需要耗费较多的时间。因而，利用大数据分析技术，将较大规模的数据转化为小规模数据进行研究和建模，难度系数将显著降低。比如，利用全国出生人口数据，结合经济情况，构建大数据模型，可以推测未来各个城市的房价上涨空间非常有限。通过经济大数据与就业大数据，也可以推测大宗商品（汽车、房产等）呈现降价趋势。数据是死的，不会说话，抛开大数据分析技术来谈大数据是不合理的。因而，大数据与对应大数据分析技术融合，才会对社会产生较大的价值。

由于大数据超过了人类的分析能力，大数据内部蕴含的数据价值无法得到充分发现与利用，因而非常有必要进行大数据技术研究。挖掘大数据内部的价值与规律，仅仅结合大数据能稀释有价值信息和大数据类型复杂的特点来做分析与建模还远远不够，还需要进一步发掘大数据的其他特征。

大数据的第一个特征是数据量庞大。这些数据的利用与存储都是研究难点。第二个特征是数据类型丰富。大数据中不仅有各式各样的数据，且数据格式也较多，有图片、音视频、文本和字符等。第三个特征是数据产生速度快。由于现代社会生活节奏加快，每个人、每台机器都在不停地制造数据，因而造成大数据的第四个特征是数据储存压力较大。第五个特征是数据内部存在较多无用数据。由于信息过于繁多，有价值的信息相对较少，故而大数据存在稀释有价值信息的特征。

智慧城市产生的数据无非是人制造或机器制造的，这些数据通常具有一定的物理意义与价值。由于数据量太大，仅仅采用常规方法很难挖掘大数据背后的价值与规律，因而利用大数据分析技术进行研究是一个很好的方法。充分利用大数据和大数据分析技术，可以助力加快智慧城市建设。

第三节　智慧城市大数据分析技术

本章前面部分介绍了大数据的定义、特征，以及大数据与智慧城市之间的关系。接下来，将对大数据分析技术进行介绍，它有助于帮助大家理解大数据分析技术如何利用大数据来服务智慧城市。

一、常规数据分析技术与工具

常规数据分析方法主要有线性回归、多元非线性回归分析、时间序列分析和时频分析等技术，这些数据分析方法通常被用来挖掘大数据背后的价值与规律。

线性回归是种数学统计方法，共有自变量和因变量两个变量。因变量随着自变量改变而改变，在图形上通常呈现一条直线，故而被称为线性。线性回归是最简单的数据分析方法，物理意义明显，即输出随输入同步变化。比如，儿童在15岁之前，身高会随着年龄的增加而增高，故而在仅考虑身高与年龄两者关系时呈现线性正回归。

多元非线性回归分析是线性回归分析的扩展。线性回归的输出只与一个输入参数相关，但是实际环境中往往输出结果受很多因素影响，且每个因素对输出影响各不相同，故而发展出了多元非线性回归数据分析技术。比如，少儿时期身高虽然与年龄存在正相关，但身高还与饮食营养、父母身高和体育锻炼有关，影响因素达到四个，且每个影响因素对于身高的影响不同而呈现出一定的非线性关系，最终构成一个多元非线性回归模型。

时间序列分析技术主要用于分析数据的产生是由于时间的推移，或者通俗地说每个数据都有对应的时刻，且同一种数据内部之间的产生时刻不一样。时间序列分析技术通常是用于处理一维数据的数学统计方法，但也存在多维度的动态时间序列分析技术，因该类技术难度较大不在本节进行介绍。时间序列分析技术主要有三种模型：自回归模型（Auto-Regressive，AR）、滑动平均模型（Moving Average，MA）和自回归滑动平均模型（Auto-Regressive Moving Average，ARMA）。AR模型主要是输出结果与输入数据之间呈现非线性关系。AR模型中各个系数的计算通常需要对输入数据计算自相关矩阵，将自相关矩阵的斜对角线元素作为AR模型系数。MA模型是一种反应白噪声与输出结果之间关系的表达式，其模型系数的获取通常需要借助谱分析技术。由MA模型可推测：一切信号或者数据均有噪声生成。ARMA模型由AR模型与MA模型组成，其对应系数也分别由AR模型系数与MA系数组成。此外，数据分析与建模的一个主要目的是预测，预测结果的精准性可以用在很多领域。比如，构建时间序列模型预测用电量、预测天气温度、预测股票指数，等等。而在时间序列分析技术中，由于MA模型是由噪声构成的，噪声是随机无规律的无用信号，故而只有ARMA模型和AR模型具备预测功能。

时频分析技术主要用于处理工业机器产生的数据。前面介绍的数学方法基本是时域分析技术，而时频分析技术主要是将时域转化为频率域的方法。时频分析技术通常需要借助傅里叶变换实现时频域的转换。傅里叶变换有常规傅里叶变换和短时傅里叶变换两种技术。对于一组数据，采用这组数据的所有数值进行傅里叶变换成为常规傅里叶变换，而将这组数据分成多份，依次分别做傅里叶变换，即每次采用部分数据进行研究称之为短时傅里叶变换。短时傅里叶变换可以将信号中频率成分存在的时间寻找出来，而常规傅里叶变换无法实现该功能。比如：采用录音机对监控场所24小时录音，如果仅仅是某段时间有声音被记录下来，则采用常规傅里叶变换技术的结果是存在声音频率但无法探知发生时间，而采用短时傅里叶变换技术可以获得声音的频率和发生时间两个信息。时频分析技术将信号从一个角度转到另一个角度进行研究，可以挖掘出更多有价值的数据信息。

数据分析方法层出不穷，每年都有很多新的算法被提出，而这些算法均需要在一定的平台上进行验证。通常，可以采用理论仿真实验来验证这些算法的可行性。于是，很多数据仿真软件被研制出来，包括MATLAB、Pycharm、visual studio C++等，相应的软件需要配套对应的软件编程语言。利用这些平台与编程语言，将算法的计算思想实现，以验证方法的可行性。数据分析方法与软件平台相辅相成，没有分析方法的软件平台是个空架子，没有软件平台的数据分析方法则是纸上谈兵。

二、数据采集与清洗

直接的数据采集是通过硬件底层的传感器采集，间接的数据采集可以通过上层的软件客户端采集。数据被采集后需要进行存储以及更新旧的数据，以便满足后续的数据读取、查询和分析处理操作。

各式各样的传感器采集的数据源源不断，从而形成大数据。大数据具有数据体量大、数据种类多、数据来源复杂和数据呈现高维的特点，而且复杂的环境下大数据含有较多的噪声，给大数据分析与处理带来较大的困难。为了对大数据进行较好的处理与建模，一方面可以借助专用的数据采集平台或者企业自身采集的数据进行预处理，初步处理之后可以传输给后面步骤，通常这种初步处理技术叫作数据清洗；另一方面，通过时频分析技术或者其他噪声处理技术对大数据进行噪声分析与降噪操作，从而提高数据的质量。此外，还可以通过降维技术或者随机抽取技术对大数据进行处理，以减少数据量，从而加快后续算法处理阶段的效率。需要注意的是，通常个人或者机构直接从网络获取或者传感器采集的数据需要重点清洗与处理，而企业自身采集的数据一般处理之后才会对外发布，故而企业自身存储的数据质量相对较高。数据采集与清洗有时候会同步进行，主要原因是为了降低存储所需的内存。

在数据采集的过程中，可能会遇到数据采集软件崩溃的情况。比如铁路12306网站可能无法访问，或者淘宝平台出现交易缓慢的情况。这些软件平台短时间的崩溃或者出现故障，可能是由于短时间内大量用户同时操作，导致软件平台无法承受。解决这个问题的常用方法就是增加服务器的容量，提升其处理能力。

三、数据统计与分析

数据统计与分析的主要目是统计数据的特征与分析数据的规律。数据统计与分析的方法主要采用上一节介绍的方法，包括线性回归、多元非线性回归分析、时频分析、时间序列分析等技术。当常规方法不可行，或者因数据量过大而处理不过来时，才需要人工智能技术。比如2022年底由OpenAI公司发布的ChatGPT产品，该产品具备人机对话能力，可以满足"人问机答"的各种需求，引发了国内外的广泛关注。社会的高速发展导致智慧城市的需求越来越个性化，单纯靠常规方法满足人类需求的想法不太现实，因而可以利用人工智能技术通过大量人类样本训练，促使其具备人类的部分大脑功能，从而满足人类的需求。

四、数据可视化

大数据处理阶段，以及建模结果，均需要一定的可视化操作。可视化即通过文本或者图形展示出来，以便人们能够更好地理解。可视化是大数据分析结果走向智慧社会实际应用的一个重要窗口。如果说大数据分析技术是人的心脏，那么可视化技术可以说是人的外观。外观会直接被人们感受到，因而也是最容易发现问题和提出解决方法的部分。因而，运用优秀的数据处理技术获取的数据结果，具有较好的可视化结果。图形化的可视化结果将复杂的数据内部结构与关系以二维或者三维的方式呈现在人们眼前，不仅有助于人们理解数据和思考数据背后的规律，还有助于探讨与发现数据背后的新模式。在大数据与智慧城市融合的时代，可视化技术作为一种展示的有效方法被广泛使用。尽管数据是抽象的，但可视化技术是具体的、形象化的。因此，充分利用可视化技术，对于智慧城市建设中遇到的大数据问题具有良好的辅助作用。

参考文献

［1］秦志光. 智慧城市中的大数据分析技术[M]. 北京：人民邮电出版社，2015.

［2］李德仁，姚远，邵振峰. 智慧城市中的大数据[J]. 武汉大学学报（信息科学版），2014，39（6）：631-640.

［3］李德仁，邵振峰. 论物理城市、数字城市和智慧城市[J]. 地理空间信息. 2018，16（09）：1-4.

［4］李德仁，张过，蒋永华，等. 论大数据视角下的地球空间信息学的机遇与挑战[J]. 大数据. 2022，8（02）：1-12.

［5］刘向宇，王斌，杨晓春. 社会网络数据发布隐私保护技术综述[J]. 软件学报，2014，25（3）：576-590.

［6］中国电信智慧城市研究组. 智慧城市之路：科学治理与城市个性[M]. 北京：电子工业出版社，2011.

☆ 第六章 ☆

人工智能与智慧城市

第一节 人工智能的定义

人工智能是一门研究、开发用于模拟、延伸和扩展人类智能的理论、方法、技术及应用系统的技术科学，其目的是使计算机能够模仿人类的认知和问题解决能力，是致力于研究和开发能够模拟、延伸和扩展人类智能的技术科学。人工智能的本质是通过模拟人类的认知和决策过程，使计算机能够执行类似于人类的智能任务，如学习、推理、解决问题和适应环境变化。随着计算能力的提升和算法的不断创新，人工智能已经从理论走向了应用，成为科技领域的一颗璀璨的明星。

人工智能的概念最早可以追溯到20世纪40年代末至50年代初。在此阶段，科学家们开始尝试通过编程使计算机表现出智能。早期的人工智能主要集中在逻辑推理、问题解决和棋类游戏等领域。然而，由于当时的计算能力和数据量有限，人工智能的进展受到了限制。

随着计算机技术的发展，尤其是硬件性能的提升，人工智能开始取得更大的突破。20世纪80年代至90年代，专家系统、模糊逻辑和神经网络等技术兴起，使得计算机能够模拟一些特定领域的人类智能。然而，这些技术的局限性也逐渐显现，就是难以处理复杂和模糊的问题。

21世纪初，机器学习技术开始迅速发展，成为人工智能的新引擎。机器学习是通过让计算机从数据中学习模式和规律，从而能够做出预测和决策的技术。作为机器学习算法，支持向量机、决策树等技术在分类和回归问题中取得了成就。然而，真正引发人工智能浪潮的是深度学习技术的兴起。

深度学习技术模拟人脑神经元之间的连接，构建深层神经网络。这一技术在计算机视觉、自然语言处理等领域取得了革命性的突破。图像识别、语音识别、自动驾驶等应用成为深度学习的典型范例。特别是大规模数据集和强大的计算能力的支持，使得深度学习的模型可以从海量数据中提取高层次的特征，实现超越人类的表现。

当前，人工智能已经逐渐从狭义的领域发展为跨领域的综合技术。人工智能与物联网、大数据、云计算等技术相互融合，共同推动智能化的发展。人工智能已在医疗、金融、教育、农业等各个领域得到广泛应用，此外人工智能在智慧城市的发展中同样扮演着重要角色。智慧城市是利用先进技术和数据分析来改善城市运行状况和提高居民生活质量的城市化趋势。智慧城市作为一种城市发展的新模式，正在全球范围内快速发展。许多城市已经将人工智能技术应用于城市管理和服务提供，形成了一些成功的示范项目。例如，新加坡、上海、纽约等城市已经推出了智能交通管理系统，通过人工智能技术优化交通流量，减少拥堵。同时，一些城市也在能源管理、环境监测、智能建筑等领域积极探索，取得了一些积极的成果。

第二节　人工智能技术的现状

人工智能技术作为一个前沿领域，近年来取得了巨大的突破和发展。目前人工智能技术可以从机器学习、深度学习、自然语言处理、计算机视觉等多个方面来探讨。

一、机器学习

机器学习（Machine Learning，ML）是人工智能领域的一个重要分支，旨在开发能够模拟或实现人类学习活动的算法和模型，以获取新的知识或技能，并识别现有知识，重新组织已有的知识结构，使之不断改善自身的性能。

机器学习的核心思想是使计算机通过学习数据来改进自身性能，而非通过人工编码的方式。它借鉴了统计学、优化理论、概率论等多个学科的思想，形成了一系列的算法和方法。机器学习分为多种类型，其中包括监督学习、无监督学习、半监督学习和强化学习等。机器学习一般流程如图6-1所示。

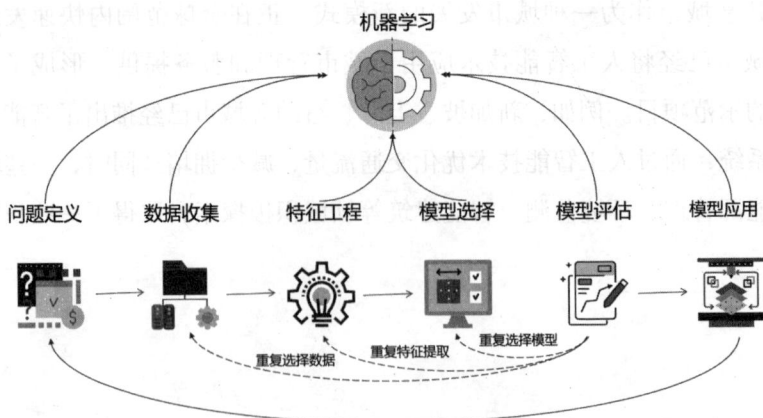

图6-1　机器学习一般流程

监督学习（Supervised Learning）是机器学习领域中最为常见和基础的一种类型。在这种学习方式下，算法通过训练数据集中学习已经标注好的训练样本，其中每个样本都包含输入数据以及与之相对应的预期输出结果。算法的目标是通过分析训练数据中的模式和关联关系，从而能够对新的、未见过的输入数据进行准确的预测或分类。这种方式模拟了人类学习的活动，就好像机器在"看到"许多例子之后能够"理解"并应用规律。

监督学习的基本思想是通过将输入数据映射到输出标签，从而建立输入和输出之间的映射关系。每个训练样本都充当了一个"示范"，告诉算法对于不同类型的输入应该产生什么样的输出。这样，算法就能够逐步学习这些映射规则，从而在面对新数据时能够做出准确的预测。

在监督学习中，有许多经典的算法被广泛应用。其中，线性回归是一种用于处理连续数值型输出的方法，它通过寻找一条最适合数据的直线来进行预测。逻辑回归则专注于处理二分类问题，可以用于预测二元结果，例如是/否、真/假等。决策树是一种基于分支结构的算法，通过一系列的决策来实现对数据的分类。支持向量机则在高维空间中找到一个最优超平面，用于将数据分为不同类别。

监督学习的优势之一在于它能够对数据进行精确的预测和分类，特别适用于那些有清晰标签和已知结果的数据。然而，监督学习也有一些限制。首先，它要求训练数据必须经过标注，这可能需要大量的时间和人力。此外，如果训练数据不充分或不具有代表性，模型可能会出现过拟合或欠拟合的问题，导致在新数据上的表现不佳。

与监督学习相反，无监督学习（Unsupervised Learning）主要关注点在于从未标记的数据中揭示出内在的结构和潜在的模式。与监督学习不同，无监督学习不依赖于预先标记的输出，而是依靠算法自身发现数据的隐藏规律，从而为数据提供更深刻的洞察。

无监督学习主要包括两个主要任务：聚类（Clustering）和降维

（Dimensionality Reduction）。在聚类任务中，无监督学习算法试图将数据集中的样本划分为若干个组，每个组内的样本具有相似的特征。这些组可以被视为是潜在的类别或者集群，每个集群内的样本之间相似性更高，而不同集群之间的差异性更大。K均值聚类和层次聚类是常见的聚类算法。K均值聚类通过将样本分配到距离最近的K个中心点，将样本划分为K个集群。而层次聚类则通过逐步合并或拆分集群来构建聚类层次结构。降维任务旨在将高维数据映射到一个低维空间中，同时尽可能地保留数据的关键信息。这有助于降低数据的复杂性，减少存储和计算成本，并提高数据的可视化和分析效率。主成分分析（PCA）和独立成分分析（ICA）等方法可以在不丢失太多信息的前提下，将高维数据映射到一个低维子空间。

无监督学习的优点在于，其在处理未标记数据和探索数据潜在结构方面具有独特的能力。通过发现数据中的模式和相似性，无监督学习不仅可以帮助我们理解数据的本质，还可以为进一步的分析和决策提供有价值的信息。此外，无监督学习对于处理大规模数据和进行数据预处理也非常有帮助。无监督学习在揭示数据中的潜在模式、聚类相似样本和降低数据复杂性方面发挥着重要作用。它为我们提供了深入了解数据的机会，从而为进一步的数据分析、特征提取和预处理奠定了基础。无监督学习在数据挖掘、图像分析、推荐系统等领域得到了广泛的应用，并为人工智能的发展拓展了新的可能性。

半监督学习（Semi-Supervised Learning）则是监督学习和无监督学习的结合，它利用少量标记数据和大量未标记数据来进行学习。

在半监督学习中，学习算法同时利用少量已标记的训练数据和大量未标记的数据进行模型训练。已标记的数据用于指导模型进行学习，而未标记的数据则通过挖掘数据的内在结构和关联关系，为模型提供更全面的信息。这种方式可以在标记数据有限的情况下，仍然充分利用未标记数据的丰富信息，从而提升模型的性能。

半监督学习的应用潜力巨大。在现实生活中，很多任务需要大量的标记数据才能进行有效训练，然而标记数据的获取往往成本高昂，甚至不可能获得足够的标记数据。半监督学习通过利用未标记数据，将已标记数据的数量充分放大，从而在数据有限的情况下获得更好的性能。

半监督学习的方法有多种，其中一些基于图的方法将已标记数据和未标记数据组织成图结构，利用节点之间的关系来传播标签信息。另一些方法利用半监督生成模型，尝试通过生成模型来建模数据的分布，并通过生成模型来进行半监督学习。此外，半监督学习还可以与深度学习相结合，通过在深度神经网络中融合标记数据和未标记数据来实现。半监督学习作为监督学习和无监督学习的融合，为解决标记数据不足的问题提供了一种有前途的方法。它在数据标注成本高昂或样本标记困难的情况下，具有重要的应用价值。

强化学习（Reinforcement Learning）被视为一种令人瞩目的机器学习方法，其独特之处在于通过智能体与环境的试探性交互来选择优化动作，以实现序列决策任务的一种策略学习。在这一过程中，智能体通过实验和尝试来探索不同的行动选择，并通过获得的奖励信号来调整其行为，以便在未来能够做出更优的决策。

强化学习的核心思想是智能体通过不断地与环境的交互来获得反馈，逐渐学习到在不同的状态下的最优行为策略。在这个过程中，智能体采取某个行动后，环境会给予一个反馈，即奖励信号。这个奖励信号告诉智能体当前行动的好坏，从而引导智能体调整行动策略。智能体的目标是通过学习和探索，找到一种最佳行为策略，使其在不同情况下能够获得最大的累积奖励。强化学习架构如图6-2所示。

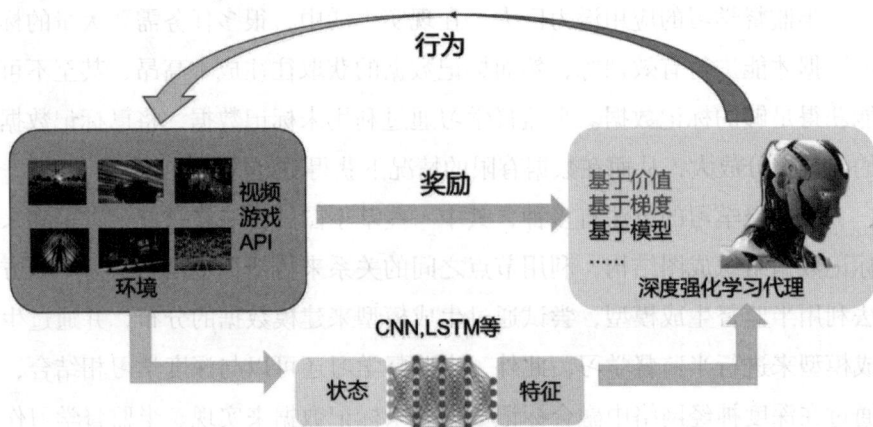

图6-2　强化学习架构

强化学习在许多领域取得了显著的成果。在体育竞赛领域，例如围棋和国际象棋，强化学习在AlphaGo和AlphaZero等项目中实现了令人惊叹的表现，战胜了人类世界冠军。在自动驾驶领域，强化学习被用来训练智能汽车如何在复杂的交通环境中做出决策，从而实现自主驾驶。此外，在金融、推荐系统、工业控制等领域，强化学习也得到了广泛应用。

然而，强化学习也面临着一些挑战。首先，探索与利用之间的平衡是一个关键问题。智能体需要在不确定的环境中进行探索，但同时也需要根据已有的知识来获得最大化累积奖励。其次，强化学习算法的训练过程可能会非常耗时，特别是在复杂的环境中。此外，如何处理连续状态和动作空间，以及如何有效地应对稀疏奖励问题，都是需要解决的难题。

强化学习作为一种强大的机器学习方法，通过智能体与环境的交互，能够实现在复杂环境中的自主决策和学习。尽管面临着一些挑战，但随着技术的不断进步和算法的不断发展，强化学习有望在更多领域中取得突破，为人工智能的发展带来新的机遇。

二、深度学习

深度学习一种机器学习方法，其目标是通过模拟人脑神经网络的结构和功能，让机器能够从大量的数据中自主学习和提取特征，从而实现智能化的数据处理和决策。深度学习与机器学习、人工智能的关系如图6-3所示。

深度学习的核心思想是建立多层次的神经网络，通过层与层之间的连接和信息传递，对输入数据进行逐层的特征提取和抽象，最终实现对复杂任务的准确预测和分类。

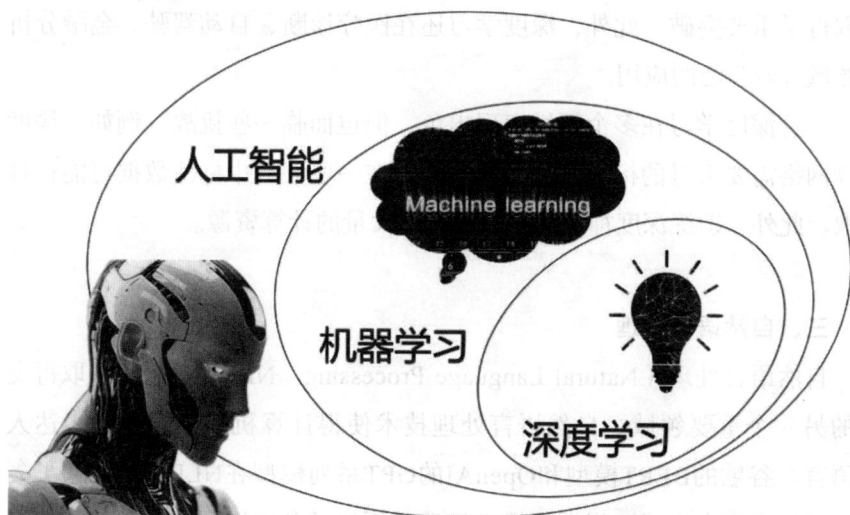

图6-3 深度学习与机器学习、人工智能的关系

深度学习的核心组件是神经网络，其中最常用的类型是卷积神经网络（Convolutional Neural Networks，CNN）和循环神经网络（Recurrent Neural Network，RNN）。卷积神经网络在图像识别等领域表现出色，它能够捕捉图像中的空间局部特征。循环神经网络则在序列数据处理方面表现优异，如自然语言处理和语音识别，它能够处理具有时间依赖性的数据。

深度学习的训练过程需要通过大量的标注数据来调整网络中的参数,使网络能够对输入数据进行准确的分类。这一过程通常使用反向传播算法,它根据网络输出和实际标签之间的差异来更新网络的权重和偏置,从而逐步减少预测误差。为了避免过拟合,常常采用正则化、批量归一化等技术来控制模型的复杂度。

深度学习在众多领域都取得了显著的成就。在图像识别方面,深度学习在ImageNet竞赛中取得了令人瞩目的成绩,甚至超越了人类的表现。在自然语言处理领域,深度学习在机器翻译、文本生成和情感分析等任务中也取得了重要突破。此外,深度学习还在医疗诊断、自动驾驶、金融分析等领域有着广泛的应用。

尽管深度学习在多个领域表现出色,但也面临一些挑战。例如,深度神经网络需要大量的标注数据来训练,而在一些领域中标注数据可能很难获取。此外,训练深度神经网络通常需要大量的计算资源。

三、自然语言处理

自然语言处理(Natural Language Processing,NLP)是近年来取得突破的另一个重要领域。自然语言处理技术使得计算机能够理解、表达人类语言。谷歌的BERT模型和OpenAI的GPT系列模型在NLP领域引起了轰动,它们在文本生成、机器翻译、情感分析等任务中取得了出色的成绩。这些模型的出现不仅使得机器能够更好地理解人类语言,还为语言驱动的应用开辟了广阔的前景。

自然语言处理作为人工智能领域的一个重要分支,其目标是使计算机能够理解、分析和生成人类语言。在日常生活中,人类通过语言进行交流、表达思想和获取信息,而自然语言处理则旨在使计算机能够模拟这种语言交流的过程,从而实现更自然、更智能的人机交互。

自然语言处理的范围广泛,涵盖了许多不同的任务。其中,文本分类是一项重要的任务,它涉及将文本划分为不同的类别,如将新闻文章分类为政治、经济、体育等。机器翻译是另一项关键任务，它旨在将一种语言翻译成另一种语言，实现不同语言之间的无缝沟通。情感分析则是分析文本中的情感倾向，这在社交媒体、产品反馈等领域具有重要意义。此外，文本生成、命名实体识别等任务也在自然语言处理的研究范围之内。

要实现这些任务，自然语言处理借助了多种技术和方法。词嵌入技术将单词映射到向量空间，使得计算机能够理解单词之间的关系和语义。循环神经网络和卷积神经网络用于处理序列数据和文本数据，能够捕捉语言中的上下文信息和局部特征。注意力机制则能够将计算机的注意力集中在文本的关键部分，提高模型的性能。此外，随着预训练模型的兴起，如BERT模型和GPT系列模型，自然语言处理的性能在许多任务中得到了显著提升，这些模型在大规模数据上进行预训练，然后在特定任务上进行微调，取得了令人瞩目的成果。

自然语言处理的应用范围广泛且多样。在社交媒体分析方面，自然语言处理能够帮助企业分析用户在社交平台上的言论和情感倾向，从而了解用户对产品和服务的看法。在金融领域，自然语言处理可以用于分析新闻和社交媒体数据，预测金融市场的走势和风险。在医疗领域，自然语言处理可以帮助医生从大量的医疗文本中获取有用的信息，辅助临床诊断。此外，自然语言处理还在智能助手、智能搜索、自动问答等领域得到了广泛的应用。

自然语言处理作为人工智能领域的一个关键分支，在实现计算机与人类语言之间的自然交互方面取得了巨大的进展。随着技术的不断演进，自然语言处理的应用领域将继续扩展，为人们提供更智能、更便捷的语言交流和信息处理方式。

四、计算机视觉

计算机视觉（Computer Vision，CV）作为人工智能领域的一个重要分支，赋予了计算机"看"和"理解"图像的能力。随着深度学习技术的迅猛发展，计算机在图像识别、目标检测、人脸识别等任务中取得了令人瞩目的成就。深度学习的崛起为计算机视觉领域带来了革命性的变革，为各个领域的发展提供了新的机遇。

深度学习技术在图像识别任务中展现出惊人的能力。卷积神经网络的引入使得计算机在图像分类方面取得了突破性的进展。它能够通过学习分辨图像的特征，从而实现对不同类别图像的高准确率分类。有研究表明，在某些情况下，卷积神经网络在图像分类任务中的性能甚至超越了人类的表现。这种能力使其在医疗诊断、自动驾驶、农业监测等领域具有巨大的应用潜力。

图像目标检测是计算机视觉中的另一项关键任务，旨在从图像中定位并标识出多个目标。深度学习技术的广泛应用使得目标检测变得更加准确和高效。通过引入区域提取网络（Region Proposal Networks，RPN）和特征金字塔网络（Feature Pyramid Networks，FPN），现代目标检测系统能够在图像中准确地识别出多个不同尺寸的目标。这对于智能安防、智能交通等领域的发展具有重要意义。

人脸识别也是计算机视觉领域的一个热门研究方向。深度学习技术的应用使得人脸识别系统能够在不同场景下实现高精度的人脸识别。这在安全领域、人脸支付、人脸门禁等方面有着广泛的应用。值得一提的是，虽然人脸识别技术取得了显著进展，但也引发了一些隐私和伦理等问题，需要实现技术创新和权益保护的价值平衡。

计算机视觉在深度学习技术的推动下取得了巨大的进步，为很多领域的创新和发展带来了机遇。从图像识别到目标检测，再到人脸识别，深度学习为计算机视觉领域赋予了更高的智能和精准度。随着技术的不断进步，我们可以期待计算机视觉在更多领域为人类社会带来更多的益处，实现更广泛的应用。

随着人工智能技术的迅速发展，一些问题也逐渐浮现。其中之一是数据隐私问题。随着大量数据被收集和分析，个人隐私的保护变得更加重要。人们开始担忧个人信息可能被滥用、泄露或不当使用，这引发了对数据隐私的担忧。如何在使用人工智能技术的同时保护个人隐私，成为一个亟待解决的问题。

另一个问题是算法不透明性。许多人工智能算法，尤其是深度学习模型，往往被视为"黑盒子"，即虽然它们能够产生准确的预测结果，但其内部的决策过程却很难被解释和理解。这就导致了算法的不透明性，使得用户难以了解算法是如何得出某个决策或结论的。在某些关键领域，如医疗诊断和司法判决，算法的不透明性可能引发公平性和道德等问题。

伦理问题也是人工智能技术发展中的一个重要考虑因素。例如，自主驾驶汽车在面临道德抉择时应该如何选择，这引发了伦理困境。人工智能系统的决策可能受到其训练数据和算法的影响，这可能导致潜在的偏见和不公平。另外，人工智能技术可能在某些情况下取代人类工作，这引发了对失业问题和社会不稳定性的担忧。伦理问题的解决需要全球范围内的合作和讨论。

除了这些技术层面的挑战外，人工智能技术的广泛应用也需要考虑到可持续性和社会影响。虽然人工智能在许多领域带来了效率和创新，但其产生的能耗和资源消耗也可能对环境产生影响。另外，人工智能技术的应用还可能引发社会变革，影响人们的生活方式和社会结构。因此，如何在推动创新的同时保持可持续发展和社会稳定，需要权衡各种因素和利益。

总的来说，目前人工智能技术表现出巨大的活力和潜力。机器学习、深度学习、自然语言处理、计算机视觉等领域的突破为人工智能的广泛应用提供了支撑。然而，技术的发展也需要与法律、伦理等多个方面相结合，以确保人工智能技术能够为人类社会带来真正的益处。随着时间的推移，人工智能技术有望在更多领域取得突破，为我们的生活和工作带来深远的影响。

第三节　人工智能的技术分类

人工智能作为一门前沿交叉学科，与数学、计算机科学、控制科学、脑与认知科学、语言学等密切相关，其关键技术包括信息智能、跨媒体智能、群体智能、混合增强智能、类脑智能、脑机融合智能和可解释人工智能七大关键技术，且广泛应用于金融、零售、交通、教育、医疗、制造、健康等领域。

一、信息智能

在人工智能领域，信息智能是指一种能力，它使计算机系统能够利用各种形式的信息，从而模拟人类的智能行为。信息智能是一个跨学科的研究领域，它结合大规模数据处理、数据挖掘、机器学习、人机交互、可视化等多种技术，从数据中发掘、提炼、获取有揭示性和可操作性的信息，并进行推理、决策和解决问题，以及与人类交互并产生具有洞察力的输出，通过人工智能实现大数据的智能化应用，即大数据在智能产业、智能制造、智能应用等领域的应用，从而为人们在基于数据制定决策或执行任务时提供有效的智能支持。信息智能可以使计算机系统更加智能化，为人类提供更具洞察力和价值的服务和决策支持。

二、跨媒体智能

跨媒体智能作为人工智能领域的一个重要研究方向，具有显著的意义。在人工智能的探索过程中，跨媒体智能通过多种媒体形式来实现信息的感知、融合、表达和推理，这成为其特征。跨媒体智能不仅可以独立处理来自不同源头和不同模态的数据，还能够将它们进行多源、多模态的巧妙融合，达到信息增强的效果。而且，跨媒体智能并不满足于简单的识别、检测和定位等基本任务，它还能够胜任更高级别的智力活动，如复杂的理解和推理，展现出与人类认知和思考高度相近的特质。这种令人瞩目的相似性，使得跨媒体智能成为新一代人工智能研究中引人关注的热门方向之一。

跨媒体智能涉及的关键技术涵盖了多个领域，包括智能信息检索、分析与推理、知识图谱构建以及智能存储等。这些技术的进步，为跨媒体智能的发展提供了有力的支持。其应用前景也日益明朗，尤其在跨媒体教育数据智能处理、跨媒体智能数据检索与共享，以及教育活动平台设计等领域。随着人工智能技术在教育领域的广泛应用，跨媒体智能也逐渐成为实际场景中的得力助手。在跨媒体教育数据智能处理方面，它能够有效地整合和分析各类教育数据，从而为教育决策提供有力支持；在跨媒体智能数据检索与共享领域，它能够让用户更便捷地获取和分享知识；在教育活动平台设计方面，跨媒体智能的引入，能够为教育活动的设计和优化带来新的思路和方法。因此，跨媒体智能在教育领域的广泛应用，将会推动教育领域的创新和进步。

跨媒体智能作为人工智能领域的一支新兴力量，正逐步崭露头角。其多模态数据处理、高级推理能力以及与人类思维相似的特点，使得它在众多领域中展现出巨大潜力。特别是在教育领域，跨媒体智能的应用前景广阔，将为教育的发展带来新的活力和动力。

三、群体智能

群体智能也称集体智能，是一种共享的智能，是集结众人的意见进而转化为决策的一种过程，用来对抗单一个体做出随机性决策的风险。群体智能起源于对群居性生物及人类社会性行为的观察研究，因其分布性、灵活性和健壮性等优势，为很多极具挑战的复杂性问题提供了新的解决方案，是新一代人工智能重点发展的五大智能形态之一。

目前，国外对群体智能的应用侧重于底层技术领域，如集群结构框架、集群控制与优化、集群任务管理与协同等，国内则主要侧重于应用领域，如集群路径实时规划、集群自主编队与重构、集群智能协同决策等。群体智能在现实场景的深入应用，将有力促进产业智能化和提高产业竞争力。另外，群体智能也正在深刻影响着军事领域，使战争形态加速向智能化演变，与之相应的战争观也发生了嬗变。

在现实应用中，群体智能的价值日益凸显。它不仅在解决问题时能够汇聚多方智慧，还有助于减轻个体决策的随机性，提高决策的准确性和稳定性。这种智能模式的成功应用可以追溯到群居性生物的行为模式，例如鸟群迁徙和蚂蚁寻食等，这些行为展现出了群体智能的巨大威力。随着科技的进步，人类开始将群体智能应用于更广泛的领域，如交通规划、金融市场分析以及社会决策等，并取得了令人瞩目的成果。

从技术角度来看，群体智能在信息共享、数据融合和集体决策等方面有着重要的作用。它能够将不同个体的信息和意见进行整合，产生新的见解。群体智能也鼓励协作，促使不同领域的专家和参与者共同解决面临的难题。

5G时代所带来的万物互联，为群体智能的应用和创新提供了丰富的场景，将会进一步促进人、机、物的深度融合，也会进一步推动群体智能理论和技术的持续发展。目前，群体智能在基础理论和作用机理创新、群智知识表示框架构建和关键技术应用上还处于初级阶段，仍然有广阔的应用和发展空间。群体智能作为集合众多个体智慧的一种强大模式，正逐步在多个领域展现其巨大潜力。其在问题解决、决策制定和创新方面的价值，使其成为新时代人工智能研究的热点之一，也将为社会带来更多进步。

四、混合增强智能

混合增强智能（Hybrid Augmented Intelligence，HAI）将人的作用或人的认知模型引入人工智能系统，形成"混合增强智能"的形态，它融合了人工智能技术和人类智能，旨在通过两者的协同作用，实现更高级别的智能表现和问题解决能力。混合增强智能强调人类智能与人工智能之间的相互增强和合作，以克服各自的局限性，实现更加智能化、高效和更具创新性的应用，从而提升智能水平。不同于人类智能和当前的人工智能，HAI是结合物理性和生物性的新一代智能科学系统，它侧重于描述人机环境系统相互作用产生的一种新的智能形式。混合增强智能的标准范式包括"人在回路型HAI"（Human-In-The-Loop HAI，HITL-HAI）以及"认知计算型HAI"（Cognitive Computing based HAI，CC-HAI）。在混合增强智能中，人类智能和人工智能之间的关系不是简单的竞争，而是一种相互补充和协同的关系。创造力、情感和直觉等人类特有的能力，与人工智能的计算能力、数据处理能力和模式识别能力相结合，共同推动了智能的发展。这种智能模式旨在创造一个新的智能实体，使其具有更全面、更复杂的智能行为。

混合增强智能的关键特点包括协同合作、信息融合、情感智能、灵活性和创新性、决策的透明性和可解释性等。首先，在协同合作方面，混合增强智能强调人类和人工智能之间的紧密协作。这种合作模式能够充分发挥双方的优势，从而实现智能表现的更高水平。其次，信息融合在混合增强智能中扮演着重要角色。人类智能和人工智能的信息可以互相交流和融合，从而形成更加全面的认知和理解，这有助于更准确地解决复杂的问题。同时，情感和道德因素在混合增强智能中也得到了充分的重视。人类的情感判断和道德观念可以被纳入智能决策的过程，以引导人工智能的行为，从而实现更加符合人类价值观的结果。此外，混合增强智能强调灵活性和创新性的培养，它鼓励人类进行创新性思维，激发新的创意。人工智能能够提供基于数据驱动的洞察和支持，促进创意的发展。最后，在混合增强智能中，决策的透明性和可解释性也备受关注。决策过程更加透明，人类能够理解人工智能的决策逻辑，从而更好地评估和改进决策，增强决策的可信度和合理性。这些关键特点使得混合增强智能成为将人类智能和人工智能融合的一种前沿模式，为解决复杂问题和创造智能化的应用提供了全新的可能性。

混合增强智能代表了人工智能和人类智能的融合，强调协同合作，以实现更智能、更灵活和更创新的智能模式。它在推动智能科技发展、解决复杂问题以及提升人类生活质量方面，具有重要的意义。

五、类脑智能

类脑智能是近年来兴起的一门新兴研究领域，其着眼于模仿和应用神经生理学和生理心理学的机制，通过计算建模并借助软硬件协同的方式实现机器智能。类脑智能的核心思想在于，通过构建类似于人脑的信息处理和认知机制，使计算机系统具备类脑的信息处理能力、类人的认知行为特征，并在智能水平上达到甚至超越人类的水平。

从狭义上来看，类脑智能涵盖了神经形态计算，这主要涉及神经形态芯片的研制，以支持基于计算神经科学的脉冲神经网络。这些芯片能够模拟神经元的工作方式，通过脉冲传递信息，实现复杂的信息处理任务。而在广义上，类脑智能也包括存内计算、忆阻器芯片，甚至是为了支持传统人工神经网络而设计的人工智能芯片。因此，类脑智能的研究需要从多个方向展开，包括模型算法和硬件设计等诸多领域的协同合作。

类脑智能的魅力在于其多方位的创新和应用潜力。首先，它受启发于大脑的神经运行机制和认知行为机制，试图模拟这些机制以实现智能的效果。其次，通过计算建模和硬件实现的协同，类脑智能能够在信息处理、学习和决策等方面表现出与人脑相似的特性，为人工智能的发展提供了新的思路。具体而言，类脑智能的研究可以深入探索神经网络的结构与功能，进一步理解认知和学习的本质，从而为智能系统的构建提供生物学上的基础。

在实际应用方面，类脑智能具有广泛的潜力。例如，在医疗领域，类脑智能可以帮助解决神经疾病的诊断和治疗问题。在自主驾驶汽车领域，借助类脑智能的感知和决策能力，可以构建更安全和智能的交通系统。而在金融领域，类脑智能的信息处理和预测能力可以用来优化投资决策和风险管理。

类脑智能代表了人工智能领域的新发展路径，它在信息处理、认知行为和智能水平上与人脑相似，为构建更强大、更智能的机器智能提供了全新的方向和可能性。其在科学研究和实际应用中的不断探索，将为人工智能领域的进一步发展带来深远的影响。

类脑智能与智慧城市是两个引人注目的概念，它们分别代表了人工智能和城市发展的重要方向，同时也存在着一些有趣的交叉点和互动关系。

首先，类脑智能在智慧城市的发展中扮演着重要角色。智慧城市追求将信息技术与城市基础设施相融合，以提升城市治理效率和市民生活质量。类脑智能的核心思想是模仿人脑神经系统的工作机制，通过构建类似于人脑的信息处理网络，实现智能决策和问题解决。在智慧城市中，类脑智能可以应用于城市数据的处理、分析和优化，从而实现更智能化的城市管理和服务提供。例如，类脑智能可以用于交通管理系统，通过分析交通流量数据和城市规划，优化交通信号控制，缓解交通拥堵状况；它还可以用于能源管理，实时监测能源消耗和供应情况，提高能源利用效率。

其次，智慧城市的发展也为类脑智能提供了丰富的应用场景。智慧城市中涵盖了大量的数据来源，如传感器数据、社交媒体数据、市民行为数据等，这些数据为类脑智能的训练和学习提供了宝贵的资源。类脑智能可以通过分析这些数据，模拟人类的认知过程，从而更好地理解城市的运行机制和市民的需求，为智慧城市的决策和规划提供支持。例如，类脑智能可以分析市民的出行模式和偏好，优化公共交通线路和站点设置；它还可以监测环境数据，预测自然灾害的发生并提前采取应对措施。

类脑智能与智慧城市在理念和实践上相互交织，相辅相成。它们共同推动人工智能技术和城市的发展，为城市智能化和可持续发展提供了新的可能性。通过将类脑智能与智慧城市相结合，我们可以期待更智能、更便捷、更宜居的城市环境的实现。

六、脑机融合智能

脑机融合智能是一种基于脑机接口技术的前沿智能融合范式，它巧妙地结合了生物智能和机器智能，构建了一种新型智能系统。这一系统涵盖了人类、机器和环境之间的相互作用，通过双向信息感知、解析和理解，实现了人脑与机器的多层次融合，形成了一种新的智能模式。脑机融合智能超越了传统的人类智慧和人工智能，充分发挥了人脑与机器的协同作用，创造出了更为强大和智能的能量。

这种新型智能系统的核心在于其计算模型，这个模型基于脑机接口技术，实现了人脑与机器之间的双向交互。脑机融合智能通过解读人脑的神经信号，使人脑能够直接与外部设备进行交互和控制，从而实现了高效的信息传递和智能行为。同时，这种智能系统使机器能够解析和理解人类的指令和意图，实现智能的反馈和响应。这种双向的信息传递与交互，构建了一个全新的智能模式，使得机器智能与生物智能得以充分互联互通。

脑机融合智能的应用领域涵盖了多个方面，其中两个重要的应用领域是神经康复和动物机器人系统。首先，在神经康复方面，脑机融合智能的计算模型可以帮助残障人士恢复运动功能。通过将脑信号与外部机器连接，残障人士可以通过思维控制外部装置实现肢体的动作，达到机能补偿和功能重建的效果，从而提高了生活质量，减轻了家庭和社会的负担。其次，在动物机器人系统方面，脑机融合智能则可以应用于控制和增强动物机器人的运动和感知功能。通过连接动物大脑与机器，可以实现对动物行为的控制，使动物机器人在能源供给、运动灵活性、隐蔽性、机动性和适应性等方面具有更大的优势。这使得动物机器人在危险环境下，如军事领域、核辐射区等，可以执行各种复杂任务，如环境搜索、空间检测和反恐侦察等，为国防安全领域带来了更多的可能性。

脑机融合智能是一个多学科交叉的前沿领域，它将生物智能和机器智能相结合，创造出一种全新的智能模式。这种智能系统在神经康复和动物机器人等领域有着重要的应用前景，将为人类的健康和安全带来积极的影响。脑机融合智能可以在智慧城市中推动健康和医疗领域的创新。通过脑机接口技术，居民的健康状况可以实时监测并传输给医疗机构，从而实现更精准的医疗预测和干预。此外，脑机融合智能还有望为老年人和残疾人提供更好的生活服务，增加智慧城市的社会包容性。另一方面，智慧城市的发展也为脑机融合智能提供了丰富的应用场景。城市中的大量数据和信息可以用于训练和优化脑机接口系统。例如，城市的交通流量数据、环境数据和社交媒体数据等，可以用于改进脑机接口的响应和控制效率，实现更准确的信息传递和交互。

七、可解释人工智能

可解释人工智能（Explainable Artificial Intelligence，XAI）是近年来人工智能领域的一个重要研究方向，旨在开发能够解释和说明其决策和行为的人工智能系统。在传统的人工智能领域中，很多深度学习和机器学习模型被广泛应用，但它们通常被认为是"黑盒子"，即难以理解其内部运行机制和决策过程。而可解释人工智能的目标则是打破这种"黑盒子"，使人们能够理解和信任人工智能系统的运行结果和决策依据。

可解释人工智能的发展与应用对于人工智能技术的可接受性、透明性和可信度方面有着深远的影响。随着人工智能在医疗、金融、自动驾驶等领域的应用不断扩大，人们对于人工智能决策的解释和理解需求也越来越迫切。在这个背景下，可解释人工智能作为一种关键技术，被广泛研究和探讨。

可解释人工智能的核心挑战是如何在不降低模型性能的前提下，提供清晰、准确的解释和说明。为了实现这一目标，研究者们提出了多种方法和技术，下面将对其中几种主要方法进行详细介绍：

1.模型可视化与解释图像：可视化技术是可解释人工智能的重要手段之一。通过生成解释性图像，可以使人们更直观地理解模型是如何做出决策的。例如，在图像分类问题中，可以通过可视化神经网络的激活图，展示出模型在决策时关注的图像区域。这有助于用户理解模型是如何对不同特征进行分析和判断的。

2.特征重要性分析：在许多任务中，模型选择了哪些特征或属性对于决策起到关键作用。通过分析特征的重要性，可以帮助人们理解模型的决策依据。例如，在金融领域，特征重要性分析可以帮助解释为何某个信用评分模型对于一个人的信用评级做出了特定的判断。

3.局部解释性方法：局部解释性方法试图解释模型在特定输入上的决策。例如，对于一个预测模型，可以使用LIME（Local Interpretable Model-agnostic Explanations）等方法，在给定输入上构建一个局部性质的解释模型，以便人们理解该输入对于模型决策的影响。

4.全局解释性方法：全局解释性方法旨在解释整体模型的运行机制。例如，SHAP（SHapley Additive exPlanations）方法基于博弈论，为每个特征分配一个影响力得分，从而解释模型的整体决策过程。

5.生成对抗网络（GAN）生成解释：GAN技术被用来生成模型的解释性示例，以更好地展示模型决策的依据。例如，在自然语言处理中，可以使用生成对抗网络生成一个与模型决策相关的可解释文本。

6.领域知识融合：在一些领域，模型的决策需要结合领域知识。通过将领域知识融入模型，可以使决策更符合实际情况，并更容易被人理解。这在医疗诊断等领域尤其重要。

在实际应用中，可解释人工智能有着广泛的应用前景。在医疗诊断中，人们需要理解模型是如何提供某个疾病诊断结果的，以便患者能够更好地信任医生，接受医生的诊断。在金融领域，人们需要了解解释模型对于信用评分、风险预测等的决策依据，以便保持透明度和公平性。在自动驾驶汽车时，人们需要知道自动驾驶系统是如何做出安全决策的，以提高用户对自动驾驶系统的信任。

然而，可解释人工智能领域仍然存在一些挑战。首先，解释方法的准确性和一致性需要进一步提升。其次，如何平衡解释性和性能之间的关系，以及如何避免解释结果的误导性，也是亟待解决的问题。此外，不同领域和任务对于可解释性人工智能的需求也有所不同，需要个性化的解决方案。

随着人工智能技术不断取得新突破，越来越多的城市将人工智能技术融入智慧城市建设。在智慧城市中，各种传感器和数据源不断生成大量的数据，而人工智能可以对这些数据进行分析和应用，从而提供更智能的城市管理和服务。然而，这也引发了一个重要的问题：智慧城市中人工智能系统的决策和行为是否能够被居民理解和信任？

在智慧城市中，人工智能系统的决策可能涉及交通管理、能源分配、环境监测等重要领域。居民和政府需要知道为何系统做出了某些决策，以及这些决策对城市运行和居民生活的影响。这时，可解释人工智能的技术就显得尤为重要。

首先，可解释人工智能可以增强智慧城市系统的透明度。居民可以通过解释系统的决策过程，理解为什么某个交通路口会设定特定的信号灯时长，为什么某个区域会有更多的警力巡逻。这有助于提高居民对智慧城市系统的信任，并减少对于决策的怀疑。其次，可解释人工智能可以增强智慧城市的可控性。当人工智能系统出现异常或者做出不符合预期的决策时，可解释性技术可以帮助分析系统的决策逻辑，找出问题的原因。这有助于及时调整系统的参数和算法，确保系统的稳定性和可靠性。另外，可解释人工智能还可以提高智慧城市系统的参与度。居民可以通过解释性界面或者交互方式，与人工智能系统进行互动。例如，在智能交通系统中，居民可以查询特定交通路段的拥堵原因，并获得系统的建议。这不仅提高了居民的参与感，也有助于系统更好地理解居民的需求。

在智慧城市的发展中，应用可解释人工智能可以提高系统的透明度、可控性和参与度，从而更好地满足居民的需求，并促进人工智能在城市环境中的可持续应用。通过克服技术和应用挑战，我们可以期待看到更多智慧城市中的可解释人工智能应用，为城市的智能化发展带来新的可能性。

第四节　人工智能的技术特征

一、自主学习和适应性

人工智能技术具有自主学习和适应性的特征。它可以从数据中学习模式和规律，随着不断的迭代和训练提升自身的性能。这种自主学习和适应性使得人工智能系统能够在不断变化的环境中持续改进，实现更高水平的智能行为。

二、大规模数据处理能力

人工智能技术对数据的需求很大，能够处理和分析大规模的数据集。这些数据可以是结构化的，也可以是非结构化的，如图像、文本、声音等。机器学习和深度学习技术可以充分利用这些数据，从中提取有价值的信息和模式，实现任务的自动化。

三、模式识别和特征提取

人工智能技术能够识别数据中的模式和特征，从而实现分类、预测和决策等任务。这种能力使得计算机能够从原始数据中获取有用的信息，在计算机视觉、语音识别和自然语言处理等领域得到广泛应用。

四、复杂问题求解

人工智能技术能够处理复杂的问题，包括那些难以用传统算法解决的问题。例如，深度学习模型可以处理高维度的数据，逐层提取特征，实现更准确的分类和预测。

五、自然语言处理和生成

自然语言处理技术使得计算机能够理解、处理和生成人类语言。这种能力在智能助手、语音识别、机器翻译等领域得到广泛应用，实现人机之间的自然交流。

六、智能推理和决策

人工智能技术具有推理和决策能力，能够基于数据做出合理的判断。强化学习技术使计算机能够通过与环境互动来学习最优策略，用于自主驾驶、游戏等领域。

七、并行计算和高性能计算

许多人工智能任务需要大量的计算和处理能力。图形处理器等硬件设备的广泛应用，使得人工智能技术能够进行高效的并行计算，加速模型的训练和推理过程。

八、跨学科融合

人工智能技术是多学科融合的产物，涵盖了计算机科学、数学、神经科学、心理学等多个领域的知识。这种跨学科的特点使得人工智能能够从不同角度探索智能的本质和实现方式。

九、可解释性与透明性挑战

尽管人工智能技术取得了显著的进展，但某些模型的决策过程仍然是难以解释的。可解释性和透明性成为人工智能发展的挑战之一，尤其在需要审查决策的领域。

十、伦理和社会影响

人工智能技术的广泛应用也引发了伦理和社会影响的问题，包括隐私保护、算法偏见、自动化带来的失业等。这些问题需要社会、政府和产业界共同思考和解决。

第五节 人工智能技术在智慧城市中的应用

人工智能技术在智慧城市中的应用正不断推动城市的创新和发展，提高了城市的效率、可持续性和人们的生活质量，主要应用领域如下：

一、智能交通管理

人工智能在智能交通管理方面的应用正日益引起人们的关注。随着城市化进程的加速和车辆数量的增加，交通拥堵、事故频发等问题日益凸显，而人工智能技术的引入为智能交通管理提供了创新解决方案。

首先，人工智能在智能交通信号灯控制方面发挥着重要作用。传统的定时信号灯控制方式往往无法适应不同时段和交通流量的变化，导致交通拥堵和效率低下。而基于人工智能的信号灯控制系统可以通过实时监测交通流量和车辆密度，动态地调整信号灯的变换周期，从而实现交通流畅，减少拥堵。这种智能控制系统能够自适应地根据交通状况做出决策，提高路口的通行效率。

其次，人工智能在智能交通监控和管理方面也具有巨大潜力。通过高分辨率摄像头和图像识别技术，人工智能可以实时监测交通违法行为，如闯红灯、逆行等，同时还能够识别车辆的牌照信息，实现自动的违法记录登记和处罚。此外，人工智能还可以用于实时监测交通事故，及时发送警报并通知应急人员，提高事故救援的效率。

智能交通还包括自动驾驶技术，而人工智能是实现自动驾驶的关键之一。通过激光雷达、摄像头、传感器等设备，自动驾驶车辆可以实时感知周围环境，并基于人工智能算法做出决策。这使得自动驾驶车辆可以自主地遵循交通规则、自动变换车道、避免障碍物等，提高行驶的效率和安全性。自动驾驶技术还有望减少交通事故和提高交通流畅度，从而实现更智能的交通管理。

最后，人工智能还可以用于智能交通数据分析和预测。通过收集和分析大量的交通数据，人工智能可以识别交通热点区域、高峰时段等，从而为交通管理部门提供决策支持。基于历史数据和模型预测，人工智能还可以预测交通拥堵情况、交通事故发生概率等，帮助交通管理部门提前做出应对。

人工智能在智能交通管理方面具有广泛的应用前景，从信号灯控制到交通监控，再到自动驾驶和数据分析，人工智能技术为智能交通管理带来了创新和变革。随着技术的不断发展，人工智能将在智能交通领域发挥更大的作用，为城市交通的高效、安全和可持续发展提供有力支持。

二、城市规划与管理

人工智能在城市规划与管理领域的应用正引领着城市发展的新潮流。随着全球城市化进程的加速，城市规划和管理面临着日益复杂的挑战，而人工智能技术的引入为解决这些问题提供了创新的方法和工具。

人工智能在土地利用规划中具有巨大的潜力。城市土地有限，如何合理分配土地资源是一个重要的问题。人工智能可以通过分析城市各个区域的用地情况、人口分布、经济活动等数据，提供最佳的土地利用建议。这有助于优化城市的空间布局，实现土地的高效利用，提升城市的宜居性和可持续发展水平。

人工智能在环境监测和管理方面也具有广泛的应用。城市的环境问题如空气质量、水污染等对居民的健康和生活质量产生直接影响。通过搭载传感器和监测设备，人工智能可以实时监测环境数据，分析污染源和污染物分布，预测环境变化趋势。这为城市环境管理提供了实时数据支持，帮助城市规划者做出科学决策，保障居民的健康和环境质量。

此外，人工智能还可以在城市安全管理方面发挥作用。通过分析大数据和视频监控信息，人工智能可以识别异常行为、预测犯罪趋势，为城市安全部门提供预警和决策支持。

三、智能能源管理

人工智能在智能能源管理方面的应用正日益受到关注，它为能源领域带来了创新的解决方案，可以帮助提高能源效率、减少能源消耗，以及推动可持续能源发展。人工智能在能源预测与优化方面发挥着重要作用。能源需求的波动性和复杂性给能源供应带来了挑战，而人工智能技术可以通过分析历史数据、天气预测等信息，预测未来的能源需求和供应情况。基于这些预测，智能系统可以优化能源调度、降低能耗峰值，从而提高能源利用效率。人工智能在能源分布和储存管理方面也具有很大的潜力。可再生能源如风能、太阳能等的不稳定性导致了能源供应的不确定性。通过智能分析和预测，可以合理分配不同能源资源、优化能源供应链的规划和管理。此外，人工智能还可以优化能源储存系统的运行策略，提高能源的储存效率和利用率。人工智能在能源消耗监测和控制方面也发挥着重要作用。通过传感器和智能设备的联网，可以实时监测能源消耗，如建筑物、工厂等的能源使用情况。基于这些数据，人工智能可以识别能源浪费和低效的区域，提出节能建议和优化方案。同时，智能系统还可以实时调整能源设备的运行状态，以降低能源消耗。在能源市场方面，人工智能也有着广泛应用。通过分析市场数据、需求预测等信息，人工智能可以帮助能源企业制定更准确的定价策略，优化能源购销计划，从而降低成本，提高市场竞争力。人工智能在智能能源管理中的应用还涉及电网管理的智能化。智能电网通过人工智能技术实现了对电力系统的实时监测和调度，使能源的分配更加灵活和高效。这有助于提升电力系统的可靠性、稳定性，同时也为大规模的可再生能源接入提供了支持。

四、垃圾管理和环境监测

人工智能在垃圾管理和环境监测方面的应用正日益受到关注，它为解决城市环境问题、提高环境质量提供了新的方法。随着城市人口的增加和生活水平的提高，垃圾产生量也在不断增加，而传统的垃圾收集和处理方式存在效率低下和资源浪费的问题。通过人工智能技术，可以实现智能垃圾收集和分类。智能传感器和图像识别技术可以实时监测垃圾桶的填充情况，优化垃圾收集车辆的路线和时间，减少不必要的能源消耗和排放。此外，人工智能还可以识别垃圾的种类和组成，实现自动分类和回收，提高资源的利用率。人工智能在环境监测方面也具有广泛的应用。通过传感器和监测设备的联网，可以实时监测空气质量、水质污染、噪声水平等环境指标。人工智能可以分析大数据，识别污染源、预测环境变化趋势，为环境管理部门提供决策支持。此外，人工智能还可以在环境突发事件发生时提供实时预警和应急响应，保障居民的健康和安全。人工智能可以帮助优化城市的绿化和布局。通过分析地理数据和植被信息，人工智能可以推荐最佳的绿化位置和植被种植方案，提升城市的环境质量。人工智能在污水处理和能源回收领域也能发挥作用。通过智能系统的优化，可以提高污水处理厂的处理效率和废水处理效果。同时，人工智能还可以通过生物反应器和化学反应器优化能源的回收和利用，减少环境污染。

人工智能在垃圾管理和环境监测方面的应用为城市环境问题提供了创新的解决方案。从垃圾分类到环境监测，再到绿化规划和能源回收，人工智能技术正助力实现城市环境的可持续发展。

五、智能安防和监控

人工智能在智能安防和监控领域的应用正引领着安全领域的革新，为实现更智能、高效的安全防护提供了新的解决方案。传统的视频监控系统往往需要人工观察和分析，效率低下且容易出现漏检。而人工智能技术可以通过图像识别、目标检测等方法实现自动化的视频分析。智能监控摄像头可以识别异常行为、可疑人物，并自动发出警报。此外，人工智能还可以识别车辆的牌照，实现智能停车管理和交通违法监控。人工智能还可以在人脸识别和身份验证方面发挥作用。通过深度学习技术，人工智能可以准确地识别人脸特征，实现自动的身份验证。这在门禁系统、手机解锁、公共场所的人脸识别等场景中得到了广泛应用。在事件预测和预警方面，人工智能也具有巨大潜力。通过分析大数据、社交媒体信息等，人工智能可以预测可能发生的安全事件，如自然灾害、社会事件等。这有助于人们提前做好应急准备和响应。人工智能还可以在安全监控数据的分析和处理方面发挥作用。通过大数据分析和模式识别，人工智能可以识别安全事件的趋势和模式，为安全决策提供科学依据。

六、城市服务与智能助手

人工智能在城市服务与智能助手领域的应用正逐渐改变着城市居民的生活方式，为城市居民提供更便捷、智能的服务和支持。人工智能还在城市服务领域实现了智能客服应用。智能助手可以通过自然语言处理技术，理解用户的问题并提供相关信息和解决方案。居民可以通过手机APP或语音助手查询城市服务信息、提交报修请求等，实现智能化的城市服务体验。

七、健康与医疗

人工智能在健康与医疗领域的应用正引领着医疗行业的革新，为提升医疗效率、改善患者体验以及加强医疗决策提供了新的工具和方法。通过深度学习和图像识别技术，人工智能可以分析医学影像数据，如X射线、CT扫描、MRI（磁共振成像）等，快速准确地检测疾病迹象和异常情况。例如，人工智能在乳腺癌早期检测、肺部疾病诊断等方面取得了显著进展，有助于医生更快速地做出诊断和治疗决策。通过分析患者的基因信息和医疗历史，人工智能可以预测患者的疾病风险，制订个性化的治疗方案。人工智能还可以帮助医生预测药物反应，减少不良反应的风险。人工智能还可以在临床决策支持方面发挥作用。通过分析大量的临床数据和医学文献，人工智能可以为医生提供治疗方案、药物选择等方面的建议。

这有助于医生做出更明智的医疗决策，提高患者治疗效果。在健康管理和监测方面，人工智能也有着重要的应用。智能健康助手可以监测用户的健康数据，如心率、血压、血糖等，提供个性化的健康建议和警示。此外，人工智能可以帮助医生分析大量的患者数据，从而更好地管理慢性疾病患者，提高治疗效果。另外，人工智能还可以在药物研发和发现方面发挥作用。通过分析分子结构和药物作用机制，人工智能可以预测药物的可能性和效果，加速药物研发过程。

人工智能在健康与医疗领域的应用正为医疗行业带来前所未有的改变。从医学影像诊断到个性化医疗，再到临床决策支持和健康管理，人工智能技术正不断提升医疗效率、改善患者体验和加强医疗决策的科学性。

八、教育和文化

人工智能在教育和文化领域的应用正带来革命性的变革，为教育和文化产业注入了新的活力，促进了教育方式和文化传播的创新。通过分析学生的学习数据和行为，人工智能可以制订个性化的学习计划和教学内容，满足不同学生的学习需求。智能教育平台可以根据学生的学习情况自动调整教学进度和难度，提高学生学习效率。智能教育助手可以回答学生的问题，提供实时的辅导。通过自然语言处理技术，人工智能可以与学生进行对话，解决疑惑，提供学习建议，增强学习效果。通过分析学生的学习成绩、表现，人工智能可以为教师提供关于学生学习情况的详细报告，帮助教师更好地了解学生的需求。在文化领域，人工智能可以进行数字文化创作。通过分析大量的文艺作品，人工智能可以创作出音乐、绘画、文学作品等。在文化遗产保护和传承方面，人工智能除了对文化遗产进行数字化保护和修复，还可以重现古代建筑和文化场景，使人们更好地了解历史文化。

综上所述，智慧城市与人工智能的发展将在未来带来更智能、更便捷、更可持续的城市生活。从城市规划到服务优化，再到可持续发展和社会创新，人工智能技术将不断地推动智慧城市的进步，为人们创造更美好的城市未来。随着科技的不断进步，我们可以充满信心地期待智慧城市与人工智能共同谱写的美好篇章。

参考文献

［1］CHEN Y，FERRELL J E Jr，C. Elegans colony formation as a condensation phenomenon. Nature Communications，2021（12）：4947.

［2］Geirhos R，Temme C R M，Rauber J，et al. Generalisation in humans and deep neural networks，2018.

［3］Ren S，He K，Girshick R，et al. Faster R-CNN：Towards real time object detection with region proposal Networks[J].IEEE Transactions on Pattern Analysis & Machine Intelligence，2017，39（6）：1137-1149.

［4］刘文清，杨靖文，桂华侨，等."互联网+"智慧环保生态环境多元感知体系发展研究[J].中国工程科学，2018，20（02）：111-119.

［5］蒲慕明，徐波，谭铁牛.脑科学与类脑研究概述[J].中国科学院院刊，2016，31（07）：725-736，714.

［6］任文诗，高红均，刘友波，等.智能建筑群电能日前优化共享[J].电网技术，2019，43（07）：2568-2577.

［7］童光毅.基于双碳目标的智慧能源体系构建[J].智慧电力，2021，49（05）：1-6.

［8］杨旭，王锐，张涛.面向无人机集群路径规划的智能优化算法综述[J].控制理论与应用，2020，37（11）：2291-2302.

☆　第七章　☆

云计算与智慧城市

第一节　技术定义

云计算（Cloud Computing）是一种颠覆性的服务模式，通过互联网提供硬件、软件和服务等资源，为个人、企业和组织提供信息计算、处理、存储、共享等。它的本质是将计算资源集中在大规模数据中心，然后通过互联网按需分配给用户，用户无须直接拥有即可管理和维护物理计算设备。这种模式在过去几十年中迅速发展，并在各行各业产生了深远的影响。

云计算通常基于虚拟化技术，将物理计算资源，如处理器、存储和网络，抽象成虚拟资源。用户可以通过自助服务界面或API（Application Programming Interface，应用程序编程接口）访问这些虚拟资源，根据需要创建账号、配置和管理云计算环境，而无须理解底层的复杂性。这种模式引入了三种基本的服务模型，分别是基础设施即服务（Infrastructure as a Service，IaaS）、平台即服务（Platform as a Servtce，PaaS）和软件即服务（Software as a Service，SaaS）。

基础设施即服务（IaaS）提供了虚拟化的计算资源，如虚拟机、存储和网络。用户可以在这些资源上部署操作系统、应用程序和服务，拥有更大的灵活性和控制权。平台即服务（PaaS）则更进一步，为开发人员提供了开发、测试和部署应用程序的平台，包括运行环境、开发工具和数据库管理系统。这种模式让开发人员能够专注于应用程序本身，而不必花费过多精力在基础设施管理上。最后，软件即服务（SaaS）提供了各种应用程序，用户可以通过网页浏览器或移动应用访问和使用这些应用，无须安装和维护本地软件。

云计算（见图7-1）具有多重优势。首先，它实现了弹性伸缩，用户可以根据实际需求随时扩展或缩减计算资源，从而实现更高的资源利用率和更低的成本。其次，按需付费模式让用户只需支付实际使用的资源费用，降低了投资成本，提高了成本效益。云计算的共享资源特性使得多个用户可以共享物理资源，实现资源共享和高效利用。

图7-1　云计算

智慧城市概念的核心在于通过技术手段提升城市的可持续性、效率和居民的生活质量。在这一背景下，云计算在多个方面发挥着作用。例如，交通管理部门可以利用云计算来分析交通流量数据，优化交通信号控制系统，减少拥堵和尾气排放。能源管理也是一个关键领域，通过云计算，能源数据可以被实时监测和分析，从而优化能源使用，减少浪费。此外，环境监测、垃圾处理、城市规划等领域也受益于云计算技术，帮助城市管理者更好地了解城市的运行情况，并做出更明智的决策。

云计算还为智慧城市的创新和发展提供了平台。应用开发者可以利用云计算的灵活性和可扩展性，构建各种智能应用程序，如智能停车、智能照明、智能健康监测等，以满足居民的需求。

云计算在智慧城市管理中扮演着不可或缺的角色。它不仅推动了城市管理的智能化和高效性，还为城市的可持续发展和创新提供了有力支持。随着技术的不断发展，云计算与智慧城市的融合将继续深化，为未来城市的发展带来更多可能性。

第二节　技术现状

云计算是一种基于网络的计算模式，通过将计算资源和服务提供给用户，从而实现按需获取和使用计算资源。在智慧城市背景下，云计算扮演着关键角色，通过其强大的数据存储、处理和分析能力，使城市能够应对日益增长的数据带来的挑战。云计算允许智慧城市从各种物联网传感器、设备和应用程序收集大量实时数据，如交通流量、环境指标、能源消耗等。这些数据在云上进行集成和分析，从而揭示出城市运行的模式和趋势。

云计算作为一项基于网络的计算模式，正在不断演进和创新，以满足不断增长的计算需求和不断变化的商业挑战。在技术发展方面，云计算呈现出以下几个显著的趋势。

多云和混合云环境：随着企业和组织的需求多样化，多云和混合云环境越来越受欢迎。多云是指将工作负载分布在多个云服务提供商之间，从而获得更好的性能、可靠性和成本效益。混合云则将公有云和私有云结合起来，使企业可以在拥有敏感数据和应用程序私有性的同时，可以利用公有云的弹性和便捷性。

边缘计算：边缘计算是一种将计算和数据处理推向离用户和设备更近的地方的方法。这在需要实时响应和降低网络延迟的应用场景中特别重要，如物联网和工业自动化。边缘计算允许数据在离用户更近的位置进行处理，从而减少数据在云中传输的时间，提高了应用程序的性能和效率。云计算与边缘计算关系见图7-2。

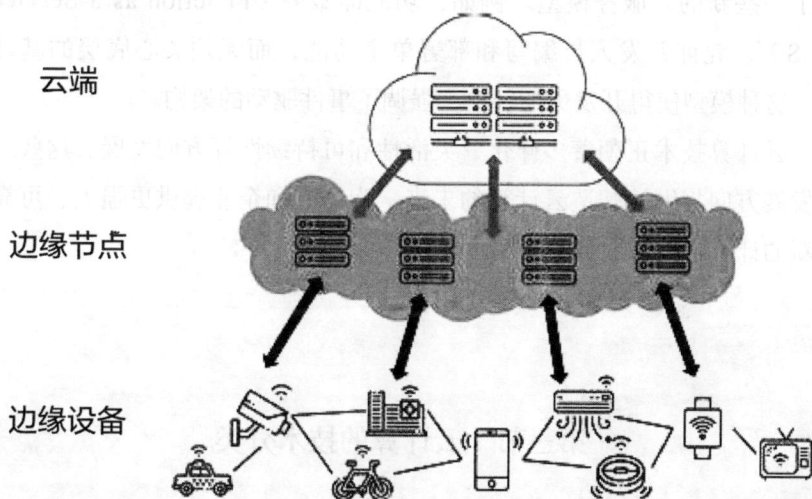

图7-2 云计算与边缘计算

容器化和微服务架构：容器化技术，如Docker和Kubernetes，已经成为云计算领域的重要趋势。容器可以实现应用程序及其所有依赖项的隔离打包，从而简化了应用程序的部署和管理。微服务架构将应用程序拆分成小的、独立的服务单元，使开发和部署更加灵活，有助于实现快速迭代和持续交付。

人工智能和机器学习：云计算也在人工智能和机器学习领域发挥着重要作用。云平台提供了强大的计算资源和工具，用于训练和部署复杂的机器学习模型。云计算还支持大规模数据处理，从而加速了数据驱动的决策和创新。

可持续性和环境责任：随着对可持续性和环境责任的关注增加，云计算服务提供商也在努力降低能源消耗和碳排放。一些公司正在采用更高效的数据中心设计，使用可再生能源，以及实施更智能的资源管理，以减少对环境的影响。

较新的云服务模型：除了传统的IaaS、PaaS和SaaS模型外，还出现了一些新的云服务模型。例如，功能即服务（Function as a Service，FaaS），允许开发人员编写和部署单个功能，而无须关心底层的基础设施。这种模型使得开发更加轻松，强调了事件驱动的架构。

云计算技术正朝着多样化、灵活性和可持续性等方向发展。这些趋势和发展方向将继续塑造云计算的未来，为个人和企业提供更强大、可靠和创新的计算资源和服务。

第三节　云计算的技术分类

云计算在智慧城市的发展中扮演着重要角色，它为城市提供了高效的数据存储、处理和共享解决方案。以下是云计算在智慧城市中的几种技术类型。

数智时代：打造智慧城市

一、基础设施即服务

基础设施即服务（IaaS）是云计算模型中的一种重要服务类型，它为智慧城市的发展提供了强大的支持。通过IaaS，智慧城市可以充分利用云计算的优势，租用虚拟化的计算资源，包括虚拟服务器、存储和网络，从而避免了大规模基础设施建设的成本和管理工厂环境的复杂性。

在智慧城市的建设和运行过程中，各种计算任务、数据存储需求以及网络通信都需要大量的计算资源和设备支持。然而，传统的基础设施建设需要耗费大量的资金和时间，而且在城市运行的不同阶段可能需要不断扩展或调整。这时，IaaS的优势就得以体现。

首先，IaaS为智慧城市提供了灵活性和可伸缩性。智慧城市可以根据实际需求，按需租用计算资源、存储和网络服务，而无需提前投入大量资金来建设和购置基础设施。这使得城市可以根据实际情况动态调整资源的规模，既避免了资源的浪费，又确保了在城市运行高峰期能够获得足够的支持。

其次，IaaS减少了智慧城市的管理负担。传统基础设施的维护、管理和升级需要耗费大量的人力和时间，而IaaS提供了由云服务提供商来管理和维护基础设施的选项。这使得智慧城市的管理者可以将更多的精力集中在创新性的项目上，提高了运营效率。

最后，IaaS提供了高度的可定制性。智慧城市可以根据自己的需求选择不同的计算资源、存储和网络服务配置，以满足特定的业务需求。这种可定制性使得城市能够更好地适应不同的应用场景，实现更精细化的资源分配。

虽然IaaS在智慧城市建设中具有诸多优势，但也面临一些挑战。数据安全和隐私问题是其中一个重要的考虑因素，由于城市需要将大量的数据存储在云服务提供商提供的基础设施上，因此确保数据的安全和隐私保护非常重要。

二、平台即服务

平台即服务（PaaS）是一种云计算服务模型，对于智慧城市的建设提供了重要的支持。PaaS可以为智慧城市开发者提供一个完整的开发环境，使他们能够构建、部署和管理应用程序，而无须关注底层的基础设施细节。这种模式有助于快速开发智慧城市应用，提高开发效率和创新能力。

首先，PaaS为智慧城市应用的开发者提供了一个集成的开发平台。开发者可以通过PaaS平台访问各种开发工具、编程语言、框架和库，从而快速地构建应用。这种集成性简化了开发过程，减少了在搭建和配置开发环境上的时间和精力投入。

其次，PaaS提供了强大的部署和扩展能力。智慧城市应用的开发者无需关心底层基础设施的管理和维护，PaaS平台会自动处理应用程序的部署、扩展和负载均衡等任务。这使得应用程序可以更好地适应不同规模的用户需求，实现高效的资源利用。

最后，PaaS还提供了丰富的服务和功能，帮助智慧城市应用实现更多样化的功能。PaaS平台通常包括数据库、消息队列、身份认证、安全性管理等服务，这些都可以被应用程序直接使用，减少了自行开发和维护这些功能的投入。

值得注意的是，尽管PaaS模式在智慧城市应用开发中具有许多优势，一些问题仍值得关注。例如，数据安全和隐私问题依然是一个重要的关注点，因为应用程序可能涉及大量的敏感数据。此外，对特定PaaS平台的过度依赖也可能面临供应商锁定风险，因此在选择PaaS提供商时需要谨慎考虑。

平台即服务（PaaS）为智慧城市的建设和应用开发提供了重要的支持，通过提供集成的开发环境、强大的部署和扩展能力以及丰富的服务和功能，帮助开发者更快速、高效地构建应用程序。通过PaaS，智慧城市可以实现快速创新，提高应用开发效率，为居民提供更多样化的智慧服务。

三、软件即服务

软件即服务（SaaS）是一种云计算服务模型，为智慧城市的管理和运营提供了便利和灵活性。通过SaaS模型，智慧城市可以订阅各种应用程序，如数据分析工具、城市管理系统和公共服务应用，从而更好地管理和运营城市。

首先，SaaS为智慧城市提供了灵活的订阅模式。过去，城市管理者需要购买昂贵的软件，然后投入大量资金和时间来运行和维护这些软件。而SaaS模型允许城市根据实际需求订阅所需的应用程序，避免了大量的前期投资。这使得城市管理者可以根据实际情况调整订阅的应用数量和规模，更好地控制成本。

其次，SaaS具有快速部署和易于使用的优势。城市可以在短时间内订阅并部署所需的应用程序，无须进行复杂的安装和配置。这有助于快速解决城市管理中的问题，提高了响应速度和效率。另外，SaaS应用通常具有用户友好的界面和操作方式，降低了培训成本。

最后，SaaS模型还提供了持续的更新和维护服务。应用程序的提供商会持续对其进行更新和改进，确保城市始终使用最新的功能。这有助于城市保持竞争力，同时减轻了城市管理者的维护成本。

当然，在采用SaaS模型时也需要考虑数据安全和隐私问题，因为城市可能需要在云上存储大量的敏感数据。此外，依赖于第三方提供商也可能带来一定的风险，比如服务中断或服务提供商倒闭等情况。

四、边缘计算

边缘计算（Edge Computing）是一种新兴的计算架构，对于智慧城市的建设和运营具有重要意义。它将计算和数据处理从传统的集中式云计算中心推向物联网设备的边缘，以实现更快速、实时的数据处理和响应。它对于智慧城市的大规模传感器网络和设备来说尤为关键，可以减少数据传输延迟、减少网络拥塞，提高系统的性能和效率。

边缘计算克服了传统云计算模式的数据传输延迟问题。在传统云计算中，数据需要从设备传输到云计算中心进行处理，然后再传回设备，这会导致较高的延迟。而边缘计算将数据处理推向物联网设备的边缘，使数据可以在设备附近进行实时处理，减少了数据传输时间，从而实现更快速的响应。

边缘计算可以有效减少网络拥塞。随着智慧城市中设备数量的增加，云计算中心可能面临大量的数据传输请求，导致网络拥塞。边缘计算可以将部分数据处理分散到设备边缘，减少了云计算中心的压力，从而提高了网络的稳定性和吞吐量。

边缘计算还具有更好的隐私性和安全性。因为数据可以在设备本地进行处理，而不是传输到云端，可以降低数据被窃取或篡改的风险。这对智慧城市中尤为重要，因为智慧城市涉及大量的敏感数据，如个人隐私和安全信息。

尽管边缘计算在智慧城市中具有许多优势，但也有其局限性。例如，设备边缘的计算资源有限，可能无法处理复杂的数据。因此，需要根据应用需求和计算资源来合理规划数据处理的分布。

边缘计算是一种对智慧城市建设和运营具有重要意义的计算架构。它通过将数据处理推向设备边缘，实现了更快速、实时的数据处理和响应，减少了数据传输延迟和网络拥塞。同时，边缘计算还具备更好的隐私性和安全性。不过，在采用边缘计算时需要合理规划计算资源，以确保系统的稳定性和高性能。

五、多云架构

多云架构（Multi-Cloud Architecture）是智慧城市建设中的一种重要策略，旨在提高系统的可用性、灵活性和稳定性。该架构模式允许智慧城市将应用程序和数据分布在多个云服务提供商之间，以降低对单一云提供商的依赖性，并减少可能的风险和故障。多云时代统一管理平台如图7-3所示。

数智时代：打造智慧城市

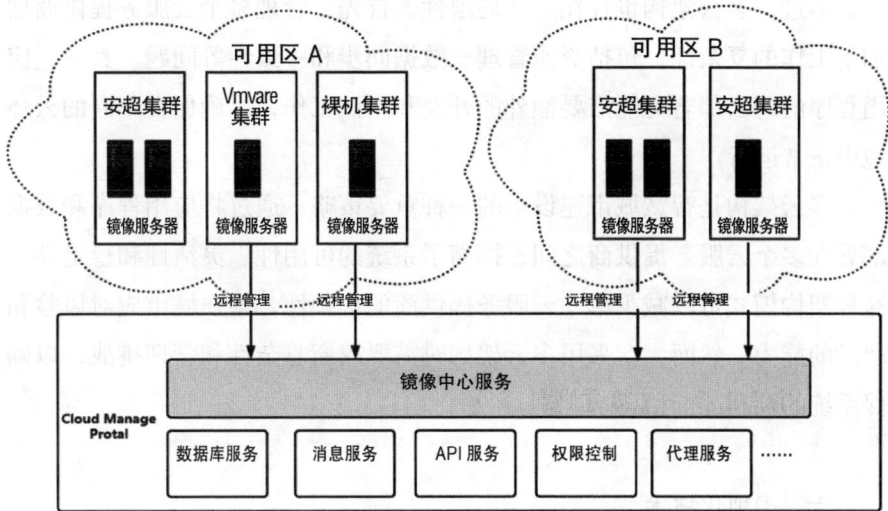

图7-3 多云时代统一管理平台

多云架构提高了智慧城市系统的可用性。通过将应用程序和数据部署在不同的云服务提供商之间，即使其中一个云服务出现故障或进行维护，城市的应用程序仍然可以继续运行在其他可用的云上。这可以最大限度地减少系统的停机时间，确保个人和企业在任何时候都能够访问所需的服务和数据。

多云架构增强了智慧城市的灵活性。不同的云服务提供商可以在不同的地理位置提供服务，这可以帮助城市更好地满足地区性需求和法规要求。此外，通过在多个云之间进行动态分配，城市可以根据负载和需求变化来优化资源使用，提高系统的性能和效率。

多云架构有助于降低风险。过度依赖单一云服务提供商可能会带来供应商锁定风险，限制了城市在服务提供商方面的选择权。采用多云策略可以减轻这种风险，城市可以在合适的时候切换到其他云服务提供商，保持对供应商的灵活性。

不过，多云架构也存在一些局限性。首先，管理多个云服务提供商增加了工作的复杂性，包括资源管理、数据同步和一致性等问题。其次，应用程序的跨云部署可能需要额外的开发和测试工作，以确保在不同的云环境中正常运行。

多云架构是智慧城市建设中的一种重要策略，通过将应用程序和数据部署在多个云服务提供商之间，提高了系统的可用性、灵活性和稳定性。这种架构模式可以减少单一云服务提供商的依赖性，增强城市应对风险和故障的能力。然而，在采用多云架构时需要权衡复杂性和管理挑战，以确保系统的顺利运行和高效管理。

六、虚拟化技术

虚拟化技术是智慧城市建设中的一项关键技术，它通过将物理资源抽象为虚拟资源的方式，实现了资源的弹性分配、管理和利用，从而为城市的各项服务和应用提供了更高的灵活性和效率。

虚拟化技术能够将计算、存储和网络等物理资源转化为虚拟资源。这意味着智慧城市可以将多台物理服务器、存储设备和网络设备虚拟化为一个统一的资源池，而不需要实际的硬件设备。通过这种方式，城市可以更好地管理资源，减少硬件成本投入和维护成本，并且降低能耗。虚拟化技术实现了资源的弹性分配和动态调整。智慧城市中的各项服务和应用往往具有不同的需求和负载变化。虚拟化技术使得资源可以根据实际需求进行动态分配和调整，从而避免了资源浪费和资源不足的问题。城市可以根据应用的负载情况自动分配更多的计算能力和存储容量，以满足不同的服务需求。虚拟化技术提高了资源的利用率。由于虚拟化技术将多个虚拟资源映射到同一台物理设备上，可以实现资源的更好利用。这不仅可以减少硬件设备的数量，还可以提高硬件资源的利用率，从而降低成本。虚拟化技术还带来了更大的灵活性和可管理性。通过虚拟化管理平台，智慧城市可以集中管理和监控所有的虚拟资源，实现资源的集中管理和自动化操作。

这可以简化城市的IT服务管理流程，提高管理效率，同时也提供了更好的故障隔离和恢复能力。

不过，使用虚拟化技术也需要考虑一些问题。例如，虚拟化可能会增加系统的复杂性，需要更多的管理和配置工作。此外，虚拟化技术的实施需要确保安全性，防止虚拟资源被不良用户滥用或攻击。

虚拟化技术在智慧城市建设中发挥着重要作用。通过将物理资源虚拟化为虚拟资源，实现资源的弹性分配和管理，提高资源的利用率和灵活性，为城市的各项服务和应用提供了更高效的基础设施支持。然而，在采用虚拟化技术时需要权衡复杂性和安全性，以确保系统的稳定性和安全性。

七、容器化技术

容器化技术，如Docker，是智慧城市建设中的一项重要技术，它为应用程序的部署、管理和运行提供了更高效、便捷的解决方案。通过容器化技术，应用程序及其所有依赖项可以被打包成一个独立的容器，从而实现跨不同环境的无缝部署和管理。

容器化技术的核心是将应用程序及其所需的运行环境、库和依赖项打包到一个容器中。这个容器具有独立的运行环境，与宿主操作系统隔离，从而保证了应用程序在不同环境下的一致性和稳定性。与传统的虚拟机相比，容器化技术更加轻量级，启动速度更快，资源占用更少。容器化技术的优势之一是实现了跨不同环境的便捷部署。由于容器将应用程序及其相关的依赖项打包成一个独立的单元，只需在目标环境中安装容器运行，就可以轻松地将应用程序部署到不同的主机、云平台或者边缘设备中。这使得智慧城市的应用程序可以更快速地部署到各种场景中，从而提高了开发和部署的效率。此外，容器化技术也有助于应用程序的可伸缩性和弹性。通过容器编排工具，如Kubernetes，智慧城市可以根据负载变化自动调整容器的数量和位置，实现应用程序的动态伸缩。这意味着城市可以根据需要分配更多的资源，以满足高峰期的需求，同时在低负载时减少资源消耗，提高资源的利用效率。另一个重要的优势是容器化技术的环境一致性和隔离性。每个容器都有自己独立的运行环境，不会受到其他容器的影响。这使得智慧城市可以更好地隔离不同的应用程序，减少因为应用程序之间的冲突而导致的故障。同时，容器化技术也提供了便捷的环境一致性，确保应用程序在不同阶段和环境中表现一致。

不过，容器化技术也亟须解决一些问题。例如，容器安全性需要得到保障，以防止恶意容器的滥用。此外，容器管理和编排也需要专门的工具和技术支持，以确保容器的平稳运行和有效管理。

容器化技术在智慧城市建设中具有重要作用。通过将应用程序及其相关的依赖项打包成独立的容器，容器化技术实现了跨不同环境的便捷部署、环境一致性、隔离性以及可伸缩性。这为智慧城市的应用程序开发、部署和管理提供了高效、灵活的解决方案。不过，在采用容器化技术时需要解决一些安全性和管理性的问题，以确保系统的稳定和安全。

八、自动化和编排工具

自动化和编排工具，如Kubernetes，是智慧城市建设中的一项关键技术，它们能够极大地提升城市在容器化环境中的应用程序部署、管理和维护的效率。这些工具帮助智慧城市更有效地管理大规模的容器化应用程序，实现自动化部署、伸缩和管理，从而加速应用程序的交付并提供更高的可靠性。

Kubernetes（简称K8s）作为流行的自动化和编排工具，提供了一个强大的平台来管理容器化应用程序。它的核心目标是简化应用程序的部署和运维，同时保障应用程序的可用性和弹性。Kubernetes通过将应用程序部署到一个分布式的集群中，并提供自动伸缩、负载均衡、自动故障恢复等功能，从而帮助智慧城市更好地管理复杂的容器化环境。Kubernetes可以实现自动化部署。智慧城市的应用程序可能需要在多个环境下部署，例如开发、测试和生产环境。Kubernetes允许开发者定义一个应用程序的规范，然后通过一些简单的命令即可将应用程序部署到不同的环境下。这消除了手动部署的复杂性，减少了人为错误的可能性。kubernetes系统架构如图7-4所示。

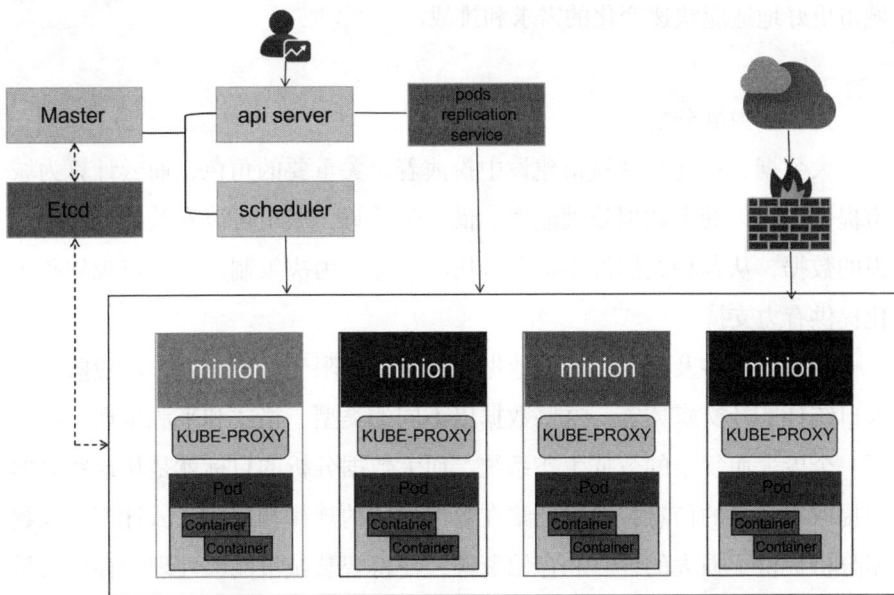

图7-4   kubernetes系统架构

Kubernetes支持自动伸缩。在智慧城市中，应用程序的负载可能会随时变化，需要根据实际需求进行伸缩。Kubernetes可以根据定义的规则自动调整应用程序的副本数量，以满足不同负载情况下的性能需求。这有助于城市更好地应对负载的变化，提高了资源的利用率。Kubernetes还具备自动故障恢复的能力。在容器化环境中，单个容器或节点的故障可能会影响到应用程序的可用性。Kubernetes可以自动检测故障，并根据定义的策略进行自动恢复。它可以重新启动失败的容器，或者将容器迁移到其他正常的节点上，从而保障应用程序的稳定性和可用性。

自动化和编排工具，如Kubernetes，在智慧城市建设中扮演着重要的角色。它们通过实现自动化部署、伸缩和管理，帮助城市更有效地管理大规模的容器化应用程序，加速应用程序的交付，提高应用程序的可靠性和弹性。这些工具为智慧城市的数字化转型和服务提供了有力的支持，帮助城市更好地适应快速变化的需求和挑战。

九、大数据分析

大数据分析在智慧城市建设中扮演着至关重要的角色，而云计算为城市提供了强大的大数据处理能力。借助云计算，城市可以有效地处理大规模的数据，从各种数据源中提取有用的信息，为决策制订、城市规划和优化提供有力支持。

智慧城市涉及多个领域的数据，包括但不限于城市交通、环境监测、人口统计、社交媒体等。这些数据以不同的类型、格式和来源呈现，构成了一个庞大而复杂的数据生态系统。而大数据分析的目标就是从这些数据中提取有意义的信息，揭示隐藏在数据背后的规律和趋势。云计算为大数据分析提供了强大的计算和存储资源，使得智慧城市能够处理和存储大量的数据。城市可以将数据上传到云平台，利用云计算服务进行数据的清洗、转换和分析。云计算的弹性和可扩展性使得城市可以根据需要分配更多的资源，以适应数据分析任务的需求。

在大数据分析过程中，城市可以采用各种数据分析技术和算法，如数据挖掘、机器学习和人工智能等。通过这些技术，城市可以从数据中挖掘出有用的信息，识别趋势、模式和关联关系。例如，在城市交通领域，城市可以分析交通流量数据，预测交通拥堵情况，优化交通信号控制，提高交通效率。大数据分析还可以支持智慧城市的决策制订和城市规划。通过分析数据，城市可以了解市民的需求和行为，从而制定更科学的政策和规划。例如，城市可以通过社交媒体数据了解市民的意见和反馈，从而优化城市的公共服务和设施。大数据分析还有助于城市的创新和发展。通过对数据的深入分析，城市可以发现新的商机、服务和解决方案。例如，基于大数据分析的智能城市应用可以提供更便捷的出行方案、智能的能源管理，以及更优质的城市生活体验。

大数据分析在智慧城市建设中具有重要意义。云计算为城市提供了处理大规模数据的能力，帮助城市从多种数据源中提取有用信息，支持决策制定、城市规划和创新发展。大数据分析为智慧城市的数字化转型提供了有力的支持，帮助城市更好地了解市民需求，优化城市服务，提升城市的可持续发展。

这些技术类型相互协作，为智慧城市的建设和运营提供了支持。它们共同推动了城市更加智能、高效和可持续发展。

第四节 技术特征

云计算作为一项重要的计算模式，具备一系列独特的技术特征，这些特征有助于区分云计算与传统的计算模式，在智慧城市中发挥着重要作用。以下是云计算的技术特征的详细介绍。

一、虚拟化与资源共享

云计算的技术特征之一，即虚拟化与资源共享，在智慧城市的发展中具有显著的意义。虚拟化技术作为云计算的基础，通过将物理资源转化为虚拟资源，实现了资源的高效管理和灵活共享，为智慧城市应用提供了更高的效率和灵活性。

虚拟化技术的核心在于资源的抽象和分割。在智慧城市的多样化应用中，不同的任务可能需要不同类型和规模的资源，如计算、存储和网络。

虚拟化通过将这些物理资源划分为虚拟资源，使得资源可以根据应用的需求进行动态分配和管理。这种资源的抽象性质使得智慧城市能够充分利用资源，避免了资源浪费和低效配置。虚拟化还促进了资源的共享。在智慧城市中，可能存在多个应用需要相似的资源，但使用情况可能不同。虚拟化技术允许多个应用共享同类型的虚拟资源，这样不仅避免了资源的冗余购置，还提高了资源的利用效率。共享资源的模式为智慧城市创造了协同的环境，为应用的开发和部署提供了更加灵活和可持续的基础。与此同时，虚拟化技术还赋予智慧城市应用以灵活性。城市中的应用需求可能会随时间、地点和场景变化而变化。虚拟化技术使得资源能够根据实际情况进行动态调整，从而满足不同应用在不同情景下的资源需求。这种灵活性为智慧城市的应用提供了响应性和适应性，使城市能够更好地应对变化的需求和挑战。

在智慧城市的建设中，资源优化是至关重要的。虚拟化技术通过精确的资源分配，避免了资源的浪费和不足。这种资源的精准配置有助于提升城市的资源利用率，降低城市的运营成本。因此，虚拟化技术为智慧城市的可持续发展提供了强有力的支持。

虚拟化与资源共享作为云计算的技术特征，在智慧城市的建设和应用中发挥着重要作用。通过虚拟化技术，城市能够更好地管理资源，实现资源的高效利用和共享。这不仅提升了城市应用的效率和灵活性，还为城市的可持续发展和数字化转型提供了有力的支持。

二、弹性伸缩

智慧城市需要应对变化的需求，云计算允许根据需要动态伸缩计算资源，确保系统高效运行。

在构建智慧城市的进程中，弹性伸缩技术作为云计算的关键技术特征之一，扮演着不可或缺的角色。智慧城市的兴起所带来的多样化应用需求和动态性，使得传统的固定计算资源配置方式已不足以满足其复杂性和灵活性的要求。而弹性伸缩技术则为智慧城市提供了一种灵敏而智能的资源调整机制，可以满足不断变化的应用场景和需求。

弹性伸缩技术的核心思想在于根据实际情况自动调整计算资源的数量。在智慧城市中，不同应用的需求时刻在变化。例如，交通管理系统在高峰时段需要处理更大的数据流量，而环境监测系统在紧急事件发生时需要快速响应和处理。传统的固定资源配置难以适应这种变化，可能导致资源的闲置或不足。然而，弹性伸缩技术通过实时监测应用的负载情况，自动调整资源的分配，使系统能够动态地适应不同的工作负载，从而提高资源的利用率和效率。此外，弹性伸缩技术为智慧城市的资源管理和成本控制提供了更为有效的手段。城市规模庞大，应用多元化，因此计算资源的规模和类型都需要根据实际情况进行调整。弹性伸缩技术允许城市根据需求实时地增加或减少计算资源，从而避免了不必要的资源浪费和成本开销。这种按需分配的方式不仅降低了成本，还提高了资源的可用性，为智慧城市的可持续发展提供了更为稳健的支持。

在实际应用中，弹性伸缩技术为智慧城市带来了显著的优势。首先，它提高了城市应用的灵活性和适应性。城市的需求可能随着时间、地点和事件的变化而变化，而弹性伸缩技术能够根据这些变化实时地进行资源调整，使得城市能够迅速适应新的情况。其次，弹性伸缩技术为城市的创新和发展提供了更大的空间。智慧城市的应用领域日益多样，不同的应用可能需要不同类型的资源。弹性伸缩技术能够根据应用的特点灵活地配置资源，为城市的创新和发展提供更为强有力的支持。

三、数据中心与边缘计算

数据中心与边缘计算作为云计算的两个重要支柱，在智慧城市的构建和发展中发挥着不可替代的作用。数据中心以其高性能的计算和存储能力，为智慧城市的多元化应用提供了强大的支持。边缘计算则通过将计算资源靠近数据源，满足了智慧城市对低延迟和实时响应的迫切需求。数据中心作为云计算的核心，为智慧城市的大数据处理和分析提供了强大的计算能力。在智慧城市中，各类传感器和设备不断产生海量的数据，涵盖了交通、环境、能源等多个领域。这些数据需要经过复杂的分析和处理，以提取有价值的信息和见解，从而支持城市的决策制定和规划。数据中心的高性能计算和存储设施为这些大数据处理提供了有力的支持，加速了数据的处理速度和分析效率。通过云计算的灵活性，智慧城市可以根据实际需要动态地分配计算资源，实现资源的高效利用和成本控制。然而，在智慧城市中，许多应用需要实时性和低延迟的支持，传统的数据中心模式可能无法满足这种需求。这就体现了边缘计算的重要性。边缘计算将计算资源靠近数据源和应用场景，减少了数据传输的延迟和网络拥塞，提供了更快速的数据处理和响应能力。例如，在交通管理中，实时的交通流量数据需要迅速分析以实现智能信号控制。边缘计算将分析和决策过程放置在距离数据源更近的位置，确保了交通信号的实时性和精准性。同样，在智慧环境监测中，快速响应突发事件对于城市的安全和环境保护至关重要。边缘计算通过将数据处理能力靠近监测设备，实现了对事件的实时监控和迅速响应。数据中心与边缘计算的结合，为智慧城市提供了全面的计算支持。数据中心在大数据处理和深度分析方面发挥着重要作用，为城市提供了丰富的信息和智能决策支持。而边缘计算则弥补了数据中心在实时性和低延迟方面的不足，满足了智慧城市对于快速响应的需求。这种整合模式使得智慧城市能够更好地应对多样化的应用场景和需求，实现更智能、高效和安全地运行。

四、安全与隐私

云计算技术在为智慧城市带来便利和效率的同时，也带来了一系列的安全挑战，特别是在处理敏感城市数据的情况下。为了确保数据隐私和网络安全，必须采取一系列安全保障措施，其主要流程如图7-5所示。

数智时代：打造智慧城市

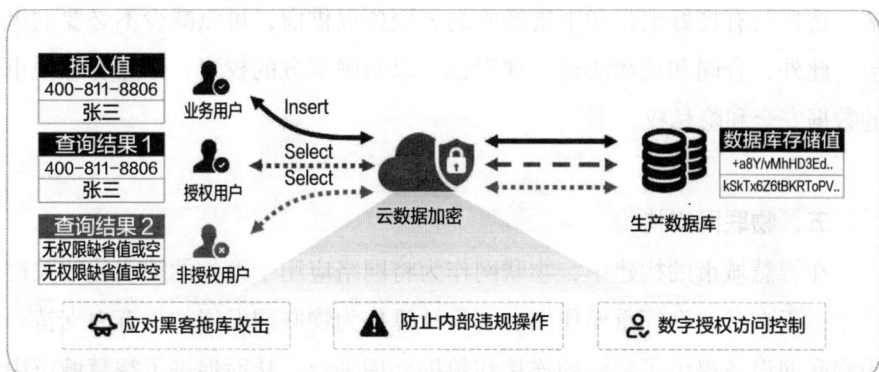

图7-5　云计算的安全与隐私

首先，数据隐私是云计算中不可忽视的问题。智慧城市中涉及的数据种类繁多，包括个人身份信息、交通轨迹、社会活动等，这些数据都是敏感的。因此，在云计算平台上存储、传输和处理这些数据时，必须采取严格的隐私保护措施。数据加密、访问控制、数据脱敏等技术可以帮助确保数据在传输和存储过程中的安全性，从而防止未经授权的访问和数据泄露风险。其次，网络安全也是云计算中不可忽视的问题。智慧城市中的各种设备和系统都需要连接到云平台，形成一个庞大的网络生态系统，这就增加了网络受到攻击的风险。恶意攻击者可能会试图通过网络攻击入侵系统，窃取数据或破坏城市基础设施。为了应对这些威胁，云计算平台必须采取强大的网络防御机制，包括防火墙、入侵检测系统、网络监控等，以保障网络的安全性和稳定性。此外，智慧城市中的各种应用和系统需要不断进行更新和维护，这也可能产生新的安全漏洞。为了解决这个问题，云计算平台需要定期进行漏洞扫描和安全审计，及时发现和修复潜在的安全风险。同时，为开发人员提供安全编码培训，提高安全意识，也是保障智慧城市系统安全的重要措施之一。

另一个安全问题是云服务提供商的可信度。智慧城市将大量数据和应用托管在云平台上，这需要对云服务提供商的信誉和可信度有足够的了解。选择具有良好信誉和丰富经验的云服务提供商，可以减少不必要的风险。此外，合同和法律法规的规定也可以明确双方的权责，保障智慧城市的数据安全和隐私权。

五、物联网支持

在智慧城市的构建中，物联网作为将网络应用于万物的智能化的关键技术，正在日益发挥重要作用。而云计算作为物联网发展的强有力支持，为物联网设备提供了关键的连接和数据处理平台，从而促进了智慧城市中各类设备的紧密互联互通。物联网的核心在于将各种传感器、智能设备和装置连接到一起，形成一个互相通信的网络，而云计算则为这种网络提供了高效的基础设施和支持。

通过云计算，物联网设备能够实现无缝的连接，将产生的数据传输到云端进行处理和分析。这种连接性能够将城市中的各类设备，无论是智能交通系统、环境监测设备还是智能家居装置，都串联在一起，实现信息的共享和交流。云计算为物联网设备提供了高速、稳定的网络环境，确保了数据的实时传输和交换，为城市的智能化和数字化发展奠定了坚实的基础。除了连接性，云计算还为物联网提供了强大的数据处理平台。物联网设备所产生的数据量巨大，这些数据蕴含了有价值的信息，可以用于城市管理、决策制定、资源优化等方面。云计算通过高性能的数据处理和存储能力，使得这些数据得以有效地收集、存储和分析。城市管理者可以基于对数据的洞察，制定更加精准的决策，提升城市的运行效率和居民的生活质量。

此外，云计算的弹性扩展能力也为物联网的发展提供了重要支持。随着物联网设备数量的增加以及城市需求的变化，计算资源的需求也会发生变化。云计算允许根据实际需求动态调整计算资源，保证系统始终处于高效运行状态。这种灵活性不仅提高了城市设备的利用率，还能够应对突发情况，确保系统的可靠性和稳定性。

六、协同合作

协同合作是智慧城市建设中的一个关键要素，而云计算在这方面扮演着重要的角色。通过为不同部门和应用提供协同合作平台，云计算促进了智慧城市各项工作的整合和优化，为城市的发展和管理带来了许多益处。

在智慧城市的复杂环境中，涉及多个部门和领域的合作是必不可少的。云计算为各部门提供了一个统一的数字化平台，使得它们可以更加便捷地共享数据、信息和资源。无论是城市规划、交通管理、环境监测还是公共服务，各部门都可以通过云计算平台实现信息的互通，从而更加高效地协同合作，共同解决城市面临的各种挑战。云计算还为不同应用场景之间的协同提供了支持。在智慧城市中，涉及的应用领域众多，如智能交通、智能能源、智慧医疗等。这些应用往往需要共享数据和资源，以实现更好的整体效益。云计算提供了一个统一的平台，让不同应用之间可以无缝对接。这种协同合作能够促进各个应用之间的相互增强，提高城市整体的智能化水平。

此外，云计算还支持城市内外的协同合作。在跨城市合作和跨地区合作中，云计算可以提供统一的数据共享和处理平台，使得各地城市可以共享经验、资源和技术。同时，云计算也为城市与企业、学术机构等外部合作伙伴之间的协同提供了便利，促进了智慧城市建设的全方位合作。

这些技术特征共同支持着云计算在智慧城市建设中的关键作用，帮助城市更智能、高效地运行。

第五节　云计算在智慧城市中的应用

云计算在智慧城市中的应用十分广泛。它通过将数据存储和处理转移到云端服务器，为智慧城市技术提供了强大的计算和存储支持。以下是云计算和智慧城市技术在智慧城市中的主要应用领域。

1. 数据管理和存储

云计算能够高效地存储和管理大量的城市数据，如交通流量、环境传感器数据和人口统计信息。这为智慧城市的决策提供了准确的数据支持。

2. 智能交通管理

云计算与智慧城市技术结合，可以实现实时交通监测、智能信号灯控制和交通流量优化，有助于减少交通拥堵，提升交通效率。

3. 环境监测与管理

智慧城市可以利用云计算来监测空气质量、水质和垃圾处理等环境参数。这些数据有助于采取及时的环境保护和改进措施。

4. 智能能源管理

云计算可用于监测和优化城市能源使用，实现智能电网管理、可再生能源集成和能源消耗预测，从而降低能源浪费。

5. 城市安全和监控

智慧城市中的视频监控、人脸识别和声音分析等安全技术可以通过云计算进行数据存储和处理，提高城市的安全性。

6. 智能城市规划

利用云计算分析大数据，城市规划者可以更好地了解人口流动、土地利用和建筑需求，从而进行更精准的城市规划。

7. 数字化政府服务

云计算使政府能够提供在线服务，如电子政务、在线纳税和数字健康记录，提高了公共服务的效率和可访问性。

8. 社区参与与互动

通过云计算支持的智慧城市应用，居民可以参与社区决策、提供反馈意见，并与政府进行互动。

总的来说，云计算为智慧城市技术提供了强大的计算和存储能力，促进了城市的智能化和可持续发展。

参考文献

［1］郭栋，王伟，曾国荪.一种基于微服务架构的新型云件PaaS平台[J].信息网络安全，2015（11）：15-20.

［2］贾坤濉，廖豿武，刘莹.竞争市场环境软件即服务提供商最优定价策略[J].系统管理学报，2019，28（02）：209-221.

［3］刘正伟，文中领，张海涛.云计算和云数据管理技术[J].计算机研究与发展，2012，49（S1）：26-31.

［4］刘红波，赵晔炜.智慧安全：城市公共安全管理的新趋势[J].华南理工大学学报（社会科学版），2015，17（03）：62-68.

［5］施巍松，张星洲，王一帆，等.边缘计算：现状与展望[J].计算机研究与发展，2019，56（01）：69-89.

［6］徐恩虎，凌卫青，王坚，等.基于云计算的面向智能交通海量信息的高性能计算支撑公共服务框架[J].机电产品开发与创新，2013，26（01）：87-89.

［7］岳冬利，刘海涛，孙傲冰.IaaS公有云平台调度模型研究[J].计算机工程与设计，2011，32（06）：1889-1892，1897.

［8］郑禄鑫，张健.云安全面临的威胁和未来发展趋势[J].信息网络安全，2021，21（10）：17-24.

数智时代：打造智慧城市

☆ 第八章 ☆

区块链与智慧城市

随着科技的飞速发展，城市正迅速进化为智慧城市，而区块链技术则正成为构建智慧城市的重要数字基石。区块链作为一种去中心化、安全可信的分布式账本技术，正为智慧城市带来全新的机遇和解决方案，从城市治理到基础设施管理都在受益于这一技术的革新。

第一节　区块链的定义

区块链（Blockchain）是一种通过去中心化和去信任方式集体维护数据库可靠性的技术方案，通过密码学方法产生一串相关联的数据块，形成一个链式结构。每个数据块中都包含一定时间内的系统全部信息交流的数据，并生成数据指纹用于验证其信息的有效性和链接下一个数据块。区块链的去中心化特性意味着它不由单一实体控制，而是由网络中的多个节点共同维护和验证。

区块链的名称由"区块"和"链"两个部分组成。其中，一个"区块"代表着一段时间内发生的一组交易，这些交易被打包在一起，形成一个数据块。每个数据块都包含一个时间戳、交易数据和前一个数据块的哈希值。这些数据块按照时间顺序链接在一起，形成了一个不断增长的"链"，即区块链。

在传统的中心化数据库中，数据通常由一家机构或组织进行管理和控制，因而存在单点故障风险，容易被黑客攻击或内部操作误导，同时也无法提供真正的透明度。区块链通过分布在网络中的多个节点共同维护数据，去除了中心化的控制，使得数据更加安全可信。区块链由多个数据块组成，每个数据块包含一定数量的交易或信息，同时还包含前一个数据块的哈希值。这种链式结构确保了数据的时间顺序和不可篡改性。每个数据块的哈希值是根据其包含的数据计算得出的，一旦数据发生改变，哈希值也会发生变化，从而被其他节点察觉。这使得区块链成为一个高度安全的数据存储方式，难以被篡改或伪造。

区块链技术的应用领域广泛。在金融领域，区块链可以用于实现去中心化的数字货币，提高交易速度和降低交易成本。在供应链管理中，区块链可以实现产品的全程追溯，提高产品来源的可信度。数字身份认证也可以借助区块链技术实现更安全、可控的身份验证。智能合约则为自动化的合约执行提供了可能，无须第三方干预即可完成交易。区块链作为一种创新性的分布式账本技术，正在改变着我们的社会和经济模式。通过其去中心化、安全可信的特性，为数据管理和交易带来了全新的范式，为构建智慧城市提供了坚实基础。

第二节　区块链的发展历程

一、起源

区块链技术的起源可以追溯到2008年，一篇署名中本聪（Satoshi Nakamoto）的论文《比特币：一种点对点的电子现金系统》发布在一个密码学论坛上。这篇论文详细阐述了一种去中心化的数字货币系统，其中引入了"区块链"这一概念作为交易记录的基础架构。2009年，中本聪发布了比特币的开源代码，并在比特币网络上线，它标志着区块链技术的首次实际应用。初期的区块链概念主要集中在比特币的交易和安全机制上。比特币的区块链用于记录和验证交易，通过工作量证明（Proof of Work）机制保障了交易的可信度。在这一阶段，区块链的应用被局限在了数字货币领域，还未被广泛认知和应用。

二、智能合约

随着时间的推移，人们开始认识到区块链技术的潜力不仅仅局限于数字货币领域。2013年，以太坊（Ethereum）的创始人维塔利克·布特林（Vitalik Buterin）提出了一种全新的区块链平台，引入了智能合约的概念，这标志着区块链技术的多领域拓展阶段的开始。智能合约是一种自动执行的合约，其中的条款和条件被编码到区块链中。一旦满足特定条件，合约将自动执行，从而实现无须中间人的交易。以太坊的智能合约使得区块链能够实现更为复杂的应用，如去中心化的应用程序、数字资产发行和管理等。

三、多样化发展

随着对区块链技术的深入研究和不断创新，出现了许多不同类型的区块链平台和协议。根据区块链节点的类型，可以将区块链系统分为公有链、私有链和联盟链。

公有链是最为典型的区块链形式，例如比特币和以太坊，它们是开放的、去中心化的网络，任何人都可以参与其中。私有链则是面向特定组织或企业，具有更高的隐私性和可控性。联盟链则是多个组织合作维护的区块链网络，兼具隐私性和共识机制的优势。

在共识机制方面，区块链技术也进行了多样化的创新。除了比特币的工作量证明，还有权益证明、委托权益证明等机制出现，以满足不同需求下的共识要求。

此外，随着隐私保护问题的凸显，许多区块链项目开始关注如何保护用户数据的隐私。零知识证明、同态加密等技术逐渐被引入，实现了在区块链上进行数据验证和计算而不泄露实际数据的方法。

第三节　区块链的基本原理

区块链作为一项革命性的分布式账本技术，正逐渐改变着社会、经济和科技的格局。其核心原理包括去中心化、分布式账本、共识机制和加密技术，这些原理共同构成了区块链的基本结构和运作机制。本章将深入探讨这些基本原理，以帮助读者更好地理解区块链技术的本质和应用。

一、去中心化

区块链技术以其去中心化的特点，引领着信息社会的变革，从金融到供应链，从数字身份到智能合约，都在不同程度上受益于这一原理。去中心化不仅是区块链技术的核心特征，也是其与传统中心化系统的本质区别。

去中心化是指消除独立机构或个人控制数据的过程，以促进数据的交流和共享。传统的中心化系统依赖于单一实体来管理和维护数据、决策和操作，但这也带来了单点故障的风险。区块链技术通过将权力和控制分散到网络中的多个节点上，实现了去中心化。这些节点可以是个人、组织或设备，它们共同参与数据的创建、验证和维护，形成一个共识机制。去中心化的优势如下：

1. 分散的权力和控制

在去中心化的区块链网络中，决策和控制权不再集中在少数机构手中。每个参与节点都有平等的权力，可以监督和验证数据的合法性。这有效地避免了单一机构的权力滥用。

2. 高鲁棒性和安全性

由于没有单一的中心点，去中心化系统更具鲁棒性。即使部分节点出现故障或被攻击，其他节点仍然能够维持系统的运行。这使得区块链系统在安全性方面更为强大。

3. 去除中间人

去中心化技术消除了中间人的需求，减少了交易的时间和成本。传统的金融和跨境支付通常需要多个中介机构，而区块链可以直接将交易双方连接起来，实现点对点的交易。

4. 透明度和防篡改性

区块链的去中心化结构使得所有的交易和数据记录都是公开透明的。每个参与节点都可以查看和验证交易历史，从而防止数据被篡改。一旦数据被添加到区块链中，就无法被修改，从而保障了数据的不可篡改性。

5. 支持社会创新

去中心化的特性促进了社会创新。它为创业者、开发者和创新者提供了一个开放的平台，可以在其基础上构建各种应用，从数字身份认证到智能合约。

然而，去中心化也面临着挑战。分散的决策和共识过程可能会导致效率较低，尤其是在涉及大量参与节点的情况下。此外，区块链的去中心化也带来了一些法律和监管问题，需要逐步解决。总的来说，区块链的去中心化原理在重新定义信息社会的同时，也提出了一些有待解决的问题。随着技术的不断发展，区块链有望在更多领域实现去中心化的应用，从而创造更加开放、安全和可信赖的网络环境。

二、分布式账本

区块链技术的核心之一就是分布式账本，它是实现去中心化、透明、安全的交易和信息记录的关键。分布式账本通过创新的方式重新定义了数据存储和管理，为各个领域带来了深远的影响。

传统的中心化数据库通常由中心机构或第三方控制和管理，容易受到单点故障、篡改和信息不对称的威胁。分布式账本则采用了全新的方法，将数据分布在网络中的多个节点上，每个节点都有完整的账本副本。这种结构消除了中心化的控制，同时确保了数据的安全性、完整性和透明性。

其主要特点包括：

透明性：所有节点都可以查看账本的完整历史记录，保证了数据的透明性和可验证性。

不可篡改性：一旦数据被添加到账本中，就无法被修改或删除。这种不可篡改性依赖于密码学技术和哈希算法以及共识机制保护数据的安全性和可信度。

安全性：分布式账本的安全性来自于数据的分布和加密机制，使得数据不易被攻击或篡改。

分布式账本的机制是基于区块链技术的，它由一个个数据块组成，每个数据块包含了一定数量的交易或信息。这些数据块通过哈希值连接在一起，形成了一个不断延伸的链式结构，称为区块链。数据在分布式账本中的记录过程如下：

交易记录：当发生交易时，交易信息被广播到网络中的各个节点。

验证与共识：节点通过共识机制（如工作量证明、权益证明等）验证交易的合法性，并决定将哪些交易打包成一个新的数据块。

添加到区块链：验证通过的交易被打包成一个数据块，该数据块包含了前一个数据块的哈希值，然后数据块被添加到区块链的末尾。

不可篡改性：一旦数据块被添加到区块链中，其中的信息就不可更改。这是因为每个数据块的哈希值都是基于前一个数据块的哈希值和包含的数据计算得出的，如果有人试图更改一个数据块的信息，那么所有后续数据块的哈希值都会发生变化，从而被其他节点察觉。

通过这种机制，分布式账本实现了数据的时间顺序、不可篡改性和去中心化。这为金融、供应链管理、数字身份认证等多个领域提供了可靠的数据管理和交易基础。

三、共识机制

区块链共识机制是区块链技术中的关键概念之一，它解决了分布式网络中多个节点之间如何达成一致的问题，确保了交易的可靠性和数据的一致性。共识机制使得区块链成为一个去中心化的系统，无须信任中央权威，每个节点都可以参与验证和记录交易，从而实现了安全、可靠的数据存储和交易过程。在区块链中，不同的共识机制采用不同的方式来确保网络中的节点就交易的合法性达成一致。目前，主要的共识机制包括工作量证明、权益证明、委托权益证明等。

工作量证明机制最早被应用在比特币中的共识机制。在这种机制下，节点需要通过解决一个数学难题来获得记账权，解决数学难题需要大量的计算能力。第一个解决问题的节点将其结果广播给网络，其他节点进行验证。该节点验证正确后，交易被确认，并被添加到区块链上。

在权益证明机制中，节点的记账权不再取决于计算能力，而是由其持有的加密货币数量决定。持有更多加密货币的节点拥有更高的概率成为记账节点。这种机制减少了计算能力消耗，但依然保障了网络的安全性。

委托权益证明机制是权益证明机制的一种改进版本，它引入了代表节点的概念。持币人可以投票选举代表节点，代表节点负责进行验证和记账。这种机制增加了网络的效率，减少了共识过程的复杂性。

共识机制的作用是确保网络中节点之间的一致性，防止双重支付等问题。它为区块链网络提供了安全性、稳定性和可信度。然而，不同的共识机制也面临一些挑战。其中包括：

能源消耗：工作量证明机制需要大量的计算能力，导致能源消耗问题。

效率问题：工作量证明机制的交易速度较慢，由于需要解决复杂难题，导致网络的吞吐量受限。委托权益证明机制和权益证明机制等机制在交易速度方面相对较快，但仍可能存在效率问题。

安全性和中心化风险：委托权益证明机制和权益证明机制中，持币人越多的节点获得的记账权越高。这可能导致一些大持币人形成中心化，进而影响网络的去中心化特性。

随着区块链技术的不断发展，共识机制也在不断创新。一些新的共识机制如权益证明的变种、拜占庭容错等正在被探索，以解决现有机制的局限性。同时，为了降低能源消耗，绿色能源和能效技术在共识机制中的应用也日益受到关注。总体而言，共识机制是区块链技术的基石之一，它为去中心化、安全、透明的数据管理提供了支持。随着技术的不断进步，共识机制有望进一步演化，为区块链在金融、供应链、智能合约等领域的应用提供更强大的支持。

四、加密技术

加密技术为区块链的安全性、隐私保护和数据完整性提供了坚实的基础。加密技术在区块链中发挥着重要作用，确保了交易和信息的安全性，使得区块链成为一个可信赖的分布式账本系统。在区块链中，加密技术主要用于以下几个方面。

隐私保护：加密技术可以保护参与者的身份和交易信息。在区块链上，虽然所有交易都是公开的，但参与者的身份可以通过加密技术来保护，确保交易的隐私性。

数据安全：加密技术可以防止数据被未经授权的人访问和篡改。区块链中的数据通过加密进行存储和传输，保证了数据的安全性和完整性。

数字签名：数字签名是加密技术的重要应用，用于验证交易的真实性和完整性。每个交易都会被数字签名，只有拥有私钥的人才能够对交易进行签名，确保交易没有被篡改。

访问控制：区块链通过加密技术设置不同级别的访问权限，只有具有相应权限的用户才能够查看和操作数据。

在区块链中，主要使用了两种加密技术：非对称加密和对称加密。其中，非对称加密使用一对密钥，分别是公钥和私钥。公钥可以公开分享，任何人都可以使用它对数据进行加密，但只有持有与之匹配的私钥的人才能够解密。非对称加密用于交易的加密和数字签名，确保数据的机密性和真实性。对称加密使用相同的密钥对数据进行加密和解密。虽然对称加密速度较快，但密钥的传输和管理可能会带来风险。在区块链中，对称加密通常用于数据传输的加密，确保数据在传输过程中不被窃取或篡改。

除了传统的加密技术，区块链还引入了零知识证明技术，用于在保护隐私的同时验证信息的真实性。零知识证明允许证明者向验证者证明自己知道某个事实，而无须揭示实际的信息。这意味着一个人可以在不泄露实际数据的情况下，证明自己拥有某个信息。例如，假设某人希望证明自己年满18岁，但不想透露具体年龄。使用零知识证明，该人可以向验证者证明自己拥有可以证明成年的信息，而无须透露实际年龄。在区块链中，零知识证明技术可以用于验证交易的真实性、用户的身份等，保护隐私的同时确保信息的可信度。

加密技术在区块链中具有重要作用，它保障了交易的安全性、隐私保护和数据完整性。通过非对称加密、对称加密和零知识证明技术，区块链实现了用户身份的保护、交易的可靠性以及数据的安全传输。

第四节　区块链在智慧城市中的应用

区块链作为一项颠覆性的分布式账本技术，逐渐在各个领域引起广泛的关注和应用，其中智慧城市领域尤为显著。智慧城市旨在通过科技创新，提升居民的生活质量、环境可持续性和城市运行效率。区块链技术以其去中心化、安全性和透明性的特点，为智慧城市的建设和发展带来了新的机遇。

一、城市治理与透明度

区块链给城市治理的透明度和公正性带来了深远的影响。在智慧城市的建设中，政府机构可以借助区块链技术搭建透明的政务平台，通过将政策信息、预算分配、决策过程等关键数据记录在不可篡改的分布式账本上，实现城市治理的更高水平透明度和更大程度公正性。这一举措不仅有助于解决腐败问题，还能够增强市民的参与感，促进城市的良性发展。

在传统的城市治理中，政府的政策制定、资金分配和决策过程通常存在着信息不对称和透明度不足的问题。这种情况容易导致市民对政府的不信任，甚至助长了腐败现象的滋生。而区块链技术通过其去中心化和不可篡改的特性，为政府提供了一个创新的方式来提高治理透明度，实现公正决策。

政府可以将政策制定、预算分配、项目决策等关键信息记录在区块链上，确保这些数据无法被篡改。这样一来，市民就可以通过公开的区块链数据，了解政府的各项决策和行动。同时，政府也可以通过智能合约等技术手段，将决策的过程和条件固化在区块链上，确保决策的公正性和合法性。这种方式不仅能够有效减少信息不对称，还能够降低腐败发生的可能性，增强市民对政府的信任感。

另外，政府还可以借助区块链技术实现更开放的决策过程。通过建立基于区块链的平台，政府可以邀请市民参与决策讨论、投票表决等，实现民主决策的过程透明化。这种方式能够让市民直接参与城市事务的决策，增强市民的参与感和归属感。而且，这种开放的决策过程也能够避免政府的决策出现偏颇，更加符合广大市民的利益。

然而，要实现区块链技术在城市治理中的广泛应用，也面临一些挑战。首先，技术的普及和推广需要一定的时间和资源投入。其次，区块链技术的安全性和隐私保护也需要得到保障，以免造成数据泄露等问题。此外，政府和市民对于区块链技术的理解和接受度也需要不断提高。

总的来说，区块链技术为智慧城市的治理提供了一种新的思路和工具。通过搭建透明的政务平台、实现开放的决策过程，政府可以增强治理的透明度和公正性，推动城市朝着更加开放、公平、可信赖的方向发展。

二、数字身份认证与隐私保护

在智慧城市的建设中，数字身份认证和隐私保护成为重要的议题。传统的身份认证方式存在许多弊端，包括信息泄露、身份盗用等问题，而区块链技术为数字身份认证和隐私保护提供了全新的解决方案，旨在确保居民的个人信息安全，并提供更加便捷的身份验证方式。

在智慧城市中，每个居民可能需要在各种场景下进行身份验证，如进入公共交通、使用城市设施、参与政务办理等。传统的身份认证方式需要居民提供大量个人信息，这些信息通常存储在各个机构的中心化数据库中，容易成为黑客攻击的目标，存在严重的信息泄露风险。而区块链技术通过去中心化的特点，能够将居民的身份信息加密存储在分布式账本上，确保个人信息不会集中存储在某个地方，从而大大降低了信息被盗用的可能性。

区块链数字身份认证的核心在于去中心化的身份管理。每个居民在区块链上都有一个唯一的数字身份，这个身份由一个或多个身份提供者验证并记录在区块链上。居民的个人信息被加密存储，只有通过私钥授权的用户才能够访问。这意味着，在需要验证身份的情况下，居民只需使用自己的私钥进行身份认证，无须提供敏感信息，从而降低了信息泄露的风险。

通过区块链技术实现的数字身份认证和隐私保护，不仅提高了个人信息的安全性，也增加了便利性。居民可以在不同的场景下使用同一份数字身份认证，避免了多次提供个人信息的烦琐过程。同时，这也有助于解决跨平台身份认证的问题，促进了不同机构间的数据共享与协作。

然而，实现区块链数字身份认证也面临一些挑战。首先，技术的普及和应用需要一定的时间和资源。其次，隐私保护需要得到充分保障，确保个人信息不会被滥用。此外，政府和企业需要共同努力，建立合适的法律法规和标准，以确保数字身份认证的合法性和可靠性。

综上所述，区块链技术为智慧城市中的数字身份认证和隐私保护提供了强大支持。通过去中心化、加密和零知识证明等技术手段，区块链能够实现安全、便捷、隐私保护的数字身份认证，为智慧城市的可持续发展创造更加安全和可信的环境。

三、智慧交通

在现代城市中，交通和出行问题一直是影响城市运行效率和市民生活质量的重要因素。随着城市人口的增长和车辆数量的增加，交通拥堵、交通事故等问题日益突出。然而，区块链技术的出现为解决这些问题提供了全新的可能性，使智能交通与出行成为智慧城市建设的重要方向之一。

智能交通系统的建设是智慧城市的关键组成部分，区块链技术在其中扮演着重要的角色。通过区块链技术，交通数据、车辆信息、道路状况等关键信息可以被安全地记录在分布式账本上，实现实时的数据共享和交换。这样的数据共享不仅可以提高交通管理的效率，还可以减少交通拥堵和事故发生的可能性。

在智能交通系统中，区块链技术可以实现以下几个方面的优化。

实时数据共享：交通数据的实时共享对于交通管理至关重要。区块链技术可以确保数据的实时更新和不可篡改性，使得交通管理部门可以根据实际情况做出更准确的决策，提高交通流量的管理效率。

车辆信息管理：区块链技术可以记录车辆的所有权、保险信息、维护记录等。这些信息可以被车辆主人、执法部门等授权访问，减少了信息不对称和虚假信息的问题，确保了车辆信息的真实性和可信度。

道路状况监测：通过智能传感器等设备，区块链技术可以记录道路的实时状况，如道路拥堵情况、道路施工等。这些信息可以被导航系统等应用实时使用，帮助驾驶员选择最优路径，减少拥堵和出行时间。

此外，区块链技术还可以支持智能车辆的通信和协作，进一步优化城市的交通和出行体验。智能车辆可以通过区块链实现车辆间的互联互通，共享交通信息、道路状况等数据，避免事故和拥堵。同时，区块链技术还可以为自动驾驶车辆提供安全的通信平台，确保车辆之间的信息传输不受干扰。

然而，实现智能交通与出行也面临一些挑战。首先，区块链技术的应用需要得到政府和相关机构的支持和合作，需要建立相应的标准和规范。其次，数据隐私和安全问题需要得到充分保障，避免个人信息被滥用。最后，还需要解决跨地区、跨平台的数据共享和互操作性问题。

综上所述，区块链技术在智能交通与出行领域的应用为解决城市交通问题带来了新的可能性。通过实现实时数据共享、车辆信息管理、道路状况监测等功能，区块链技术可以提高交通管理的效率，优化市民的出行体验。随着技术的不断发展和应用的推广，智能交通与出行有望在智慧城市建设中发挥越来越重要的作用。

四、能源管理和环境保护

在智慧城市建设中，能源管理和环境保护是重要的课题。随着城市人口的不断增加和能源消耗的不断上升，实现能源的高效利用和环保可持续发展成为亟待解决的问题。区块链技术作为一项创新的工具，为智慧城市的能源管理和环保提供了新的解决方案，有望推动城市朝着更加可持续的方向发展。

在智慧城市中，能源生产、分配和消耗的信息通常涉及多个参与方，包括能源供应商、居民、企业等。传统的能源管理方式可能存在信息不对称、数据分散等问题，难以实现高效的能源利用。而区块链技术可以建立分布式的能源管理系统，将能源相关数据记录在不可篡改的分布式账本上。

通过区块链技术实现的分布式能源管理系统具有以下优势：

能源交换与共享：区块链技术可以使能源交换更加便捷和高效。居民可以根据自身的能源需求和生产能力，在区块链平台上与其他参与者进行能源交换。这种分布式的能源交换模式可以促进清洁能源的使用，提高能源的利用效率。

去中心化的能源市场：区块链技术可以创建一个去中心化的能源市场，居民和企业可以通过智能合约在市场上自由交易能源。这种方式能够打破传统垄断，促进竞争，降低能源成本，推动可再生能源的普及和使用。

能源来源溯源：区块链技术可以追踪能源的生产和来源，确保能源的可持续性和环保性。通过记录能源的产地、生产过程等信息，消费者可以了解能源的环保属性，从而做出更加环保的能源选择。

此外，区块链技术还可以在智慧城市的环保领域发挥重要作用。智慧城市需要实时监测环境数据，如空气质量、水质状况等。区块链技术可以用于环境数据的记录和存储，确保数据的真实性和透明度。此外，区块链技术还可以用于跟踪碳排放情况，帮助城市实现碳中和和可持续发展目标。

综上所述，区块链技术在智慧城市的能源管理和环保领域具有巨大的潜力。通过建立分布式能源管理系统，促进能源交换和共享，推动清洁能源的使用，区块链技术有望助力城市实现高效能源利用和环保可持续发展。同时，区块链技术还可以支持环境数据的监测和碳排放的跟踪，为智慧城市的可持续发展贡献力量。

五、金融与支付

智慧城市的建设涉及庞大的资金流动和复杂的金融交易，而区块链技术为金融和支付领域带来了革命性的改变。它可以为智慧城市的金融体系提供更安全、高效、透明的支付和清算解决方案，同时也能够支持新型支付模式的发展，如微支付和共享经济。在这一领域，区块链技术的应用正逐步改变着城市金融的格局。

城市内部支付与清算：在智慧城市中，涉及公共服务费用、物业管理费、交通费用等各种支付。传统的支付方式可能涉及多个中介机构，交易过程烦琐且费用较高。区块链技术可以实现城市内部支付和清算的去中心化，减少中介环节，降低交易成本和时间。居民可以通过区块链平台实现直接的点对点支付，提高支付的便捷性。

城市间支付与结算：智慧城市之间可能也存在着各种交易，如城市之间的合作项目、资源共享等。区块链技术可以跨越地域和机构，支持城市之间的支付和结算。由于区块链技术的不可篡改性和透明性，城市之间的交易可以更安全、透明，减少争议和纠纷。

微支付和共享经济：微支付和共享经济模式在智慧城市中越来越受欢迎。例如，人们可能通过共享单车、共享汽车等方式进行短途出行，这涉及频繁的小额支付。区块链技术可以实现安全的微支付，避免了中心化支付平台的风险，同时也降低了支付的成本。此外，区块链技术还可以构建信任机制，确保共享经济中的交易安全可信。

数字货币与中央银行数字货币：区块链技术为数字货币的发展提供了可能。全球多国央行正在探索和发展中央银行数字货币，这是一种基于区块链技术的数字化货币形式。中央银行数字货币可以为智慧城市的金融系统带来更高的效率和可操作性，促进数字化支付的普及。

然而，在金融与支付领域，区块链技术的扩展性和性能问题需要得到解决，以满足大规模支付的需求。其次，隐私保护和合规性也是需要重点关注的问题，确保用户的个人信息和交易数据得到充分保护。

综上所述，区块链技术在智慧城市的金融和支付领域有着广泛的应用前景。通过实现城市内部和城市间的支付与清算、支持微支付和共享经济、推动数字货币发展等方式，区块链技术可以为城市金融体系带来更高效、安全、透明的解决方案，推动智慧城市金融的创新和发展。

第五节　区块链与智慧城市发展趋势

随着区块链技术的不断演进和应用拓展，其未来发展呈现出一系列令人瞩目的趋势。这些趋势将在智慧城市建设中发挥关键作用，为城市的可持续发展和创新提供新的可能性。

跨链互操作性：随着区块链网络的增多，不同区块链之间的互操作性成为一个重要的问题。未来，将出现更多解决不同区块链互相通信和数据交换的技术，从而实现更大范围的数据流动和价值传递。在智慧城市中，跨链互操作性将促进不同城市之间的合作与共享，实现更加智能化和高效的城市管理。

扩展性与性能优化：当前区块链技术的扩展性和性能问题仍然是制约其应用范围的挑战之一。未来的发展将聚焦于提高区块链的吞吐量、降低交易延迟，以适应大规模的城市应用。这将使得智慧城市中的数据处理更为高效，加速决策和服务的提供。

隐私保护与身份管理：随着数字化的进一步发展，隐私保护和数字身份管理将成为重要议题。未来的区块链技术将进一步完善隐私保护机制，确保个人数据在交易和应用中得到安全保护。同时，更加先进的身份管理系统将提供更便捷、安全的数字身份认证方式，为智慧城市的居民提供更好的数字生活体验。

环境友好型技术：传统的区块链技术对能源消耗和环境影响较大。未来的区块链技术将更加注重能源效率和环保，采用更为环境友好的共识机制和能源管理方式。这将有助于实现智慧城市的可持续发展目标，将创新技术与环保理念相结合。

总的来说，区块链技术在智慧城市的未来展望中将扮演至关重要的角色。它将推动城市管理的智能化、民主化和可持续发展，为市民提供更加便捷、高效、安全、宜居的城市环境。随着技术的不断演进，区块链智慧城市有望成为人类社会发展的新潮流，为城市美好未来的实现铺平道路。

参考文献

［1］陈涛，马敏，徐晓林.区块链在智慧城市信息共享与使用中的应用研究[J].电子政务，2018（07）：28-37.

［2］贺海武，延安，陈泽华.基于区块链的智能合约技术与应用综述[J].计算机研究与发展，2018，55（11）：2452-2466.

［3］邵奇峰，金澈清，张召，等.区块链技术：架构及进展[J].计算机学报，2018，41（05）：969-988.

［4］薛腾飞，傅群超，王枞，等.基于区块链的医疗数据共享模型研究[J].自动化学报，2017，43（09）：1555-1562.

［5］袁勇，王飞跃.区块链技术发展现状与展望[J].自动化学报，2016，42（04）：481-494.

［6］曾诗钦，霍如，黄韬，等.区块链技术研究综述：原理、进展与应用[J].通信学报，2020，41（01）：134-151.

☆　第九章　☆

元宇宙与智慧城市

　　元宇宙是一个虚拟的数字世界，是通过虚拟现实、人工智能等技术创造出的一个独立于现实世界的数字化环境。而智慧城市则侧重于将数字化技术应用于城市管理和服务，实现城市的高效、便捷、可持续发展。本章从不同维度探讨元宇宙与智慧城市的融合。

第一节　元宇宙的定义

　　2021年，元宇宙（Metaverse）引起广泛关注，成为炙手可热的概念。元宇宙是虚拟现实、增强现实、人工智能等技术整合而成的数字虚拟社会形态。它不仅仅是一个娱乐空间，更是一个与现实世界相互交织、互动的数字化空间，拥有无限的可能性。本文将从不同角度深入探讨元宇宙的定义以及它可能带来的影响。

一、元宇宙的本质

元宇宙是一个虚拟的数字世界，由计算机生成的3D图像和声音、虚拟现实技术和人工智能等技术构建而成。它扩展了人类的现实感知和体验，创造了一个与现实世界相互融合的虚拟社会形态。元宇宙的本质包括以下几个关键特点。

虚拟世界与现实世界融合：元宇宙将虚拟世界与现实世界紧密连接。通过虚拟现实技术，人们可以在元宇宙中感受到逼真的体验，与其他用户进行互动、社交，创造出一个更广阔的虚拟环境。

数字身份与社交互动：在元宇宙中，人们可以创建虚拟的数字身份，通过个性化的虚拟形象进行社交活动。这种虚拟身份不受物理限制，赋予了人们更多创造和表达的自由。

数字经济与创意创新：元宇宙为创作者和开发者提供了创新和创造的平台。在这个虚拟世界中，人们可以创造虚拟商品、数字艺术作品、虚拟土地等，从而催生了全新的数字经济体系。

二、元宇宙的构成要素

元宇宙的构成要素是多样的，涵盖了多种支撑技术和虚拟内容。以下是构成元宇宙的几个要素。

虚拟现实技术：虚拟现实技术是元宇宙的基础，通过头戴式显示设备和手柄等工具，让用户沉浸到虚拟环境中。这种技术创造了逼真的感官体验，使用户能够与元宇宙中的内容进行互动。

人工智能：元宇宙中的虚拟角色和环境往往由人工智能技术控制。人工智能使得元宇宙中的虚拟角色和情境更加自然和智能化，增强了用户的沉浸感和参与感。

区块链技术：区块链技术在元宇宙中具有重要作用，它可以确保虚拟资产的真实性、唯一性和所有权。区块链技术还可以支持虚拟经济的发展，实现虚拟商品和虚拟土地的交易。

数字身份和社交网络：元宇宙中的用户通过虚拟的数字身份进行社交互动。数字身份的创建和管理将成为元宇宙中一个重要的要素，它将影响到用户的社交关系、合作和互动方式。

三、元宇宙的影响与未来展望

元宇宙正逐渐改变着人们的生活方式、社会结构和经济格局，将给社会发展带来重要影响。

数字社交和协作：元宇宙将推动社交和协作方式的变革。人们可以通过虚拟的数字身份在元宇宙中进行社交，进行虚拟空间内的交流和合作，这将重构人际关系。

虚拟经济和数字资产：元宇宙中的虚拟经济将逐渐成长为一个重要的经济体系。虚拟商品、虚拟土地、数字艺术品等在元宇宙中的价值将得到认可，数字资产的交易和投资也将成为现实。

创意创新和数字文化：元宇宙为创作者和开发者提供了广阔的发展平台，促进了创意创新和数字文化的繁荣。虚拟现实中的艺术、娱乐、教育等领域将得到前所未有的创新。

数字隐私和安全：元宇宙中的数字身份和数据隐私问题将成为关注的焦点。随着用户在虚拟空间中的活动越来越多，如何保护数字隐私和安全将是一个重要的挑战。

元宇宙代表着数字化时代的一种前沿探索。它将虚拟世界与现实世界紧密交织，为人类创造出一个充满可能性的数字虚拟社会形态。虽然元宇宙的发展还处于初期阶段，但它已经在娱乐、社交、经济等领域展现出了巨大的潜力。未来，随着技术的不断进步和应用的深化，元宇宙有望成为人类社会发展的新引擎，为我们打开更广阔的数字化未来。

第二节　元宇宙的发展历程

元宇宙的发展历程充满了科技创新、想象力的蓬勃迸发以及不断超越界限的探索。从最早的虚拟现实实验到如今的复杂数字生态系统，元宇宙的发展经历了多个阶段，每个阶段都为其未来的演进奠定了坚实的基础。

1. 早期虚拟现实探索（20世纪90年代）

元宇宙的雏形可以追溯到20世纪90年代，当时虚拟现实技术引起了人们的浓厚兴趣。虚拟现实系统和设备开始涌现，人们对于模拟的虚拟体验产生了好奇。然而，当时的技术受到了硬件和软件限制，虚拟现实仍然局限在实验室环境和一些实验性的应用中。

2. 网络社区和虚拟世界兴起（2000年代初）

随着互联网的普及，虚拟社区和虚拟世界开始进入人们的视野。2000年代初，大规模多人在线角色扮演游戏如《魔兽世界》，和虚拟社交平台如Second Life开始走红。这些虚拟世界不仅为用户提供了虚拟的社交和娱乐空间，还是社交互动和连接得到了全新的发展和拓展。

3. 虚拟现实技术的复兴（2010年代）

进入2010年代，虚拟现实技术经历了一次复兴。Oculus Rift等头戴式虚拟现实设备的推出引发了科技界和消费者的关注，为虚拟体验提供了更深入的沉浸体验。这种技术的复兴为元宇宙的实现提供了新的可能性，人们开始思考如何将虚拟世界与现实世界有机地融合。

4. 融合虚拟现实与增强现实（2010年代中期）

在2010年代中期，虚拟现实和增强现实逐渐开始融合，创造了更广泛的体验。增强现实技术将数字信息叠加到现实世界中，为用户提供更丰富的信息。同时，虚拟现实技术使用户能够完全投入到虚拟世界中。这种融合为元宇宙的发展带来了更多的可能性，扩大了虚拟体验的范围。

5. 社交虚拟世界和数字资产的崛起（2020年代）

进入2020年代，社交虚拟世界和数字资产开始崭露头角。游戏如Fortnite和虚拟社交平台如VRChat成为人们社交和娱乐的场所。同时，NFTs（Non-Fungible Token System，非同质化代币系统）和加密货币的兴起为数字资产的创建和交易提供了新的途径。这种数字资产的兴起为元宇宙的经济系统提供了基础，促进了元宇宙内部的价值流通。

6. 数字生态系统的崛起（2020年代中期）

当前，元宇宙正在向着成为一个更为复杂和多元化的数字虚拟社会形态迈进。虚拟现实、增强现实、人工智能、区块链等技术相互融合，为元宇宙创造了更为丰富的体验。这一阶段元宇宙不仅是一个单一的虚拟空间，还包含了多种技术和内容，涵盖了社交、娱乐、商业、教育等各个领域。

未来，元宇宙有望继续发展。技术的不断创新将使虚拟体验更加逼真，用户能够在数字世界中进行更多的互动。然而，元宇宙的发展也面临一些挑战，如数字身份的管理、隐私保护、治理机制等。如何在数字世界中建立安全、公正和可持续的生态系统，是元宇宙发展的关键问题。

从虚拟现实技术的探索到数字生态系统的崛起，元宇宙的发展历程充分展示了人类的创新精神和科技进步的力量。元宇宙的未来将更加多元化，影响人类社交、娱乐等多个方面。无论如何，元宇宙的发展充满着无限的可能性，我们期待它在未来创造出令人惊叹的数字世界。

第三节　元宇宙的基本技术

元宇宙作为一个数字化的虚拟世界，其实现离不开一系列先进的技术支持。这些技术相互交织，为元宇宙的沉浸式体验、社交互动和经济交易等提供了基础。下面介绍元宇宙的基本技术要素。

一、虚拟现实技术

虚拟现实技术（Virtual Reality， VR）是元宇宙的重要支柱，它为用户创造了身临其境的虚拟体验，将用户带入了一个令人兴奋和多样化的数字世界。通过头戴式显示设备、手柄等工具，虚拟现实技术能够创造出逼真的视觉、听觉和触觉感受，让用户感觉置身于一个全新的环境中。

在虚拟现实技术的背后，存在着一系列的创新。头戴式显示设备是虚拟现实的核心部件，通过高分辨率的屏幕和镜片将数字内容投射到用户的眼前，创造出沉浸式的视觉效果。这些设备还会追踪用户的头部和眼睛运动，以便实时调整视角和图像，使用户的视觉体验更加真实。

此外，虚拟现实技术还包括声音和触觉方面的创新。虚拟环境中的音效能够根据用户的位置变化来调整，使得用户可以在听觉上感受到身临其境的效果。触觉反馈技术也在不断发展，一些设备能够通过震动、压力等方式模拟触觉感受，增强用户的沉浸感。

虚拟现实技术在元宇宙中的应用广泛而多样。在元宇宙中，用户可以穿越时间和空间，探索虚拟城市、奇幻世界和历史场景等。他们可以与虚拟环境中的其他用户互动，共同完成任务等。这种沉浸式体验为用户创造了与现实世界截然不同的交互方式，也为元宇宙的社交、娱乐等领域提供了全新的可能性。

总的来说，虚拟现实技术为元宇宙的沉浸式体验提供了基础，让用户可以在数字世界中尽情探索、互动和创造。随着技术的发展，我们可以期待虚拟现实技术在元宇宙中发挥越来越重要的作用，为用户带来更加丰富、逼真的虚拟体验。

二、增强现实技术

增强现实技术（Augmented Reality，AR）在元宇宙的构建中具有重要作用，它将虚拟元素与现实世界相结合，为用户提供更丰富、更互动的感知方式，为用户创造了一种全新的体验。

AR技术通过在用户的视野中叠加数字信息，将虚拟的图像、文字、音效等元素融合到现实场景中。这样，用户可以在保持对现实环境的感知的同时，与虚拟内容进行互动。AR技术可以通过手机、平板电脑、AR眼镜等设备来实现，为用户带来沉浸式的增强现实体验。

在元宇宙中，AR技术能够创造丰富的交互和探索方式。用户可以使用设备查看现实世界，同时获取与虚拟元素相关的信息。举例来说，在游览城市时，AR技术可以为用户提供导航标记、历史信息、文化背景等，丰富他们对城市的了解和体验。此外，AR技术还能够在现实世界中呈现虚拟物品，如在家中设计家具、试穿服装等。

AR技术在元宇宙中的应用还涵盖了社交和协作领域。用户可以通过AR技术在现实世界中与虚拟角色进行互动，从而创造出更为丰富的交流方式。用户还可以在虚拟结合的共享环境中，对虚拟信息进行交互，完成相应的任务。

综上所述，增强现实技术为元宇宙的发展提供了丰富的可能性。它将虚拟世界和现实世界融合在一起，为用户创造了全新的交互和探索方式。随着技术的不断进步，我们可以期待AR技术在元宇宙中发挥越来越重要的作用。

三、虚拟世界建模与设计

虚拟世界建模与设计是构建元宇宙的重要环节，它涉及创作和布局虚拟世界中的各种元素，从场景到角色、道具等，以营造一个引人入胜、多样化的数字环境。这一过程需要设计师、艺术家和技术专家的协作，借助计算机图形学等技术，创造出逼真、交互性强的虚拟环境，为用户提供丰富的探索和互动体验。

虚拟世界场景建模：虚拟世界中的场景建模是创造元宇宙的起点。设计师利用计算机图形学技术，创建各种逼真的环境，如城市、森林、海滩等。这些场景不仅要具备视觉上的真实感，还需要考虑用户的互动需求，确保用户能够在虚拟世界中自由探索和交互。

虚拟角色和道具设计：元宇宙中的虚拟角色和道具是丰富用户体验的关键。设计师需要创作各种虚拟角色，赋予他们逼真的外表、动作和情感。道具设计也是重要的，它们可以用来丰富虚拟环境，为用户提供与之互动的机会。这些虚拟角色和道具的设计需要结合虚拟现实技术，确保它们在用户的视野中呈现出逼真的效果。

交互设计与用户体验：虚拟世界中的交互设计是为用户提供友好、流畅体验的关键。设计师需要考虑用户在虚拟环境中的操作方式、互动手段等，确保用户可以轻松地与虚拟世界进行互动。良好的用户体验可以增强用户的参与感和沉浸感。

逼真的视觉和音效：虚拟世界的逼真性是吸引用户的重要因素之一。设计师和艺术家利用高质量的图形渲染技术，创造出逼真的视觉效果，使用户仿佛身临其境。此外，音效也是不容忽视的，它能够增强用户的沉浸感，使用户在虚拟环境中拥有更加真实的体验。

多样的互动和任务设计：元宇宙中的用户期望能够进行多样化的互动和完成任务获得激励。设计师需要创造出各种类型的任务和互动方式，从探索、解谜到合作等，为用户提供丰富的娱乐方式。任务和互动的设计需要考虑用户的兴趣和需求，确保他们能够在虚拟世界中找到乐趣和满足感。

虚拟世界建模与设计是创造元宇宙的关键环节，它为用户提供了多样化、沉浸式的探索和互动体验。通过虚拟世界的创作，设计师和技术专家能够将他们的创意和想象力转化为一个独特的数字环境，为用户创造出与现实世界截然不同的虚拟体验。

四、数字身份和社交网络

数字身份和社交网络是虚拟社区的重要组成部分。以下是关于数字身份和社交网络在元宇宙中的进一步扩展。

数字身份技术：元宇宙中的用户需要一种方式用来在虚拟环境中标识自己，并与其他用户进行交流和互动。数字身份技术允许用户创建独特的虚拟身份，它可以是虚拟化的人物、角色、代表，甚至是个性化的符号或标识。这些虚拟身份代表了用户在虚拟世界中的存在，同时也是用户在社交互动和经济交易中的一种身份凭证。

身份验证和隐私保护：数字身份技术不仅可以帮助用户在元宇宙中建立身份，还可以用于身份验证和隐私保护。通过数字身份，用户可以访问特定的虚拟区域、执行特定的操作，并与其他经过身份验证的用户进行互动。此外，用户的隐私权也需要得到保护，数字身份技术可以通过加密和权限控制等方式确保用户的个人信息不被滥用或泄露。

社交网络与社区：元宇宙中的社交网络与现实世界中的社交媒体类似，允许用户与其他用户进行交流和合作。通过社交网络，用户可以建立虚拟朋友圈、加入虚拟社群，分享自己的经历、创作和观点。这些社交互动为用户创造了丰富的体验，使他们能够与来自全球各地的人互动，共同合作、创作和分享。

社交互动与合作：社交网络不仅仅是一种社交工具，还可以促进用户之间的互动和合作。用户可以一起完成虚拟世界中的任务，共同解决问题，甚至合作开发虚拟内容。这种社交互动和合作为元宇宙带来了更多元的可能性，在娱乐、教育和商业领域都可以获得积极的影响。

经济交易与社交商业： 在元宇宙中，用户不仅可以进行社交互动，还可以进行经济交易。虚拟经济中的商品、服务和虚拟资产需要一种交易方式，数字身份和社交网络可以为用户提供这种交易的基础。用户可以购买虚拟商品、出售虚拟资产，甚至建立虚拟企业，实现虚拟经济的繁荣发展。

数字身份和社交网络在元宇宙中具有广泛的应用，不仅为用户创造了社交互动的平台，还为经济交易、合作创新提供了基础。随着技术的不断发展和创新，我们可以预见，数字身份和社交网络将在元宇宙中发挥越来越重要的作用，为用户带来更丰富、更多样化的体验。

五、加密技术和数字资产管理

在元宇宙中，加密技术和数字资产管理起着至关重要的作用，它们不仅能保护用户数据和交易的安全性，还确保了虚拟资产的唯一性和真实性。

加密技术在元宇宙中用于多个方面，包括数据隐私保护、身份验证、交易加密等。通过加密，用户的个人信息和通信可以得到保护，防止被未经授权的用户获取。加密技术还可以用于数字身份的验证，确保用户在虚拟世界中的真实身份。此外，在虚拟经济中，加密货币和数字资产的交易也需要加密技术来确保交易的安全和隐私。

在元宇宙中，虚拟资产如虚拟商品、虚拟土地、数字艺术品等同样具有价值。数字资产管理涉及这些虚拟资产的创建、交易和管理。加密技术可以确保这些虚拟资产的唯一性，防止重复创建或盗窃。每个虚拟资产可以通过独特的加密标识进行标识，确保其在虚拟世界中的唯一性和所有权。

元宇宙中的数据需要保持不可篡改，以确保虚拟世界的真实性和可信性。区块链技术可以用于建立分布式的、不可篡改的数据存储，确保虚拟世界中的交易和资产记录无法被篡改或伪造。这为用户提供了一种可靠的方式来验证虚拟资产的来源和历史。

元宇宙中的虚拟经济需要一个安全、透明的数字资产交易平台。加密技术可以确保交易的安全性，防止虚拟资产的盗窃或篡改。数字资产交易平台可以使用加密货币进行交易，这些交易可以在区块链上得到记录，确保交易的透明性和不可逆转。

元宇宙中的数字艺术品和创作也需要得到保护。加密技术可以为数字艺术品创建数字签名，确保其来源和版权的可追溯性。这样，艺术家可以在虚拟世界中保护自己的作品免受盗版和侵权的侵害。

综上所述，加密技术和数字资产管理在元宇宙中起着保护用户隐私和资产、确保交易安全性和真实性的重要作用。这些技术不仅为虚拟世界的可信度和可持续性提供了基础，还为用户在元宇宙中的社交、经济活动提供了安全保障。随着元宇宙的发展，加密技术和数字资产管理将持续演进，为用户创造更加安全和可信赖的虚拟环境。

第四节　元宇宙在智慧城市中的应用

元宇宙作为一种数字虚拟世界，具有广泛的应用潜力，尤其在智慧城市的建设和发展中可以发挥重要作用。本节介绍元宇宙在智慧城市中的一些应用领域。

一、城市规划与设计

城市规划与设计是智慧城市建设的核心要素，而元宇宙的应用可以为这一领域带来革命性的改变。具体如下：

虚拟城市建模与实验：城市规划者可以利用元宇宙平台创建虚拟的城

市环境，包括建筑、道路、公园、交通系统等。他们可以在虚拟环境中测试不同规划方案、模拟不同发展路径下的城市效果。这使得城市规划者能够更准确地了解不同规划方案的效果，从而制定更科学合理的城市规划。

交互式可视化：元宇宙为城市规划者和市民提供了交互式的可视化工具，使他们能够直观地参与城市规划。市民可以通过虚拟现实设备进入虚拟城市，亲身体验不同规划方案带来的变化。这种沉浸式的体验可以促进市民的参与，使城市规划更加民主和透明。

应急规划和模拟：元宇宙可以用于城市应急规划和模拟，帮助城市应对自然灾害、交通拥堵、人群聚集等突发事件。城市规划者可以在元宇宙中模拟不同灾害场景，评估应急响应计划的有效性，并优化城市的逃生路线、避难设施等。

可持续发展规划：元宇宙可以为城市的可持续发展规划提供支持。城市规划者可以模拟不同环境政策和绿色技术的应用效果，评估城市在能源利用、垃圾管理、空气质量等方面的可持续性。这有助于制定更具环保意识的城市规划策略。

公共参与和教育培训：元宇宙为市民提供了参与城市规划的平台，市民可以通过虚拟环境了解不同规划决策的影响，并提供反馈意见。这种公众参与可以使城市规划更加符合市民的需求和期望。另外，元宇宙还可以用于教育培训，帮助市民了解城市规划的基本原理和过程。

总的来说，元宇宙在城市规划与设计中的应用不仅为城市规划者提供了更强大的工具和平台，还将市民参与城市发展的机会扩展到了全新的维度。通过虚拟城市建模与实验、交互式可视化、应急规划和模拟等方式，元宇宙为智慧城市规划与设计带来了更精确、更民主、更可持续的方法。

二、教育与培训

在智慧城市中，元宇宙在教育与培训领域的应用可以为学生、教育工作者和职场人士提供全新的学习方式和培训体验。

虚拟学校和培训中心：元宇宙可以模拟真实的学校和培训中心，学生和职场人士可以通过虚拟现实技术进入虚拟校园。他们可以在虚拟教室中参与课堂互动、与虚拟教师互动，甚至可以与虚拟同学共同学习。这种虚拟学校和培训中心提供了更灵活、便捷的学习方式，打破了地域和时间的限制。

模拟实验和场景训练：在元宇宙中，学生和职场人士可以进行各种模拟实验和场景训练，以培养实际应用技能。医学生可以在虚拟手术室进行手术模拟，工程师可以在虚拟工厂中进行设备操作模拟，这些实践性的训练有助于提升技能的应用水平。

跨学科学习：元宇宙为跨学科学习提供了机会。学生可以在虚拟环境中模拟不同领域的情景，比如历史事件、地理探索、科学实验等。这种跨学科的学习方式可以更好地培养学生的综合素养和创新能力。

个性化学习体验：元宇宙可以根据每个学生的学习需求，定制个性化的学习体验。通过分析学生的表现和反馈，虚拟教育系统可以为每个学生推荐适合的学习材料和活动，从而提高学习效果。

全球教育合作：元宇宙打破了地理障碍，使学生和教育工作者可以在虚拟环境中进行全球教育合作。学生可以与来自世界各地的同学互动、合作，分享不同文化和知识，拓展视野。

终身学习和职业发展：元宇宙为终身学习和职业发展提供了平台。人们可以在虚拟环境中进行职业培训和技能提升，以适应快速变化的工作环境。他们可以通过虚拟模拟体验新技术、新工作岗位，为未来的职业发展做准备。

综合来看，元宇宙在智慧城市中的教育与培训应用具有巨大的潜力。它为学生和职场人士提供了个性化、沉浸式的学习方式，不仅促进了知识的传授，还培养了实际应用技能和跨学科的综合素养。通过虚拟学校和培训中心、模拟实验和场景训练和全球教育合作等方式，元宇宙将推动智慧城市中的教育与培训领域进入全新的发展阶段。

三、虚拟经济系统

元宇宙在虚拟经济系统方面的应用，将为智慧城市带来全新的商业模式和经济机会。

虚拟商品交易：元宇宙为用户提供了一个虚拟的市场，允许他们买卖虚拟商品。这些虚拟商品可以是数字艺术品、虚拟服装、虚拟配饰等。用户可以使用虚拟货币进行交易，创造出一个全新的数字化商品交易市场。

虚拟地产与房地产开发：在元宇宙中，虚拟地产成为一种有价值的资产。用户可以购买虚拟土地，进行房地产开发，建造虚拟房屋、商场等。这种虚拟地产的交易和发展模式为城市提供了创新的投资和开发机会。

虚拟企业与创业：元宇宙为用户提供了创建虚拟企业的平台。用户可以开设虚拟商店、虚拟餐厅、虚拟咖啡馆等，吸引虚拟市民前来消费。这种虚拟企业模式鼓励创新和创业，为城市的经济增长带来新的动力。

虚拟货币与金融系统：元宇宙中的虚拟经济需要支持虚拟货币作为交易媒介。这些虚拟货币可以在虚拟世界中用于购买虚拟商品、支付虚拟服务等。此外，虚拟经济还需要建立相应的金融系统，支持虚拟银行、虚拟投资等金融活动。

数字创意产业：元宇宙的商业模式将促进数字创意产业的发展。虚拟世界需要设计师、艺术家、程序员等各类创意人才创造虚拟环境、虚拟商品和虚拟角色。这将推动数字创意产业的繁荣，为城市的文化产业注入新的活力。

全球市场与合作：元宇宙打破了地域限制，使虚拟经济可以在全球范围内开展。用户可以与来自世界各地的参与者进行虚拟商业交易和合作，促进全球市场的融合与互动。

虚拟经济的税收与监管：随着虚拟经济的发展，税收和监管也成为一个重要问题。城市需要制定相应的法律法规，确保虚拟交易的合法性和透明度，并征收适当的税收。

综合来看，元宇宙在虚拟经济系统方面的应用，将为智慧城市带来全新的商业模式、经济机会和创新潜力。虚拟商品交易、虚拟地产与房地产开发、虚拟企业与创业等方式将丰富城市的商业生态，促进城市的经济繁荣和可持续发展。

四、社交互动与文化体验

在智慧城市中，元宇宙为社交互动与文化体验领域带来了一系列新的可能性。

虚拟社交平台：元宇宙提供了虚拟社交平台，居民可以在其中创建虚拟角色，与其他用户进行互动。这些虚拟角色可以代表真实身份，也可以是虚构的形象。通过虚拟社交平台，居民可以在全球范围内与朋友、家人甚至陌生人建立联系，分享生活、交流观点。

全球文化体验：在元宇宙中，居民可以参与全球范围内的文化体验。虚拟世界可以模拟各种文化场景，让居民亲身感受不同文化的美食、音乐等。这种全球性的文化体验有助于人们增进理解和尊重，促进不同文化间的交流。

虚拟艺术和文化活动：元宇宙为文化艺术活动提供了全新的展示和互动方式。居民可以参与虚拟艺术展览、音乐会、戏剧表演等文化活动，与虚拟环境中的艺术家互动。这种虚拟的艺术和文化体验为城市的文化产业带来了创新的机会。

虚拟旅游和探索：元宇宙允许居民进行虚拟旅游，探索虚拟城市和景点。市民可以通过虚拟现实技术在家中体验世界各地的名胜古迹、自然风光，丰富了旅游体验，同时也减少了实际旅行的碳排放。

虚拟社区和合作：元宇宙中的居民可以加入虚拟社区，与有共同兴趣的人进行互动和交流。虚拟社区可以围绕特定主题、行业、兴趣爱好等建立，为居民提供一个共同探讨与合作的平台。

文化传承和创新：元宇宙为文化传承和创新提供了空间。居民可以在虚拟世界中创建和展示自己的文化创意，推动传统文化的传承和创新。同时，虚拟世界也为创新性的文化艺术提供了全新的表现形式和展示方式。

通过虚拟社交平台、全球文化体验、虚拟艺术和文化活动等方式，元宇宙为智慧城市中的社交互动与文化体验注入了新的活力。居民可以在虚拟环境中互相交流、合作，共同创造丰富多彩的艺术和文化体验，促进文化交流和城市社区的发展。

第五节　元宇宙与智慧城市发展趋势

元宇宙与智慧城市的结合代表着未来城市发展的方向。元宇宙作为数字虚拟世界，将深刻影响智慧城市的方方面面。在这个演进的时代，数字技术和虚拟现实正在重新定义城市的面貌，为城市居民创造更加丰富的生活体验。元宇宙将数字化和互联化提升到全新的高度，城市数据和信息以虚拟形式呈现，使市民能够在虚拟环境中实时获取城市的动态信息，促进城市信息的透明度和便捷性。

这个趋势还将带来跨界融合，将各领域的技术、产业和文化相互交织。从物联网到人工智能，再到区块链技术，这些智能技术将在元宇宙中得到应用，从而创造出全新的产业模式和商业机会。而这种虚拟世界与现实世界的融合，将让市民在虚拟世界中工作、娱乐和学习，同时依然保持与现实世界的紧密联系，为人们提供更多选择和便利。

元宇宙还在城市规划与设计方面发挥着重要作用，建立虚拟城市进行模拟和可视化，可以更好地理解不同规划方案的效果，为城市规划提供更精确的参考。数字经济也会在这一趋势中崛起，虚拟商品交易、虚拟地产开发等将成为城市中新兴的经济模式。虚拟货币、区块链技术等将在虚拟经济中发挥关键作用，推动城市的经济增长和创新。

在元宇宙中，社交互动与文化体验变得更加丰富多彩。市民可以在虚拟社交平台上与全球各地的人互动，分享生活、交流观点。全球文化体验也得以实现，市民可以在虚拟环境中体验不同文化的美食、艺术等，从而促进文化多样性的交流。虚拟艺术活动、虚拟旅游等也将为城市的文化产业注入新的创新动力。

这种趋势还将推动教育和文化的创新，虚拟学校、虚拟文化活动等将为市民提供更多学习和娱乐的机会。与此同时，元宇宙也为文化传承和创新提供了空间，市民可以在虚拟世界中展示自己的文化创意，促进传统文化的传承和创新。通过虚拟旅游等方式减少实际旅行带来的资源消耗，实现城市的可持续发展。

综上所述，元宇宙与智慧城市的发展趋势相互交融，为城市的创新、互动和可持续发展提供了全新的可能性。这种趋势将在技术不断进步的背景下不断演化，推动智慧城市迎来更加丰富多元的未来。

参考文献

［1］姜春雷. 元宇宙与智慧城市的未来[J]. 智能建筑与智慧城市，2022（06）：153-155.

［2］喻国明，耿晓梦. 元宇宙：媒介化社会的未来生态图景[J]. 新疆师 范大学学报（哲学社会科学版），2022，43（03）：110-118，2.

［3］赵沁平. 虚拟现实综述[J]. 中国科学（F辑：信息科学），2009，39（01）：2-46.

［4］赵光辉. 元宇宙交通运输下的出行安全挑战与治理[J]. 当代经济 管理，2022，44（11）：31-38.

［5］周忠，周颐，肖江剑. 虚拟现实增强技术综述[J]. 中国科学：信 息 科学，2015，45（02）：157-180.

实践篇

数智时代：打造智慧城市

第十章

智慧城市交通

随着现代城市的不断发展，智慧交通建设工作逐渐发展起来，但就当前的现状来看，城市智慧交通项目在实施的过程中仍然存在着一些不足之处。因而在此背景下，应着重发挥城市交通管理效用，由此引导市民积极参与到智慧城市交通的建设工作中来，继而营造一个良好的城市交通环境，达到最佳的城市通行状态。本章将从我国智慧城市交通的发展背景入手，详细阐述智慧城市交通体系架构、实施方案和制度建设的重要性。

第一节　智慧城市交通现状

一、智慧城市交通的定义和背景

智慧城市交通是利用先进的信息技术和通信技术，通过整合传感器、数据分析与挖掘、智能控制与优化等手段，以提高城市交通系统的效率、安全性，推进可持续发展为目标的交通管理和服务体系。它致力于实现交通系统的智能化、自动化和互联互通，为城市居民提供更便捷、高效、环保的出行方式。随着全球城市化进程的加速和人口的快速增长，城市交通面临着日益严重的拥堵、交通事故频发、环境污染等挑战。传统的交通管理和服务方式已经无法满足城市居民对高质量交通出行的需求。因此，智慧城市交通的发展得益于信息技术和通信技术的迅猛发展，其主要发展历程如图10-1所示，为城市交通问题提供了更加智能的解决方案。

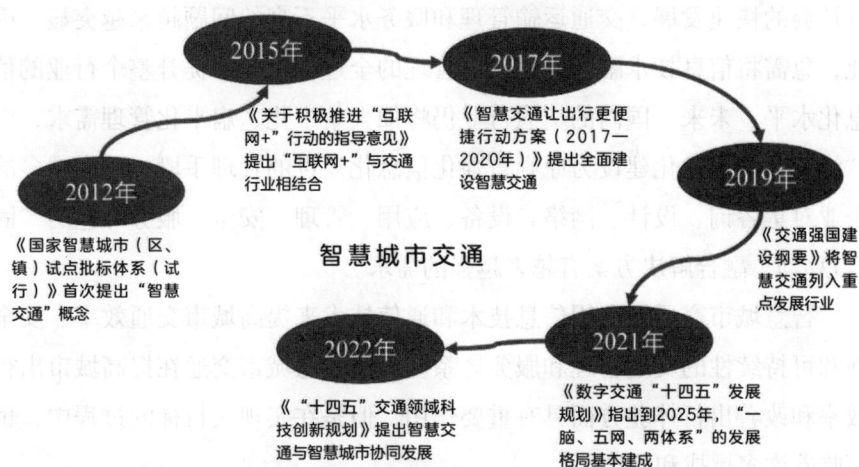

图10-1　智慧城市交通发展时间图

　　2012年以来，各省根据各自交通信息化需求和现状，完成了许多有交通特色和地域特色的信息系统。各种计费稽查征收信息系统、道路运政管理信息系统仍然是全国交通业务信息系统建设的重点，吉林、江苏、安徽等地开展了移动稽查系统建设。黑龙江、江苏、山东、广东、重庆、贵州等地开发或者升级了道路运政管理信息系统。GPS车辆监控和联网收费仍然是智能交通的重点，河北、江西、广西、湖北、重庆、四川等地建设了GPS监控中心，内蒙古、浙江、贵州、陕西建设了联网收费系统，江西、河南开发了超限超载远程信息管理系统。在当前工业化与信息化融合的大形势下，加快交通信息化建设已经成为我国交通运输发展的一项重要战略任务。如何为社会提供安全、舒适、便捷、高效、节能、廉价的优质运输服务，是当前要解决的首要问题。在"十四五"时期，伴随着国内交通体系的智能化发展，我国将推动通信、高精度地理信息平台以及交通感知系统的建设，提升路侧基础设施的智能化水平。各地大力发展智能交通、车载信息服务等应用，以逐步提高交通行业的整体信息化水平，取得了显著的成绩，但距离交通行业发展的实际需求还有不小的差距。随着我国经济社会的快速发展，交通运输管理和服务水平不高的问题越来越突显。因此，急需将信息技术融入交通运输管理的全过程，全面提升整个行业的信息化水平。未来，国内的交通行业仍将加大集中化、扁平化管理需求，以"统一"的信息化建设为原则，强化信息化建设的管理手段；越来越多的企业对集咨询、设计、网络、设备、应用、管理、安全、服务外包的"固定+移动"融合解决方案有越来越强的需求。

智慧城市交通是利用信息技术和通信技术来提高城市交通效率、安全性和可持续性的交通管理和服务体系。虽然智慧城市交通在提高城市出行效率和改善出行体验方面具有重要作用，但是在实现其目标的过程中，也面临着许多挑战和问题。

1. 技术标准和互联互通问题

智慧城市交通涉及多个技术领域和多个系统，需要制定相关的技术标准和协议，实现互联互通和数据共享。然而，由于不同技术标准和系统不兼容，不同城市之间智慧城市交通的互联互通面临着困难和挑战。因此，建立统一的技术标准和协议是智慧城市交通发展的重要问题之一。

2. 数据安全和隐私问题

智慧城市交通需要收集大量的个人和交通数据，这些数据包含了居民的出行轨迹、习惯和偏好等敏感信息。如果这些数据被不法分子利用或者泄露，将会给居民带来巨大的安全隐患和隐私风险。因此，智慧城市交通需要制定相关的法律和规定，加强数据安全和隐私保护。

3. 投资和成本问题

智慧城市交通的建设需要大量的投资和技术支持，其中交通设备、传感器、数据处理和存储等方面的成本较高。尤其对于一些发展中国家或地区来说，智慧城市交通建设所需要的巨大投资和成本可能会成为制约其发展的关键因素。

4. 管理和运营问题

智慧城市交通需要建立科学的管理和运营机制，包括数据管理、交通规划、交通安全管理等。需要有专业的人才和机构进行管理和运营。然而，这些人才和机构的培养和建设需要时间和资源，因此在管理和运营方面也存在一定的挑战。

5. 公众接受问题

智慧城市交通建设需要得到公众的支持和认可。然而，由于智慧城市交通是一个较为复杂的系统，公众对其理解和接受程度可能存在差异。因此，智慧城市交通需要开展广泛的宣传和教育工作，提高公众的认知度和接受度。

6. 城市规划和设计问题

智慧城市交通需要结合城市规划和设计，考虑城市交通系统的整体性和可持续发展。然而，许多城市的规划和设计并没有充分考虑交通的问题，导致交通系统难以整合和优化。因此，智慧城市交通需要更加注重城市规划和设计的综合性和可持续发展。

7. 人文和社会问题

智慧城市交通不仅仅是技术和设备的应用，还涉及人文关怀和社会问题考量。例如，智慧城市交通需要考虑老年人、残疾人等特殊群体的出行需求，以及居民对交通服务的感受和反馈等问题。因此，智慧城市交通需要更加关注人文和社会问题。

8. 数据质量和可靠性问题

智慧城市交通需要大量的数据支持，这些数据包括交通流量、路况、公共交通信息等。然而，数据的质量和可靠性可能会受到各种因素的影响，例如传感器故障、数据缺失等。因此，智慧城市交通需要建立科学的数据质量和可靠性管理机制。

9.法律和监管问题

智慧城市交通涉及许多敏感信息和数据，需要建立相关的法律和监管机制，保障数据的安全和隐私。同时，也需要规范智慧城市交通的建设和运营，保障交通系统的公平、公正和透明。因此，智慧城市交通需要建立完善的法律和监管体系。

二、智慧城市交通发展的机遇和潜力

智慧交通将先进的信息技术、数据通信传输技术、电子控制技术及计算机处理技术等综合运用于整个交通运输管理体系，通过对交通信息的实时采集、传输和处理，借助各种科技手段和设备，对各种交通情况进行协调和处理，建立起一种实时、准确、高效的综合运输管理体系，从而使交通设施得以充分利用，提高交通效率和安全性，最终使交通运输服务和管理智能化，实现交通运输的集约式发展。

（一）建立完善的交通网络，优化政府管理模式

政府实时发布交通信息，合理进行交通疏导、突发事件快速处理，并充分利用现有的交通基础设施，分析道路交通拥堵原因，制定交通建设规划和应对措施。

1.采用信息化手段解决道路拥堵问题

采用部署诸如实时交通信号控制系统等先进的交通指挥系统来解决道路拥堵的问题。利用信息化手段，在主要拥堵路段通过交通信号灯、交通管制等方式进行交通流量疏导，及时将拥堵信息推送至车载终端或手机终端，引导车辆规避拥堵路段，并给出行驶路径建议。

2.建立完善的公共交通网络

建立完善的公共交通网络包括进行公交系统的现代化建设，诸如公交视频监控、公交车辆定位调度、公共车辆信息管理等；进行地铁的规模化和信息化建设等，为市民出行提供完善的公共交通网络，发展城市公共交通配套。

3.建设和完善城市路网

新建或扩建市政道路，增加通车道路规模。基于现有拥堵情况信息分析，进行交通基础设施建设规划，对于常拥堵路段，制订改建计划，启动项目实施。

4.构建交通流量信息的采集系统和信息发布共享网络

通过各个路口信息采集终端（包括视频终端、RFID、红外、感应线圈等）获取城市交通信息，采集的交通信息汇聚到交通信息中心后，进行分析、处理、建模，给出全市的交通拥堵状况全视图。可通过媒体网络、运营商的无线通信网络，以及各个公共场所的LED显示屏及时发布道路拥堵、道路管制、交通事故、气象、道路积水等信息，引导市民规避拥堵路段。

5.建立完善的应急联动和事故救援机制

发生较大的交通事故，由交管中心统一调度，触发应急机制，联动公安、救援中心、120急救中心、保险公司等，快速、有效、妥善处理现场，尽快恢复交通。

6.建设现代化信息化的城市停车场管理系统

建设现代化信息化的城市停车场管理系统，实现停车场实时信息及时发布，市民可通过多种途径方便地获取城市各个位置停车场的相关信息。

7.保障公共交通安全，加强公共车辆管理

实现对涉及公共安全的客运车辆的实时监控管理，实现对危险品运输车辆的实时监控管理，保障公共交通的安全。

（二）优化企业管理方式，降低车辆营运成本

1.实现对企业车辆的实时监控和管理

企业需要具备对企业车辆的实时监控和管理的能力。包括：调度人员通过车辆综合调度业务，根据交通拥堵、事故、人员集聚等因素合理调度车辆，如出租车、物流车、企业自有营运车辆等；公司监管人员，通过车辆综合调度业务，随时查看车辆运行情况，包括当前和历史运行轨迹。

2.提供车载信息化服务

车辆生产企业对卖出的各类车辆可提供车载信息服务。通过车载信息服务，为司机提供交通信息查询、行程规划、车辆综合调度、车辆远程诊断、紧急救援等服务。

3.实现对车辆的安全管理

通过车辆的管理监控等多种信息化手段，保障企业车辆的安全，包括车辆防盗、车辆被劫持时及时报警等。

4.降低车辆的营运成本

采用信息化的车辆和车队管理手段，降低车辆运营费用，避免无规划的私自使用车辆等情形。

（三）保障公众出行

1.交通安全

关注各类交通出行方式，关注车辆故障、车辆防盗、车辆救援等安全相关内容。

2.有利于交通数据、信息的收集

能够及时、多渠道获取各类交通信息，包括停车场的位置，附近加油站情况，途中的道路交通拥堵情况信息，交通诱导信息，途中、目的地气象情况，日常车辆保养信息实时提醒，驾驶人员保健信息等。

3.延长车辆的使用寿命

获取车辆保养信息，及时做好车辆的维护，延长车辆的使用寿命。

第二节　智慧城市交通体系架构

一、智慧城市交通总体框架

智慧城市交通的体系架构（见图10-2）是一个复杂的系统，涉及多个组成部分和技术要素。典型的智慧城市交通体系架构包括以下几个关键层面：感知层是智慧城市交通体系的基础，包括各种传感器、监测设备和数据采集系统。例如，使用交通监控摄像头、交通流量传感器、气象传感器等用于采集交通和环境数据。数据传输层将采集到的数据传输到上层处理系统。数据可以通过有线或无线网络传输，包括互联网、物联网等。数

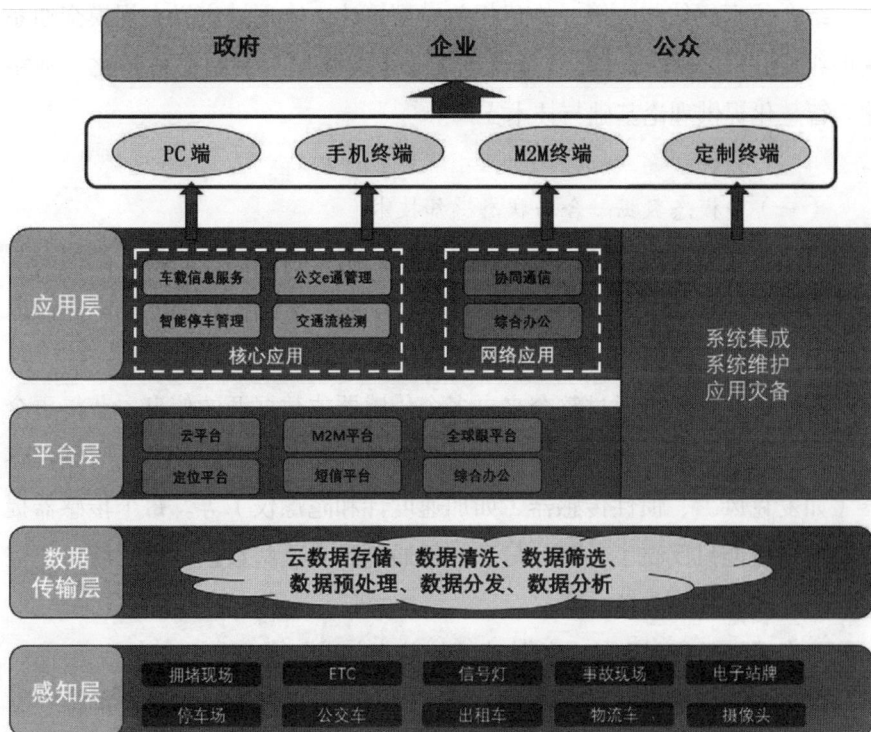

图10-2　智慧城市交通体系架构图

据处理与管理层对采集到的数据进行处理、分析和管理，包括数据存储、数据清洗、数据挖掘、大数据分析等。这些数据处理和管理的技术可以帮助了解交通状况、预测拥堵、优化路线等。平台层基于数据分析结果，采取措施进行交通控制和调度。例如，智能交通信号灯系统可以根据实时交通情况智能调整信号灯时间，优化交通流量。智能公交调度系统可以根据实时车辆位置和乘客需求优化车辆调度。应用层负责向用户提供交通信息和服务。例如，智能导航系统可以根据实时交通状况为用户提供最佳路线规划。

二、关键技术分析

共性关键技术体系核心要素关系是依托大数据、人工智能等新兴技术，结合仿真评估与决策，构建相关模型算法，实现城市级大规模交通系统的组织优化和系统决策，为城市交通系统管理与控制的科学化、数字化、智慧化提供理论基础与技术支撑。

（一）多模态数据融合与状态感知技术

多模态数据融合与状态感知技术是一种将来自不同传感器、数据源或模态的数据结合起来，以获取更全面、准确和综合的信息的方法。它可以应用于各种领域，包括机器人技术、自动驾驶、智能监控系统等。

多模态数据融合通过整合来自多个传感器或数据源的信息，获得更全面的观察和理解。这些传感器可以是视觉传感器（如摄像头）、听觉传感器（如麦克风）、惯性传感器（如加速度计和陀螺仪）等。每个传感器提供的数据可能只反映了一部分信息，但通过融合这些数据，可以获得更完整、准确和可靠的信息。

状态感知是指对环境、物体或系统状态的感知和理解。

多模态数据融合与状态感知技术可以帮助我们获取更多维度的信息，从而更好地理解当前的状态。通过整合来自不同传感器的数据，我们可以获得更准确的位置、姿态、速度、运动轨迹等状态信息。这对于机器人导航、自动驾驶车辆的环境感知、智能监控系统的行为分析等应用非常重要。

（二）道路交通流建模与预测技术

道路交通流建模与预测技术是指利用数学模型和数据分析方法来描述和预测道路交通中车辆的行为和交通流量的变化的技术。这些技术对于交通管理、交通规划、智能交通系统等领域具有重要的应用价值。道路交通流建模分为宏观和微观两个角度，宏观交通流模型关注整个道路网络的交通流动态。常用的宏观交通流模型包括基于连续模型的流体动力学模型、基于离散模型的细胞自动机模型等。这些模型通过对交通流的密度、速度和流量之间的关系进行建模，可以预测道路网络上的交通流量和拥堵情况。而微观交通流模型关注单个车辆的行为和交互。常用的微观交通流模型包括基于车辆跟踪数据的轨迹模型、基于行为规则的驾驶行为模型等。这些模型通过对车辆之间的相互作用和驾驶行为进行建模，可以模拟和预测交通流中的车辆运动和行驶轨迹。

同样，交通流的预测技术通常分为两种方式：一是数据驱动的交通流预测方法，利用历史交通数据来进行预测。这种方法可以使用传感器数据、交通摄像头数据、GPS轨迹数据等进行建模和分析，通过统计和机器学习方法来预测未来的交通流量和拥堵情况。二是基于模拟的交通流预测方法，使用交通仿真模型进行预测。这种方法基于已有的交通流数据和道路网络拓扑，模拟车辆的行驶和交互过程，从而预测未来的交通流量和拥堵情况。

（三）道路交通流管控与优化技术

道路交通流管控与优化技术是为了改善交通流量、减少拥堵、提高交通效率而采取的一系列措施和方法。这些技术旨在优化交通信号控制、路网规划和管理策略，以提供更顺畅、安全和可持续发展的道路交通。全面优化道路交通流，增强道路交通流管控有以下措施：（1）通过优化交通信号控制策略，可以减少交通拥堵和等待时间，提高交通流量。常用的交通信号优化方法包括固定时间间隔信号控制、自适应信号控制和智能交通系统中的协调控制等；（2）动态交通管理系统利用实时交通数据和信息技术来监测和管理交通流。通过实时监控和响应，可以采取及时调整交通信号、提供交通信息、实施交通管制等措施，优化交通流动态；（3）智能交通系统利用先进的信息和通信技术，将车辆、道路和交通管理系统进行连接和协调。通过车辆间通信、实时数据收集和分析、智能交通管理等手段，可以实现交通流的优化和拥堵的缓解；（4）合理的路网规划和设计可以减少交通拥堵和优化交通流。例如，通过合理设置交叉口、道路布局和车道配置，可以提高交通流的通行能力和交通安全性；（5）针对特定路段或时间段的交通拥堵问题，可以采取车辆限制措施，如限行、交通限制区域等。此外，临时交通管制、道路封闭和交通导向措施等也可以用于应对交通拥堵和事件管理；（6）通过对交通数据进行分析和建模，可以辅助决策者制定更科学有效的交通管理策略。数据分析技术可以用于交通流预测、交通热点分析、交通模拟和优化等，为决策提供依据。

（四）城市级交通供需建模与调控技术

城市级交通供需建模与调控技术是利用数据和模型分析城市交通系统的供需状况，并通过相应的调控手段来提升交通运输效率和优化服务质量。通常运用以下方法进行交通供需建模和调控：（1）通过各种传感器、智能交通系统、移动设备等获取交通数据，包括交通流量、速度、行程时间、交通事件等。这些数据可以通过数据挖掘、机器学习和人工智能等技术进行处理和分析；（2）根据采集到的数据，建立城市交通模型，包括宏观交通模型和微观交通模型。宏观交通模型用于分析城市整体的交通供需关系，微观交通模型用于分析具体路段或交叉口的交通流动情况；（3）通过历史数据和统计模型，对未来的交通需求进行预测。这有助于规划交通设施、优化交通路线和制定交通调控策略；（4）基于建立的交通模型和需求预测结果，制定相应的交通调控策略，如交通信号灯优化、交通限行措施、公共交通优先政策等，以提高交通效率和减少拥堵；（5）利用实时交通数据和通信技术，及时监测和管理交通状况。通过交通指挥中心和智能交通系统，实时调整信号配时、调度公交车辆、提供实时交通信息等，以应对交通拥堵和突发事件；（6）将不同交通方式（如公交、地铁、共享自行车、出租车等）进行整合和优化，提供多种交通选择和衔接服务，以降低出行成本和提高便利性；（7）利用先进的信息技术、人工智能和大数据分析等手段，实现交通系统的智能化管理和调控。例如，利用智能交通信号控制系统、智能路网监测系统等，提高交通信号灯的自适应性和交通管理的精细化程度。

三、智慧城市交通体系架构范例

在实际的智慧城市交通体系架构（如图10-3）中，因需求和定位不同，整体框架会有所不同，例如北京智慧城市交通体系架构，为满足其针对交警执法的场景设计，加入了多种交通管制相关应用和服务，如交管业

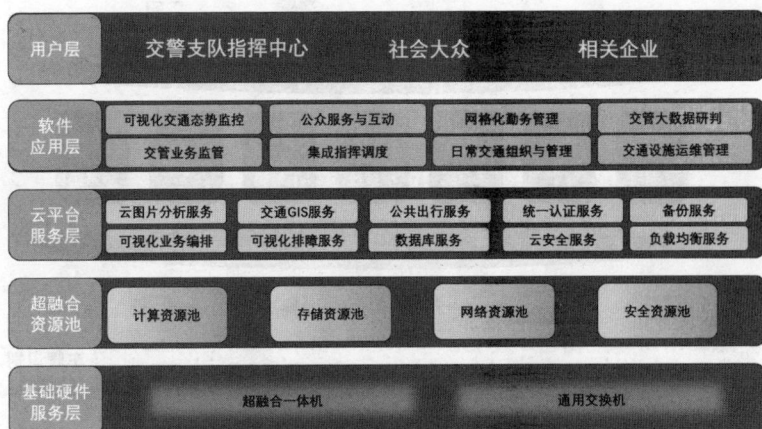

图10-3　北京智慧城市交通体系架构图

务监督、集成指挥调度、交管大数据研判等。因北京的数据量级巨大、数据种类繁多，交管规则严格，数据保密要求高，因此需要强悍的基础硬件服务层和超融合资源池。对标数据传输层，超融合资源池肩负了数据资源存储、数据资源传输、数据计算以及数据安全保障的重任。同样，感知层也需要强大的基础硬件服务层来支撑其数据采集的任务。

深圳市对于泊车的管理要求相对比较严格，一套完善的泊车架构设计（见图10-4）对其尤为重要。同时，深圳市也是我国物联网和新能源发展较快的城市，为了能更好地适配新时代、新产业，其在感知层加入了智慧充电桩物联网技术等新兴技术。由于采集数据的多样性，需要将数据根据实际场景分发到不同系统中（如路边停车场景对应路边停车子系统，立体停车场景对应立体停车子系统），在系统完成数据处理后再存入数据中心进行用户层对接。这样做的好处在于，可以减少数据传输层按使用场景分类处理数据的压力，同时也更方便通过人为干预的方式对数据进行审核和调整。

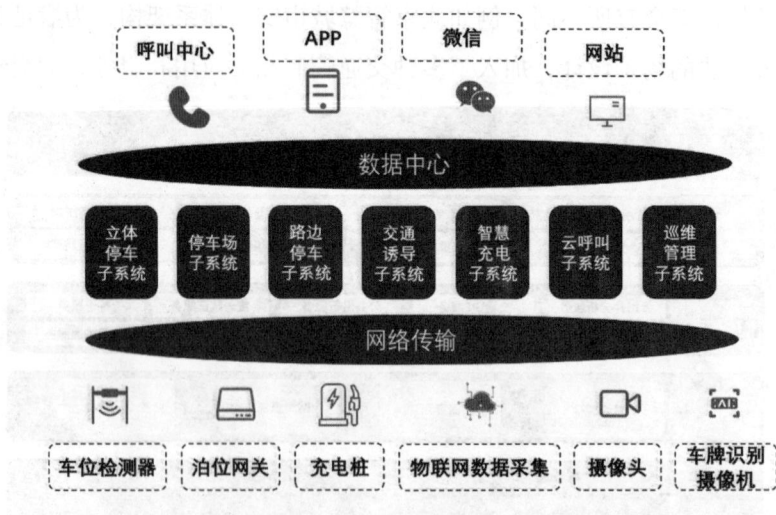

图10-4 深圳智慧泊车体系架构图

第三节　智慧城市交通实施方案

一、智慧城市交通数据收集

收集智慧城市交通数据的意义在于优化交通系统、提供便利的出行服务、改善交通安全和环境状况，以及支持智慧城市的可持续发展。通过充分利用交通数据，可以实现交通运输的智能化、高效化和可持续发展。为确保收集数据的数量和有效性，减少数据处理所消耗的人力、物力成本，降低因数据缺陷带来的误差，一般按照以下流程进行数据收集（见图10-5）：

（1）确定数据需求：明确需要收集的交通相关的数据，例如交通流量、车速、道路拥堵情况、公共交通运营数据等。确定的数据需求可以帮助更好地计划数据收集过程；（2）确定数据来源：确定获取数据的来源。可能的数据来源包括交通管理部门、公共交通运营商、传感器设备、监控摄像头、移动应用程序、社交媒体等。可以与相关的机构、组织或服务提供商联系，或者探索开放数据平台、API（应用程序接口）和数据集，以获取所需的数据；（3）数据采集和传感器部署：根据需要部署的传感器设备，例如交通流量监测器、车辆计数器、视频监控摄像头等，可以收集移动设备数据、社交媒体数据等。确保合法地收集数据并遵守相关的隐私法规；（4）数据存储和处理：建立适当的数据存储和处理系统，以管理和

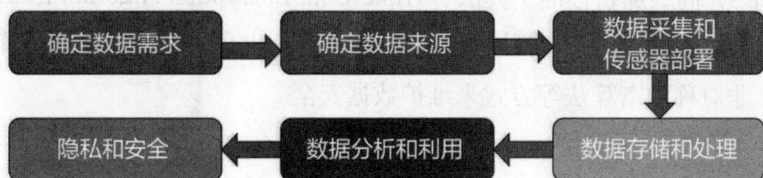

图10-5　数据收集流程

分析收集到的数据，涉及数据库管理系统、云存储解决方案、大数据处理技术等。确保数据存储和处理过程符合数据保护和隐私安全标准；（5）数据分析和利用：使用适当的数据分析工具和技术，对收集到的数据进行分析、挖掘和可视化处理。这样可以提取有价值的信息，并为智慧城市交通管理和决策提供支持；（6）隐私和安全：在数据收集和处理过程中，需确保遵守相关的隐私法规，并采取适当的数据安全措施，以保护收集到的个人数据和敏感信息。

特别需要注意的是，根据数据数量、场景、质量的不同，可以考虑采用传感器、公共交通运营数据、移动应用程序和GPS数据、开放数据平台、无人机、调查问卷等多种形式收集智慧交通有关数据。获取到相关数据后，可以考虑使用数据库、分布式文件系统、云存储、数据池等方式对数据进行存储，同时也要考虑数据备份的问题，以防数据丢失。

在获取了大量数据的情况下，可以使用Python、R等编程语言对数据进行分析，也可以通过Tableau等可视化工具对数据进行处理。例如，使用Python进行数据分析，对数据进行去除重复值、处理缺失数据、数据格式转换、异常值处理等筛选操作，也可以通过计算描述性统计指标（如均值、中位数、标准差）和绘制直方图、散点图、箱线图等可视化工具，来了解数据的分布和关系。对于不同领域的数据，Python均有专用的处理库可供使用。

数据的安全性可以通过加密传输、数据监控、数据脱敏、数据加密、安全审计等多种方式来确保。例如通过Advanced Encryption Standard（AES，高级加密标准）算法、Triple Data Encryption Algorithm（3DES，三重数据加密算法）对数据进行对称加密，也可通过散列算法、转换函数、非对称加密算法等方式来维护数据安全。

二、智慧城市交通算法设计

智慧城市交通涉及多领域算法，其中包括路径规划算法、车辆调度算法、交通流量预测算法等。在成熟的智慧城市交通系统中，多种算法交互使用可以优化交通流，有效提升资源利用率。在一些决策场景中，可以根据实际交通状况和需求变化，动态调整交通管理策略，实现实时智能决策。算法和数据相辅相成，算法依托数据进行分析，为交通管理者提供决策支持和决策参考；数据依托算法不断优化，实时更新变动，为算法改进提供强有力的支撑。

（一）路径规划算法

常用的路径规划算法包括Djikstra算法、A*算法、Floyd-Warshall算法等。Dijkstra算法是一种基于图的单源最短路径算法，用于找到两个节点之间的最短路径。它通过不断选择距离起始节点最近的节点，并逐步扩展到其他节点，最终找到最短路径。A*算法是一种启发式搜索算法，用于在图中找到最短路径。它结合了Dijkstra算法的广度优先搜索和启发式函数（通常是估计到目标节点的距离）来优化搜索过程。Floyd-Warshall算法是一种多源最短路径算法，用于计算图中所有节点之间的最短路径。它通过动态规划的方式计算最短路径，并使用一个中间节点的集合来逐步更新路径长度。Bellman-Ford算法是一种用于解决带有负权边的图的单源最短路径算法。它通过对所有边进行松弛操作来逐步更新路径长度，并检测负权环的存在。

（二）车辆调度算法

车辆调度算法往往不单独使用，不同的车辆调度算法的功能和适用的问题各不相同，如紧急程度优先调度算法（Most Urgent First，MUF）可根据车辆需求的紧急程度进行调度，紧急程度高的车辆将被优先调度，以确保关键任务的及时完成。最低成本优先调度算法（Least Cost First，LCF），可根据车辆的成本进行调度，成本低的车辆将被优先调度，以降低运营成本。最短作业时间优先调度算法（Shortest Job First，SJF），可根据车辆需要执行的作业时间进行调度，作业时间短的车辆将被优先调度，以缩短任务执行时间。最早截止时间优先调度算法（Earliest Deadline First，EDF），可根据车辆的截止时间进行调度，截止时间早的车辆将被优先调度，以确保任务能够及时完成。车辆最少优先调度算法（Least Vehicles First，LVF），可根据车辆的数量进行调度，车辆数量少的区域将被优先调度，以平衡各个区域的负载。上述调度算法根据实际需求和问题进行选择和组合，来实现更有效的车辆调度和资源利用。

（三）交通流量预测

交通流量预测在交通管理和规划中具有极其重要的作用，准确预测交通流量有助于优化交通信号系统，提高交通流畅度，减少拥堵。交通流量预测可提供未来交通需求的估计，帮助合理规划和设计道路和交通基础设施，通过预测交通流量，为驾驶员和导航系统提供实时的交通状态和拥堵信息，帮助选择最佳路线和避开拥堵区域。同时交通流量预测还有助于预测交通拥堵和高风险区域，采取措施预防交通事故的发生。

现在常用的交通流量预测算法主要包括：（1）使用历史交通流量数据，通过自回归滑动平均（ARMA）模型、差分整合滑动平均自回归（ARIMA）模型、季节性差分自回归滑动平均（SARIMA）模型等进行建模和预测；（2）使用回归分析的方法，建立输入特征（如天气、节假日、时间等）与交通流量的关系模型进行预测，常用的回归方法包括线性回归、多元线性回归、岭回归、支持向量回归等；（3）利用深度神经网络进行交通流量预测，能够处理大规模的数据和复杂的空时关系。如T-GCN（时间图卷积网络）、图神经网络等。

三、智慧城市交通的智能化和自动化应用范例

（一）智能网联

北京亦庄拥有全球首个城市级高级别自动驾驶示范区（见图10-6），

该地区以数字化技术为引领，致力于推进高精尖产业的发展，并专注于高级别自动驾驶示范区的建设。在亦庄开发区的60平方公里范围内，正在进行五大体系建设，包括"聪明的车、智慧的路、实时的云、可靠的网和精确的图"。首期工作主要集中在12.1公里长的道路和28个路口，进行车路协同智能化改造，以支持高级别自动驾驶示范运营。这些努力旨在打造全球领先的智能网联汽车创新链和产业链。

图10-6　北京亦庄自动驾驶示范区

北京亦庄的未来发展规划将按照"试验——小规模部署——规模化部署——拓展推广"的步骤逐步扩大建设范围，以形成可推广、可复制的智能交通新模式。这意味着在经过试验和小规模部署后，将逐渐扩大示范区域，并推动智能交通的规模化部署，以促进这一新模式的推广和应用。北京亦庄的努力旨在探索和推动自动驾驶技术的发展，为未来智能交通和城市运输提供可行的解决方案，并为其他地区提供经验和借鉴。这项工作对于推动智能交通产业的发展以及构建智慧城市具有重要意义。

（二）智慧交管

长沙市作为中国长江中游地区的重要中心城市，一直致力于推动智慧交通和智能网联技术的应用和发展，即智慧交管，其概念如图10-7所示。2020年11月20日，长沙市公安局交通警察支队与百度达成了战略合作。这次合作主要以智能网联场景和智慧交通数据应用为重点，利用交通大数据和智能网联的多元化路网感知数据，精确分析市民的出行规律。同时，合作双方可以在线提供路口交通灯态数据、绿波车速、违法抓拍灯数据等精准的出行数据，为市民提供便捷的出行信息。百度共打造了87个ACE（Autonomous Driving、Connected Road、Efficient Mobility，即自动驾驶、车路协同、高效出行）智能路口，实现了信号配时的优化和事件感知的推送，推动了交通管理工作的精细化、智能化和动态化，形成了"感知、研判、指挥、处置、预防"的闭环。这个项目有效降低了闯红灯、逆行、违停、违法变道等交通不文明驾驶行为70%以上，显著改善了交通秩序。此外，交通延误减少了20%以上，路口通行效率提升了25%，交通事故减少了35%，公共出行体验明显改善，出行交通安全性大幅提高。

图10-7 智慧交管概念图

这个成功案例表明，利用智能交通技术和大数据分析，可以有效优化交通管理和交通流动，提升城市的出行体验和交通安全性。它对于其他城市的智慧交通建设具有积极的借鉴意义。

（三）智慧泊车

湖南省岳阳市是全国首批智能泊车应用示范城市。智慧泊车概念见图10-8。智能泊车应用提供了车位查询、价格查询和路线导航等停车信息服务，市民可以在出行前查询、导航和实时获取附近停车位信息，使出行和停车更加方便。停车费用透明，停车流程规范，支付也更加便捷，停车消费更加舒心。市民可以通过多种渠道了解停车行业相关的政策、法律法规和行业信息，还可以通过网站、电话和移动应用等方式对停车服务质量进行评价和投诉。这样的机制可以提高停车服务的质量，让市民的声音被听到并得到反馈。智能泊车系统还能实时自动计时收

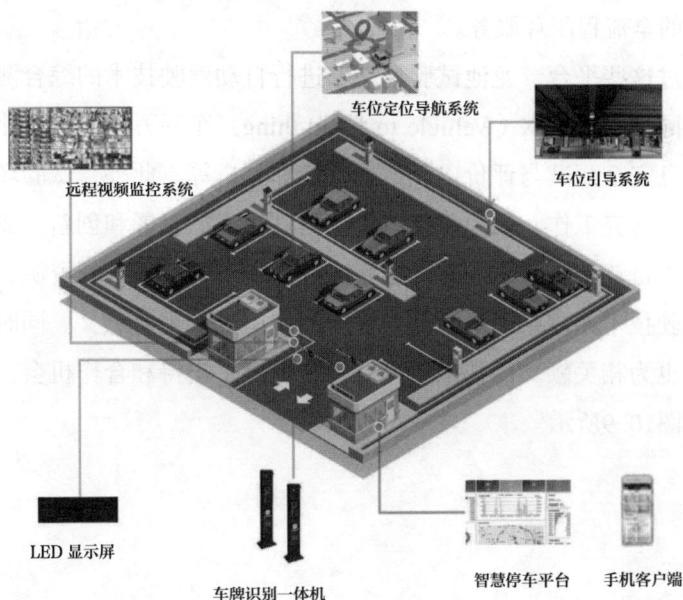

图10-8　智慧泊车概念图

费，减少了人工干预，从而降低管理成本。同时，通过各种媒介发布实时车位信息和导航信息，可以提升停车场的利用效率，让车位资源得到更好的利用。这些智能泊车应用为岳阳市民提供了便捷、透明和高效的停车服务体验。这些经验对于其他城市推广智能停车系统和提升停车服务质量具有借鉴意义。

（四）智慧高速

四川龙池的"车路协同"试验场位于川西地区都汶高速公路龙池段，该路段在2009年的特大泥石流后关闭，目前是一段封闭的高速公路，不对社会车辆开放。龙池段地势复杂，包括直线路段、弯道、纵坡以及一座长约1.1公里的隧道。面对这样复杂的地形条件，龙池试验场构建了"平台+云端+测试车辆"的综合解决方案。试验场包含五个主要平台，分别是自动驾驶综合测试平台、网联化测试认证平台、信息安全测试评价平台、数据存储分析平台和前沿技术研究平台。这些平台提供了从研发、测试到测试评价的全流程闭环服务。

通过这些平台，龙池试验场能够进行自动驾驶技术的综合测试，包括车路协同技术、V2X（Vehicle to Everything，车联万物）网联化测试和认证、信息安全测试与评价以及数据存储和分析等。此外，试验场还承担前沿技术的研究工作，致力于推动自动驾驶技术的发展和创新。龙池试验场的设立为自动驾驶技术的研发和测试提供了重要的平台和资源，对于推动自动驾驶技术在复杂地形道路条件下的应用具有重要意义。同时，试验场的建设也为相关领域的技术研究和创新提供了支持和合作机会。智慧高速概念如图10-9所示。

图10-9　智慧高速概念图

第四节　智慧城市交通制度建设

一、智慧城市交通相关政策和法规

2012年，我国在《国家智慧城市（区、镇）试点指标体系（试行）》中，首次提出了智慧交通的概念。随后，有关智慧交通政策频繁发布，见表10-1。2017年9月，交通运输部发布的《智慧交通让出行更便捷行动方案（2017—2020年）》是我国首个智慧交通专项政策，共分为四个部分，即提升城际交通出行智能化水平、加快城市交通出行智能化发展、大力推广城乡和农村客运智能化应用、不断完善智慧出行发展环境。2019年9月，国务院发布的《交通强国建设纲要》提出：要推动大数据、互联网、人工智能、区块链、超级计算等新技术与交通行业深度融合。推进数据资源赋能交通发展，加速交通基础设施网、运输服务网、能源网与信息网络融合发展。构建泛在先进的交通信息基础设施。构建综合交通大数据中心体系，深化交通公共服务和电子政务发展。推进北斗卫星导航系统应用。到2035年，基本建成交通强国。2020年12月，国务院发布的《中国交通的可持续发展》提出以智慧交通建设推进数字经济、共享型经济产业发展，提高综合交通运输网络效率，构筑新型交通生态系统。推进"互联网+"交通发展，推动现代信息技术与交通运输管理和服务全面融合，提升交通运输服务水平，加快智慧交通发展步伐。2022年3月，交通运输部、科学技术部联合发布的《"十四五"交通领域科技创新规划》提出要推动智慧交通与智慧城市协同发展，大力发展智慧交通，推动云计算、大数据、物联网、移动互联网、区块链、人工智能等新一代信息技术与交通运输融合，加快北斗导航技术应用，开展智能交通先导应用试点。

表10-1　国家颁布的智慧交通相关政策

颁布时间	颁布主体	政策名称	政策内容
2017 年 9 月	交通运输部	《智慧交通让出行更便捷行动方案（2017—2020 年）》	推动企业为主体的智慧交通出行信息服务体系建设，促进"互联网+"便捷交通发展。提升城际交通出行智能化水平、加快城市交通出行智能化发展、大力推广城乡和农村客运智能化应用、不断完善智慧出行发展环境。
2021 年 2 月	中共中央、国务院	《国家综合立体交通网规划纲要》	加快提升交通运输科技创新能力，推进交通基础设施数字化、网联化，提升智慧发展水平。利用新技术赋能交通基础设施发展，加强既有交通基础设施提质升级，提高设施利用效率和服务水平。
2021 年 12 月	国务院	《"十四五"现代综合交通运输体系发展规划》	在智能交通领域开展基于5G的应用场景和产业生态试点示范。推动车联网部署和应用，支持构建"车—路—交通管理"一体化协作的智能管理系统。

中国各省区市根据"十四五"规划内容，结合各自的交通运输体系和交通网络布局，颁布符合各地交通特色发展的相关政策，其中包括了规划性政策和意见性政策。表10-2展示了部分省区市颁布的智慧交通相关政策。

表10-2 部分省区市智慧交通政策

颁布地区	颁布时间	政策名称	政策内容
湖南省	2021 年 8 月	《湖南省"十四五"现代化综合交通运输体系发展规划》	推动交通基础设施全要素、全周期数字化改造升级，提高设施利用效率和服务水平。建设智能路侧设施，有序开展自动驾驶区域性示范应用，提升自动驾驶汽车产业化应用水平。优化高速公路不停车收费（ETC）服务体系，拓展 ETC 系统应用场景和范围。
湖北省	2022 年 2 月	《湖北省综合运输服务发展"十四五"规划》	智慧交通快速发展，二级及以上汽车客运站、铁路、民航实现联网售票，所有市州进入全国公交一卡通阵营，武汉入列全国首批"智慧交通"示范城市。
山东省	2022 年 1 月	《山东省新型城镇化规划（2021—2035 年）》	发展智慧出行服务，加快布局城镇智慧交通网络，提升城镇交通设施整体智慧化水平和运营效率。推动旅客联程运输全程电子化服务，加快城镇交通信号灯、电子标识等智能升级，应用绿波带等智能管控方式，提升通行效率。整合停车资源，开发智慧停车应用，实现资源统筹利用和信息精准推送。

二、智慧城市交通的组织和管理机制

智慧城市交通的建设需要政府主导，制定交通规划、政策和法规，并提供必要的资金支持。同时，政府也需要扮演监管者的角色，确保智慧城市交通的正常运行和公平竞争。各相关部门包括交通、城管、信息技术、通信等部门之间也需要紧密合作，共同制定交通策略、规划和标准，协同推进智慧城市交通项目的实施。

不只是政府，私营企业也可以加入到智慧城市的建设中来，公共部门和私营企业之间的合作是智慧城市交通成功的关键。政府可以与私营企业合作进行交通设施建设、数据收集和交通服务的提供。私营企业可以为智慧城市交通提供技术、设备和运营经验。在公共部门与私营企业的合作中，保持数据的共享和开放至关重要。智慧城市交通的建设离不开数据（包括交通流量、出行行为、道路状态等），足量保质的数据可以促进交通数据的融合与应用，提高交通决策的准确性和效果。

创新试验区和示范项目往往对智慧交通的建设起着重要的推进作用，吸引企业和研究机构参与智慧城市交通的试点和创新。试验区和示范项目的推广与应用，不断验证新技术和解决方案的可行性，并为智慧城市交通的推广提供经验和借鉴。

最后，公众的参与也是不可缺少的一环，智慧交通的组织和管理者需要重视公众的参与和沟通。政府部门应该积极与公众、社区和利益相关方进行沟通，征求意见和建议，并通过信息公开和宣传活动增加公众对智慧交通的理解和支持。

三、智慧城市交通制度建设相关案例

深圳市是中国智慧城市建设的典范之一，在交通领域也出现了一系列成功的案例。深圳引入了智能交通信号灯、智能公交站牌和智能停车系统，通过实时数据监测和调度，提高交通效率和服务质量。此外，深圳市利用交通大数据平台实现了对交通数据的实时监测和分析，通过数据分析和预测，能够提前发现交通拥堵的可能性，并采取相应的交通管理措施。同时，深圳市通过优化交通信号配时和提供实时路况信息，引导驾驶员选择畅通的道路，减少了交通拥堵。深圳市通过《深圳市城市交通管理条例》《深圳经济特区道路交通安全管理条例》等规定，有效规划了交通拥堵治理和智慧交通发展，为深圳智慧交通发展提供了指导和方向。另外，深圳政府投资兴建交通基础设施，包括道路、公交系统、地铁等。通过扩建道路，增加公交线路和地铁路线等措施，提高了城市交通的容量和效率。同时，深圳政府与企业、学术界之间的合作十分紧密，三方通过加强交流、数据分享等措施，共同推进智慧城市交通的建设和发展。

新加坡是全球知名的智慧城市，其交通管理和服务体系被广泛认可。新加坡引入了电子道路收费（Electronic Road Pricing）系统和智能交通信号灯，通过实时数据监测和调度，有效缓解了交通拥堵问题。此外，新加坡还推出了智能公共交通应用，提供实时公交车位置和到站时间，帮助市民规划出行路线。新加坡政府通过制定智慧城市交通的战略规划和政策框架，明确了发展目标和重点领域。他们积极推动政策、法规和标准的制定，为智慧城市交通的发展提供了法律和政策保障。新加坡政府设立了专项基金和创新引导基金，支持创新企业和研究机构开展智慧交通技术的研究和应用。政府、学术界和企业建立合作关系，共同推动智慧城市交通的发展，与企业合作，共同开展创新项目和示范项目，并与学术界合作进行研究和评估。政府投资建设智慧城市基础设施，包括交通感知设备、数据中心、通信网络等。他们推动各种智能交通设施和系统的部署，为智慧城市交通的发展提供了基础设施支持。鼓励数据的开放和共享，在保护隐私的前提下，提供交通和城市运行的相关数据资源给研究机构、企业和公众使用，促进了创新和数据驱动的解决方案的出现。

参考文献

［1］CALDARELLI G，ARCAUTE E，BARTHELEMY M，et al. The role of complexity for digital twins of cities [J]. Nature Computational Science，2023：1-8.

［2］FANG Z，LONG Q，SONG G，et al. Spatial-temporal Graph Ode Networks for Traffic Flow Forecasting[C]. Proceedings of the 27th ACM SIGKDD Conference on Knowledge Discovery & Data Mining，NEW York：Association for Computing Machinery，2021.

［3］HWANG H，OH Y H，LEE Y K. An evaluation of routing policies for order-picking operations in low-level picker-to-part system [J]. International Journal of Production Research，2004，42（18）：3873-3889.

［4］ISLAM M Z，ASADUJJAMAN M，RAHMAN M. An alternative method of floyd-warshall algorithm is proposed for solving shortest path problems using triangular procedure [J]. Mathematics and Computer Science，2022（7）：113-117.

［5］Xu Y Y，Olmos L E，MATEO D，et al. Urban dynamics through the lens of human mobility [J]. Nature Computational Science，2023（3）：611-620.

［6］ZHAO L，SONG Y J，ZHANG C，et al. T-gcn：A temporal graph convolutional network for traffic prediction [J]. IEEE Transactions on Intelligent Transportation Systems，2019，21（9）：3848-3858.

［7］国家综合立体交通网规划纲要 [J]. 西南公路，2021（1）：2-9.

数智时代：打造智慧城市

［8］吕柏行，郭志光，赵韦皓，等. 标准粒子群算法的优化方式综述 [J]. 科学技术创新，2021（28）：5.

［9］卢宇婷，林禹攸，彭乔姿，等. 模拟退火算法改进综述及参数探究 [J]. 大学数学，2015，31（6）：96-103.

［10］"十四五"现代综合交通运输体系发展规划 [J]. 铁道技术监督，2022，50（2）：9-23.

［11］吴健. 基于A-star改进路径规划算法研究 [D]. 马鞍山市： 安徽工业大学，2019.

［12］湖南省人民政府办公厅关于印发《湖南省"十四五"现代化综合交通运输体系发展规划》的通知（湘政办发〔2021〕50号）[J]. 湖南省人民政府公报，2021（17）：331-360.

［13］山东省人民政府关于印发《山东省新型城镇化规划（2021—2035年）》的通知（鲁政发〔2022〕1号）[J]. 山东省人民政府公报，2022（5）：1-29.

［14］赵港，王千阁，姚烽，等. 大规模图神经网络系统综述 [J]. 软件学报，2021，33（1）：150-170.

［15］智慧交通让出行更便捷行动方案（2017—2020年）[J]. 交通财会，2017（10）：86-87.

☆ 第十一章 ☆

智慧城市环保

　　环保已经走上全球舞台，成为人类关注的焦点问题。随着工业进步与人口增长，我们迎来了经济繁荣，然而这一切的背后是对环境资源的破坏和污染。我国作为全球最大的发展中国家，经济高速发展带来的环境问题不容忽视。降低环境负担，实施资源循环利用，制定科学合理的环境监测和管理方法更显迫切。2016年3月，环境保护部办公厅发布了《生态环境大数据建设总体方案》，旨在加强生态环境大数据的管理和应用，为生态环境保护提供科学依据和技术支持。该方案主要包括推动全面开放共享、构建大数据基础设施、加强数据管理和应用能力等内容。它提出了由生态环境监测、生态环境响应、生态环境风险评估和决策支持等部分组成的生态环境大数据体系结构，并明确了要加强数据共享与管理的原则和机制。同时，该方案全面规划了生态环境大数据的具体应用场景和技术支持。具体而言，通过运用先进的大数据技术，实现了对生态环境的精准监测、准确预测和及时预警，从而实现环境质量的实时评估和智能化监管。在此背景下，自2016年以来，智慧环保平台在全国各大城市蓬勃兴起，正扮演着不可或缺的角色。依靠物联网、大数据、云计算和人工智能等最新通信和计算技术，智慧环保构筑了一个以大数据和人工智能为驱动的城市环境保护战略。这一战略不仅能在源头上抑制环境污染，还能高效地利用和处理废弃物，制定并实施具有针对性的环保政策，同时提升市民对环保议题的认识水平并鼓励市民积极参与其中。《生态环境大数据建设总体方案》的实施和国内近几年智慧城市的发展，都标志着在信息技术和数据科学的驱动下，我国的环境保护工作正朝着更加智能、高效、可持续的方向迈进。

第一节　我国城市环保现状

据2022年的《中国生态环境状况公报》显示，尽管我国在城市环境环保方面取得了一些进展，但仍然存在一些问题和挑战。比如在空气质量方面，报告指出，我国339个地级及以上城市仍有37.2%的城市的空气质量指数（Air Quality Index，AQI）经常超过空气质量标准。特别需要注意的是，报告中提到细颗粒物（PM2.5）、可吸入颗粒物（PM10）和臭氧（O_3）等污染物的超标情况。具体而言，在339个城市中，细颗粒物（PM2.5）超标比例为25.4%，可吸入颗粒物（PM10）超标比例为16.2%，而臭氧（O_3）超标比例达到27.1%。这表明城市空气污染仍然是一个突出的问题，需要更加有力的措施来改善城市空气质量。除了空气质量问题，其他方面的环境监测和管理实施也不够充分，例如垃圾分类、水污染和土壤污染等。与国外相比，我国的城市环保工作在技术研发、公众参与和监管能力等方面存在很多问题。

一、监测技术、装备研发能力不足

在城市可持续发展的大背景下，环境监测的范围已经扩展到整个城市，不再局限于单个站点。同时，对环境数据的需求也由对单项数据的搜集和分析升级为对多项环保数据的实时监测。比如，在大气环境监测中，为了能够全面、准确地了解大气中的各项指标和参数，需要利用多种平台（包括地基、车载、机载和星载平台等）采集大气环境中痕量气体、气溶胶、温室气体、大气风场、水汽和温度等多种数据。通过多平台的数据搜集，可以实现对大气环境多尺度、多时相的监测，这对于城市的大气环境管理和决策制定具有重要意义，为改善空气质量、应对气候变化等方面提供科学支持。因此，多元数据的采集在环境监测中具有重要的应用价值。

目前，传统的环境监测系统和手段主要集中在对单一数据项的采集和处理，因此无法满足对环境全要素数据的搜集和分析需求。另外，现有的环境监测系统一般只关注某些特定环保领域，对其他领域（比如土壤污染、噪音污染等）的关注度较低。归根结底，这是现阶段我国对城市环境的全面监测技术的研发能力不足所导致的。

首先，我国在城市环保工作中使用的高精度监测仪器大多依赖海外进口，尤其是智能化、自动化的高端设备。在对大气、水和生物等监测方面，自动化监测和应急监测的实验室设备和解决方案还处于初步研发阶段。其次，我国在环保人才培养方面存在一些问题。专门从事环保科研的人员相对较少，大部分还是集中在政府机构和环保部门，缺乏专门为环保人才设计的高等教育机构和国家认可的学位授予机制，导致无法系统性和专业化地培养环保人才。此外，还需要关注的是，目前现有的环保相关专业学科设置较为单一，缺乏针对性和前瞻性的课程设计以及教学模式。同时，学生在环保领域缺乏真正的实践机会，这导致我们的环保人才在实际操作能力方面存在明显的短板。这种情况使得环保科研成果难以有效转化为切实可行的环保实践解决方案。这也意味着，在环保科研方面往往会浪费大量的人力、物力和财力，因为科研成果未能有效地应用于解决实际环保问题。另外，我国的环保教育资源分配不均衡，许多地区的环保人才培养条件不足，无法满足智慧城市大背景下不断增长的环保人才需求。上述

数智时代：打造智慧城市

问题严重影响了我国城市环保工作的效能和可持续性，并导致我国城市在环境信息多元感知方面和环保专业人才储备方面的能力不足，缺乏对新型和多元污染监测的高端设备及新一代信息技术的研究和使用。

二、公众参与度低

环保的理念尚未完全深入人心，是当前城市环保工作面临的主要问题。尽管新一代信息技术已经有了很广泛的应用，但其在环保领域的推广和应用相对滞后。除了上面提到的环保学科建设的问题，追根溯源，是环保的潜在好处和重要性尚未被公众充分理解和认知。根据《公民生态环境行为调查报告（2022）》，公众在参加环保实践和参与监督举报等方面的行为表现一般，特别是在参与环保监督举报的行为上，仅有14.8%的受访者参与过（比2021年仅提高4.2%）。此外，尽管一部分公众对参加环保志愿活动有一定的积极性，但活动参与度仍较低，主要的阻碍（见图11-1）包括：（1）不知道如何参与（46.1%）；（2）缺乏必要培训保障（9.1%）；（3）活动没有吸引力（18.8%）；（4）周围人都不参加（15.6%）；等等。在环保信息的获取和关注上，公众对环境质量信息、政府环境治理进展和效果以及个人环保行为、知识技能等方面的关注度较高，但半数以上的受访者对生态文明思想"碳达峰""碳中和"等环境知识和内容的了解程度并不高。

本次调查报告还指出，以在私人和公共领域的保护环境积极性为标准，有五类特色鲜明的典型人群（见图11-2），仅21.9%的受访者属于环保爱好者，而且他们大多为环保相关部门的工作者。而大部分的受访者在公共领域的环保行为并不积极，尤其是独善其身者（私人领域环保行为好，公共领域行动力弱）、行动不足者（在公共和私人领域环保行为都欠缺）以及消极旁观者（在公共和私人领域都缺乏环保行为和意愿），分别占受访群众的35.0%、8.1%和18.7%，这些群体的总占比多达一半以上。值得注意的是，独善其身者和消极旁观者群体的总占比较高，而他们在公共领域的环保行为较弱，对环保问题的关注度和投入度不够。

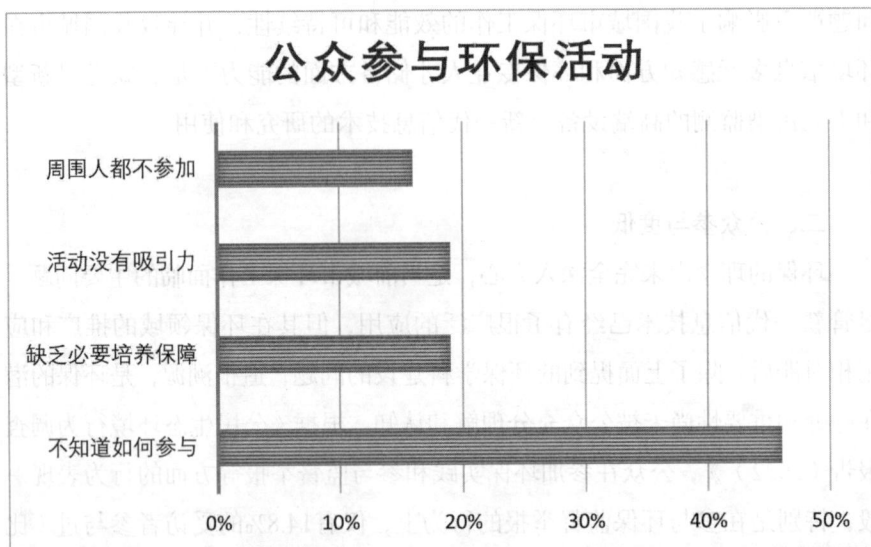

图11-1　公众参与环保活动面临的最大阻碍

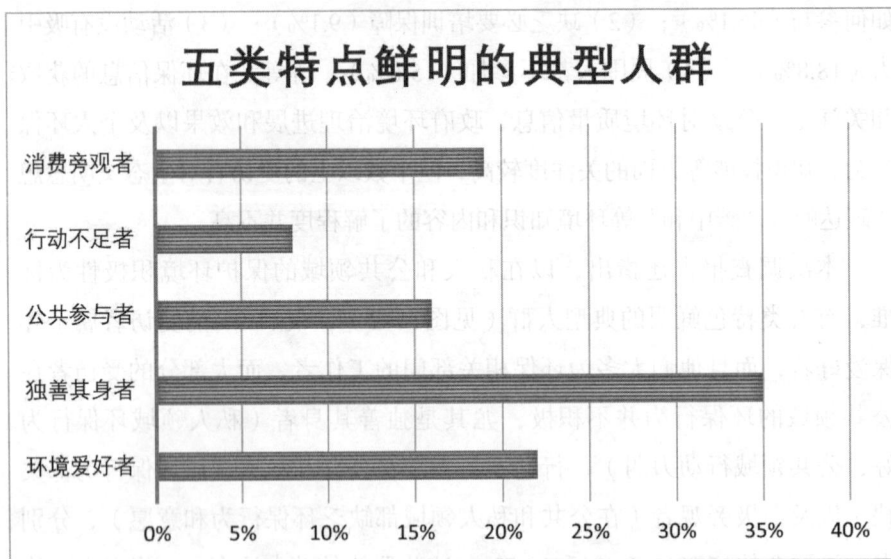

图11-2　五类特点鲜明的典型人群

数智时代：打造智慧城市

以上问题显示，尽管公众的环保认识和意识正在提高，但在具体的环保行为实践和环保信息关注、理解上还存在一定的差距。

三、环境监管力度不足

抛开技术和公众参与问题，我国政府在环境监管和实施过程中也存在很多挑战，包括环保部门的执法和处置能力较其他领域而言比较薄弱，环境监管系统的兼容性和一体化程度较低，政府各部门之间以及政府和企业之间都缺乏合作等。

我国于2014年修订并通过《中华人民共和国环境保护法》，并于2015年1月1日正式实施。该修订案对环境保护工作的法律法规和框架进行了深化和完善，并将环境治理效果作为政府和干部的重要考核指标之一，强化了环境治理和保护的力度，为城市环保的推广和应用提供了政策支持。自2014年起，我国原环境保护部和各地方政府环保机构展开了大规模的环境督查和执法行动，特别是对违法企业进行了严厉的打击。如表11-1所示，2015年到2022年，我国各级环保部门对违法企业进行了处罚。

表11-1 2015—2022年全国环境行政处罚

	处罚决定（份）	罚款金额（亿元）
2015 年	9.7 万	42.5
2016 年	12.4 万	66.3
2017 年	23.3 万	115.6
2018 年	11.4 万	152.8
2019 年	16.28 万	118.78
2020 年	12.61 万	82.36
2021 年	13.28 万	116.87
2022 年	9.1 万	76.72

环境违法案件的数量呈下降趋势，它表明我国在逐步减少环境污染物排放管理方面取得了一定的成果。但是，从对企业实行处罚的罚款金额来看，对环境违法行为的处罚力度仍有待进一步加强，要确保处罚能够真正推动企业合规生产和环境改善。

环境问题的复杂性也意味着单纯的行政处罚难以全面解决环境违法行为，必须采取综合的治理措施。然而，我国城市环保部门在执法和处置能力方面仍有欠缺。目前，整个城市环保方面的执法和处置链条相对薄弱。执法部门对新一代环保信息技术的运用还不熟悉，缺乏相应的培训和指导，无法全面监管和惩处环境违法行为。以上种种原因导致我国环保系统的兼容性和一体化程度较其他领域而言相对薄弱。目前，我国环保系统多为各个部门独立自建，频繁出现数据孤岛、工作重复、资源浪费等问题。例如，根据中国环境监测总站的数据，我国已建立起约600套空气自动监测系统和150个地表水自动监测站系统。然而，这些站点的部署和环境管理系统没有很好地融合，还处于各自运作的阶段，未实现监测、管理、实施一体化，不能适应当前城市环境全面监管的需要。比如，各个环保系统之间缺乏互联互通，数据无法互通共享，阻碍了整个环保系统的效能，尤其是在对新型多元污染的监测和管理上，没有起到真正的效果。同时，各个部门的环保系统使用的技术标准参差不齐，导致系统间的事务衔接和环保监管工作的执行困难重重，止步不前。目前，我国环保检测工作实际上由多个部门、多个机构（如环境保护部门、水利部门、城市规划部门等）分散执行。各个部门之间存在信息不畅通、职责不明确、缺乏沟通和协调等问题，影响了环保措施的实施。为此，我国环境监测总站组织编写的《地下水环境监测技术规范》指出，环保部门应成为环境监测的主要负责单位，负责协调其他各部门和机构的监测工作。同时，其他相关部门和机构也应将环境监测工作纳入自己的职责范围，应与环保部门密切合作，建立统一的数据平台，共同制订监测计划，确保监测数据的准确性和可靠性。

第二节 智慧环保体系架构

基于我国城市环保现状，建立智慧环保体系是建设智慧城市的重要任务之一，是实现智慧城市可持续发展的先决条件。智慧城市环保体系架构主要由四个关键部分组成，包括智慧感知层、传输层、智慧平台层以及应用层。每个部分都发挥着重要的作用，共同构建起一条高度自动化、智能化的环保监管体系。智慧感知层是环保体系的基础，利用先进的传感器和设备来实时监测环境数据，包括大气、水质、土壤等各类参数。通过感知层的采集，能够获取环境质量的数据，为之后的分析和决策提供准确的基础。传输层负责将感知层采集到的数据传输到中央系统，采用各种通信技术，如物联网、卫星通信等来确保数据高效、安全地传输。传输层的良好运行能够有效保障数据的实时性和完整性。智慧平台层是整个环保体系的核心部分，通过大数据和人工智能技术来整合、分析和管理庞大的环保数据。智慧平台层具备强大的算法和模型，能够自动化地处理数据，进行环境分析、模式识别、异常检测等工作。智慧平台层可以进行环境预测、预警以及制定相应的应对措施。应用层是环保体系的最终目标，通过智能决策定制和措施实施来提升环境治理和保护效率。应用层能够在实时环境监测数据的基础上，进行科学决策，制定相应的环保政策和规划。同时，应用层通过自动化、智能化的环保体系，能够主动监管城市环境污染源和实施有效的环境治理。整个环保体系的架构设计实现了环保数据的实时监测、采集、存储，到环境预测、预警以及智能决策定制和措施实施等流程的顺利进行。

一、智慧感知层

智慧感知层使用环保检测仪器、视频监控、红外探测、卫星遥感器等传感器设备对各类环保数据（比如大气、土壤、水和城市垃圾等）进行实时收集、存储以及处理，涉及领域包括环境监测数据、企业排放数据和市民环保意识数据等。传统的环保监测往往依赖现场人员的定时采集，既耗费人力、物力和财力，又无法做到实时和全面的监控。相比之下，智慧环保系统的感知层利用物联网将分布在城市不同地区的传感器和环保设备连接起来，形成一个复杂的整体信息网络，实现对城市环境的全面监控，并将数据实时传输到数据中心，使得环保监控的实时性、连续性、覆盖率和效率都得到显著提高，能够有效补充我国城市环保工作中多元数据收集能力的不足。这些即时、准确、全面的数据不仅可以反映出城市环境的现状，而且可以通过分析来预测未来的趋势，对潜在的环境问题进行预警，对已发生的环境问题进行追踪和处理。以水质治理为例子，中国在城市水质治理中的物联网应用非常多。比如，在北京的"三水共治"（即雨水、污水、地下水）项目中，物联网技术被用于实时监测水质和水位，协助城市管理者有效处理水资源问题；厦门市通过物联网技术建立了湖泊水质自动监测系统，实时监测湖泊水质变化，做到了水质问题"早发现，早预警，早处理"；上海市松江区利用物联网技术，建立了对灵山湖水质的远程自动监测系统，系统可以对湖水的pH值、溶解氧、电导率、浊度、蓝绿藻等指标进行实时监测，有效保障了灵山湖的水质。另外，在垃圾分类系统中，杭州市和深圳市通过安装在垃圾桶上的智能传感器，可以实时收集垃圾的重量和类型信息，然后通过分析这些信息，预测垃圾处理厂的处理能力，从而提前调度资源、优化垃圾处理过程。由于物联网无处不在的特性，它的应用能够广泛覆盖到城市的各个环保领域，包括交通、能源、健康等。我们要加快建立一个全方位、多层次的城市环保物联网，这样可以有效地解决当前我国城市环保工作在多元数据收集能力上的不足，从而提高环保工作的运行效率和管理水平。

二、传输层

智慧城市环保系统的传输层对系统的稳定运行起着关键作用，它是数据从采集点到处理中心传输的通路，为数据的稳定、高效传输和安全保障提供了基础。首先，它需要有承载大量环保数据传输的能力。由于环保系统需要实时处理大量的复杂数据，对传输层的网络带宽、可靠性需求相当高。所以为了提高数据的稳定传输，有效防止由于网络延迟、丢包等问题导致的数据丢失或错误，传输层需要采用先进的协议和技术，如TCP/IP协议等，它们可以保证数据包在一个网络中的顺利传输。同时，安全性也是传输层需要重视的问题。智慧城市环保系统中的数据涉及城市管理、居民生活等众多方面，对于数据的保密性、完整性有着严格的要求。在传输层，区块链技术的去中心化、分布式的特点，能够提供安全的传输通道，避免敏感数据被未经授权的人访问。这对于环境监测数据的传输和共享非常重要，可以保护用户的隐私和数据安全。另外，在物联网的架构下，各项环保设备之间的通信也将通过传输层实现，因此传输层还需要支持多种网络接入方式，如蜂窝、蓝牙、Wi-Fi、Zigbee、LTE-M、LoRa、NFC（近场通信）等物联网通信协议。同时，为了改善网络资源的利用率，传输层还可以通过灵活的网络切换，动态调整网络状态，提高网络的使用效率。再者，传输层还需要有良好的可扩展性，以支撑系统在面对数据量急剧增长的情况下的稳定运作。为了实现这一点，传输层可以采用一种可伸缩的网络架构，它可以根据实际需求动态调整网络资源。另外，在智慧城市环保系统中，可以考虑使用专门的环保网络专线进行数据传输。总的来说，智慧城市环保系统的传输层是一个复杂而关键的部分，它需要提供高效、稳定和安全的数据传输，并且需要有良好的扩展性以满足未来的需求。

三、智慧平台层

智慧平台层以云计算和边缘计算、区块链技术为基础，结合大数据和人工智能等信息技术，实现环保数据的高效处理与准确分析，并提供智能的环保决策支持与优化调度，为智慧城市环保提供可持续发展的解决方案。

　　云计算和边缘计算、区块链技术作为当今的先进计算技术，在智慧城市环保方面起着巨大的作用。首先，云计算的应用在环保数据处理中发挥着关键性作用。利用云计算的高效、弹性、低成本特性，可以快速处理海量的环保数据，为政府、企业和公众提供实时、准确的环境信息。例如，环保部门可以利用云计算技术，集中存储和处理污染源监控数据，对环境污染进行精准定位和预测预警。同时，对采集的数据进行深度分析和挖掘，为环保政策的制定提供科学依据。此外，云计算还可以打破目前环保面临的信息孤岛问题，实现数据共享和跨部门、跨地区的统筹协调。其次，边缘计算的出现，使环保设备有了更高的计算能力和更低的网络延时。在智慧环保设施中，往往需要对大量环境数据进行实时处理和响应（比如，数据清洗、格式化和多元数据融合等操作）。此时，边缘计算可以将计算任务下沉到设备端，避免了将数据反复传输到云端的时间和资源消耗，提高了响应速度和数据使用效率。以智能废物管理系统为例，边缘计算可以让废物分类设备具备识别和分类废物的能力，减少了其对中心服务器的依赖。同时，通过实时处理和分析设备端数据，可以适时调整资源调度和优化设备，提高废物处理效率。边缘计算还可以增强信息的安全性，通过在设备端处理数据，可以降低数据在网络传输过程中被窃取或篡改的风险。尤其在环保领域，数据的准确性和真实性对于环保决策至关重要，边缘计算的这个特性为环保信息安全提供了新的保障。最后，在智慧平台层，区块链技术可以用于构建共享平台和建立信任机制。通过区块链技术，可以在智慧平台上建立去中心化的信任机制，消除信息不对称问题，提供可靠和高效的交易环境。例如，区块链技术可以用于构建碳排放交易平台，在碳交易过程中实现可追溯性和透明化，确保交易的合规性和可信度。区块链技术还可以支持智能合约的执行和自治组织的建立，为环境治理提供一种去中心化和自主化的方式。总的来说，云计算、边缘计算和区块链等技术的应用，为智慧城市环保的实时响应、安全管理和优化调度提供了可能。

在智慧平台层，环保智慧分析与决策是通过利用大数据和人工智能技术对收集到的各类环保相关数据进行深度分析，以提供科学、准确的环保决策依据。大数据分析技术可以整合环保领域内海量的数据，并对它们进行统计、预测和建模，以揭示环保问题的深层规律，预测未来可能的环境变化。例如，通过对长期气象数据的大数据进行分析，可以预测未来一段时间内的气候变化，从而制定出更精准的环保政策。另外，人工智能技术在环保工作中起到了关键的作用。人工智能是最近几年兴起的一种先进技术，主要通过机器学习和深度学习等技术，模拟人类思考、判断、解决问题的能力。在环保领域，人工智能技术的应用主要有两个方向：其一是环境预测。通过收集并分析各种环境数据，利用人工智能技术可以制作出能预测各种环境状况的模型。这对于环保工作来说尤为重要，因为环境问题的复杂性、多元性使得预测变得困难。借助人工智能技术进行环保信息的分析，可以更好地理解环保问题的实质。例如，根据空气质量监测数据和气象数据，人工智能技术可以预测城市空气污染的程度和空气质量的变化趋势，帮助环保部门及时采取措施进行空气治理。其二是优化资源配置。人工智能的自动化特性可以帮助环保部门或机构用更少的资源做更有效的工作，显著提高环保工作的效率。例如，通过分析废物处理设备的使用率、运输线路的拥堵情况等，人工智能可以智能调度废物收集车辆，实现最优的资源配置，提高废物处理的效率，减少资源的浪费。此外，利用人工智能技术，环保机构可以自动化地进行污染源检查、风险评估等任务，无须人工参与，可以大大节省人力资源。例如，通过在监测设备中嵌入人工智能算法，可以实现对监测设备的自动检测和故障诊断，及时发现设备故障并进行维修，提高监测设备的可靠性，减少维护成本。

智慧城市环保系统的感知层与智慧平台层一起工作，创建一个高度集成、具备扩展性的环境保护框架。智慧平台层为基础管道提供了数据采集、存储和传输等功能，而感知层则是环保系统的前沿，负责对环境中的各种环保因素进行实时监测，形成海量信息流。这些信息经过无线传感器网络，迅速传输到智慧平台层进行分析和处理。感知层采集的信息包括温度、湿度、大气质量、污染物浓度等实时环境参数，而这些信息对于环保决策、应急响应及公众参与环保行动至关重要。通过多源数据采集，并经由负责数据处理和分析的智慧平台层的大数据技术和人工智能算法，能快速地将被动感知的信息转换为能够引导环保行动的有用信息。感知层的数据信息为智慧平台层提供了基础，让平台层能提供面向公众、企业和政府的环保信息发布、监测数据查询和投诉举报等多元化服务。智慧平台层对收集到的环保监测数据进行更进一步的清洗、整合和分析，生成具有实际价值的信息，如空气质量指数、污染物分布规律等，为公众的生活、政府部门的决策和环保企业的运营提供精准智能的环保服务。换言之，感知层与智慧平台层的协同工作，可实现环保信息的准确提取与快速反馈，进而实现城市环保的智能化和精确化。此外，智慧平台层也使智慧城市环保系统与其他智慧城市系统，如智慧能源、智慧交通等的互联互通，成为可能，从而实现环保信息共享，以优化城市资源配置，提升整个城市的生态环境。同时，为了保障感知层和智慧平台层的稳定运行，还需要制定完善的安全机制，包括数据安全保护和服务安全保护，以应对可能存在的数据泄露、非法访问等安全问题。

四、应用层

智慧环保体系架构的应用层是环保监管工作能否顺利执行的关键因素。应用层能够推动环保决策、环境监测、公众参与等各种行动的实现，确保环保工作的智能化和便捷化。在智慧环保体系架构中，应用层是实现各种环保应用的具体场所。此外，由于其与较底层的感知层和智慧平台层相互链接，因此对于信息的透明度和可用性具有很大的影响。应用层通过对大数据和人工智能技术的综合应用，实现了从监测数据的采集、整合到信息服务的智能化过程。

在环保决策支持方面，应用层能够实时提供精准的环保信息。例如，通过应用层的智能化系统，可以获取全市各个监测站点的空气质量数据，并结合人工智能分析算法，实时生成空气质量指数、污染物来源和分布规律等环境报告。这些报告可以帮助环保部门预测空气污染的态势，为制定相应的紧急措施和政策提供科学依据。在环境监测方面，应用层将各类传感器和监测设备所获取的海量实时环境参数（如温度、湿度、大气质量、污染物浓度等）快速地进行分析和处理，对存在的环境问题进行实时预警，为环保应急响应提供数据支持。比如，通过应用层接口实时获取水质监测数据，并自动分析某水库中不同污染物的浓度、变化趋势以及对周边环境的影响。当监测到水质异常时，系统会立即发出预警，并将相关数据和分析报告发送给环保部门，以便及时采取应对措施。在公众参与环保行动方面，应用层还会提供环保知识普及、环保信息查询、环保举报等公众服务，进一步提升公众的环保意识和参与度。应用层的智能化系统，为个人用户提供了查询当前位置附近空气质量和水质情况的功能。用户可以通过手机APP或网页访问该平台，实时了解周围环境的情况，并根据环境质量自主决策是否外出或采取相应的防护措施。此外，应用层还能为环保企业提供行业分析、运营优化等专业服务。例如，废物处理企业可以通过应用层的智能化系统，实时监控废物处理设备的运行状态和效率，提供设备健康评估和维护提示，帮助企业实现资源的最优化配置，降低运营成本。此外，系统还能根据废物的来源和组成，提供废物分类和处理的建议，帮助企业实现绿色经营和可持续发展。

在实现各种环保服务的同时，应用层还需关注数据安全和服务的稳定性，通过完善的安全保护机制，防止数据泄露、非法访问等安全问题的发生。从整体上看，应用层既是信息的生成和传播的关键环节，也是环保决策、环保监测和公众参与等众多环保行动的实现场所，是实现环保工作的智能化和便捷化的重要一环。

第三节　实施案例分析

一、南京市建邺区水环境自动监控系统

南京市建邺区位于南京市的中心城区，是南京市六个城区之一。建邺区拥有丰富的水资源，主要包括河流、湖泊和地下水。建邺区有两条重要的河流，即秦淮河和龙江。秦淮河是南京市的母亲河，全长110公里，流经建邺区和鼓楼区，与长江相通。龙江是南京市的二级支流，全长55.6公里，是南京市南部的重要水源。其次，建邺区也有一些湖泊，如江东湖和双龙湖。江东湖位于建邺区北部，是南京市重要的淡水湖泊之一，湖面面积达13.9平方公里。双龙湖位于建邺区东部，是一个天然湖泊，水域面积达2.68平方公里。此外，建邺区还拥有丰富的地下水资源，主要分布在西南部和西北部地区，是市民饮用水的重要来源之一。建邺区将地下水分为三个水源地，即兰圩水源地、六合水源地和秦淮水源地。这些水资源为建邺区的经济社会发展和市民生活提供了重要的支撑。

早些年，建邺区的水环境管理方面存在很多问题。首先，建邺区在处理水环境数据的多样性方面能力不足，还停留在对单一数据的基本处理。这里，建邺区的水环境数据多样性包括水质、水量、水生态和水污染等数据。水质指水中各种化学物质的浓度和含量，如溶解氧、pH值、氨氮、总磷和总氮等，及由此产生的一系列特征。建邺区可以通过分析水质数据了解水体的污染程度，制定有效的水资源和市民健康保护措施。水量包括水体的流量、水位和蒸发量等，是评估建邺区水资源供应和需求状况的重要依据，能够帮助建邺区合理利用水资源。水生态关注水中生物群落的组成和数量，例如浮游植物、浮游动物和底栖动物。通过研究水生态系统的健康状况和生物多样性，建邺区可以制定相应的可持续发展生态环境保护策

略。水污染涉及水体中各种污染物的浓度和含量，如重金属、有机物和细菌。通过监测和分析水污染数据，可以了解建邺区水体污染物的来源和排放情况，以及评估其对水环境的影响和采取相应的污染治理措施。

其次，建邺区环境监管缺乏统一标准导致规范化建设滞后。以往，建邺区环保系统获取的环境监测数据格式和来源各自有很大差距，导致数据管理效率低下，从而需要政府投入大量人力和财力进行管理。建邺区环保局迫切需要准确收集、分析和利用多样化的水环境数据，以改善水环境管理工作，推动建邺区水资源的可持续利用，并且确保建邺区市民享有清洁和稳定的水环境。另外，建邺区的环境监测手段落后，不能满足建邺区水环境污染全面全天实时监测和预警的需求。在数据更新方式和安全性方面也有待提升，建邺区以往的环保业务系统管理体制存在"条块分割"问题，缺乏统一性和交互性，信息传递不畅、资源无法共享，已经形成信息孤岛，严重影响了跨部门、跨区域的共性业务处理和监管。建邺区对环境数据分析方法也比较单一，各部门使用不同软件系统，通用性和数据共享性差，数据仅局限于查询检索和统计功能，无法提供有分析和决策价值的信息。

为了提升现代城市环境管理能力和水平，增强环境应急预警能力，建邺区政府开展了一系列智慧环保项目。其中，基于物联网的水环境自动监控系统，是建邺区智慧环保的重要组成部分。建邺区政府充分利用物联网等新一代信息技术，构建了一个环境与社会全方位互联的水环境自动监控系统，该系统框架包括物联网感知层、传输网络层和应用层三个部分。在物联网感知层，建邺区建设了全区统一的环境自动监控平台，通过全区地表水环境自动监测系统结合污染物排放预警技术，对建邺区地表水进行实时监测。自此，环境管理部门能够快速而准确地获得第一手环保信息，及时发现异常指标，快速采取应急措施，妥善处置突发事件，不断提升生态环境监控治理水平。在传输网络层，利用建邺区环保专网、电信运营商网络，结合卫星通信等技术，实时传输水环境自动监控终端数据，提供给软件平台系统进行后台存储、汇总和应用，实现"更全面的互联互通"。在应用层，建邺区环保局以各科室的业务需求为导向，通过整合、升级、改造、新建等方式，集成信息采集、内容管理、信息搜索等功能，直接组织各类共享信息和内部业务基础信息，建设面向全局业务需求的应用系统。水环境自动监控系统在建邺区基层环境管理工作中得到了充分的应用，为建邺区基层环境管理、环境执法和环境监测工作带来了诸多便捷，为环境数据应用于建邺区经济社会发展、生态文明建设提供了更多机会。

二、滨州市智慧环保平台

滨州市位于中国山东省中部，是一个以化工、石油石化和能源等重点产业为支撑的工业城市。然而，根据2019年的数据，滨州市的环境污染情况并不乐观。根据滨州市生态环境局2019年的统计数据，滨州市的城市空气质量问题相当严重。数据显示，滨州市全年平均PM2.5指数为120微克/立方米，超出国家标准35微克/立方米的限值。滨州市的水质问题也十分突出。根据当地环保部门发布的数据，滨州市区内的大部分河流和湖泊水质处于劣 V 类水质等级，即不能进行任何用途的最差水质等级。这一数据表明，滨州市区的水质受到了严重的污染影响，对人们的生活和生态环境造成了极大的威胁。污水排放和工业废水是滨州市水质恶化的主要原因。工业生产过程中产生的大量污水和废水没有得到有效的处理，被直接排放到河流和湖泊中，导致水质急剧恶化。此外，滨州市的城区范围内工业企业集中，工业企业排放的大量工业废气和颗粒物进入大气中，进一步加剧了空气污染。滨州市的土壤污染问题也值得关注。由于长期的工业活动和农药使用，滨州市的部分土壤已经受到了重金属和有机污染物的污染。根据调查，滨州市区的土壤中铅、镉等重金属超标的情况比较严重。

面对诸多环境污染问题，滨州市可以从以下几点入手处理城市环境污染问题。首先，滨州市人力监管方式的滞后严重制约了环境监管工作的高效开展，环境信息的孤岛化与部门私有化问题，使得滨州市对环保数据的综合利用大多还停留在传统的查询检索和统计功能上，没有有效地转化为具有分析和决策功能的应用系统，导致了支持能力不足。比如空气环境的治理，滨州市对于大气污染防治工作的处理需要最新的信息技术和空气质量预报模式，从而为预警决策、针对性治理大气污染以及开展区域联防联控工作提供全面、集中、图形化、多层次、多角度、开放灵活的决策支持，进一步发挥生态环境数据的价值。作为一个工业城市，滨州市的企业应当被视为治污的主体。因此，充分发挥企业环境治理主体地位，对于实现经济发展与环境相适应至关重要。目前，滨州市有效监控企业排污状况以达到环境质量持续改善的目标常常因企业整体效益的考虑而受阻。其次，滨州市企业的生产和排污数据体系比较分离，导致污染物溯源困难，从物料投放、生产工艺等环节提出的污染物减排的解决方案得不到足够的关注。最后，滨州市环保执法的精细化管理力度太小。在当前环境背景下，滨州市需要创立新的环境监管体制和机制，推动环境监管执法全覆盖。滨州市需要建立一套完整的监管对象和网格巡查人员数据，才能快速发现环境问题，并对城市环境治理中涉及的各种情况和问题进行量化统计、量化分析和量化评价，实现监督制约和精细化管理。

滨州市政府为了解决上述环境污染问题，打造了一个信息技术支撑的智慧环保平台来提升其环境监管能力。自2018年《滨州市环境质量监管体系相关建设实施方案和实施意见》发布以来，滨州市共投资2亿元建设了6个国控、17个市控自动监测水站，并新建了79个乡镇空气自动监测站，实现了全市92个乡镇（街道）的空气自动监测站全覆盖，以及27个市控及以上河流断面的水质自动监测站全覆盖。通过智慧环保监管平台，滨州市将空气监测数据进行汇总分析，实现了空气质量实时监控和数据分析功能，为环境质量监管提供量化数据和排名支持。在工业废气、施工扬尘和工业废水的监测方面，滨州市建成了405个在线监测点位和224个工业废水污染源监测点位。滨州市将工业废气、废水、扬尘等监测数据集成，实现实时监控和GIS（地理信息系统）落图，有效改善了企业的违法排污问题。此外，新修订的《环境保护法》和《滨州市扬尘污染防治条例》为环境监管提供了更加严格的法律支持，结合滨州市信用评价机制和企业环保诚信档案的建立，这些措施大大提高了滨州市环保监管的约束力和效果。在应对重污染天气和环境应急管理方面，滨州市修订了应急预案，并将工业企业和施工工地纳入应急管控范围。通过智慧环保监管平台，滨州市可实现对管控范围视频直观监控，能够及时监控减排措施的实施情况，最大限度优化营商环境。在监测报警管理方面，滨州市实现了各类报警信息的推送和查询功能，提供及时、高效、精准的实况监测和情景再现，有效促进了综合监管效果的提高。智慧环保平台的应用为滨州市环保部门提供了强大的技术支持和数据分析能力，提升了环境监管的效能和精准性。近年来，滨州市通过智慧环保平台的应用，取得了显著的环境质量改善成果。

第四节　制度建设

智慧城市环保的目标是通过应用和发展新一代环保信息技术，提升环保工作效率和效果、改善城市环境质量、推动城市的绿色转型和可持续发展。具体来说，智慧环保系统通过大数据和人工智能驱动的多元环境监测、污染溯源和预警、环保一体化执法等环节来提升城市环保工作的效率和效果。新一代环保信息技术的应用和发展需要以减少污染事件、及时响应百姓对环境问题的投诉、显著提升城市环境质量为导向。智慧城市环保需要引领城市朝着节约资源和保护环境的绿色模式发展，实现城市的可持续发展和环境保护。智慧城市环保要做到提升公众环保意识，形成庞大的环保志愿者队伍，实现环保行动"人人有责，人人有为"。智慧城市环保应当引入最新的技术和理念，为环保工作提供新的解决方案和途径，使监督更加公开和公正。然而，从当前智慧环保发展的战略规划和总体框架看，智慧环保的应用领域主要还是集中在环境信息的搜集、处理和应用，以及在线办事等方面。对于环境执法和环境处置等方面的智慧化改造仍然十分欠缺。为了实现智慧城市环保的长远发展和城市环保的目标，智慧环保制度建设应围绕生态、经济、社会和技术等多方面的综合效益，创建一个高效的、健全的管理和监督机制，解决包括监测设备成熟度低、信息孤岛现象严重、数据利用率和信息透明度低等问题。

一、环保政策

智慧环保是当前全球关注和致力发展的重要方向，各国政府、企业及相关组织纷纷积极展开研究和全力推进。中国正深度参与这一全球环保趋势。2015年7月，《国务院关于积极推进"互联网+"行动的指导意见》首次明确提出了"大力发展智慧环保"的战略方针。随后，各类支持智慧环保的数字化发展政策相继出台。2015年7月发布的《生态环境监测网络建设方案》提出"全面设点，完善生态环境监测网络"，实现生态环境监测信息集成共享。这一进步在技术角度为建立智慧环保提供了得天独厚的条件。在诸多政策中，2017年发布的《关于深化环境监测改革提高环境监测数据质量的意见》，要求"加强大数据、人工智能、卫星遥感等高新技术在环境监测和质量管理中的应用"，这对智慧环保的技术依托和平台建设具有重要意义。同时，智慧环保也得到了广泛的实际应用和验证。2018年12月，《"无废城市"建设试点工作方案》提出，"实现固体废物收集、转移、处置环节信息化、可视化"。这一方案的实施，进一步推动了环保行业信息化、智能化的发展，也有助于实现环保目标的准确化、精细化。2019年4月，发布的《住房和城乡建设部 生态环境部 发展改革委关于印发城镇污水处理提质增效三年行动方案（2019—2021年）的通知》，再次强调了环保工作的信息化、智能化和精细化目标，提出"依法建立市政排水管网地理信息系统（GIS）"。2020年6月，生态环境部《关于在疫情防控常态化前提下积极服务落实"六保"任务 坚决打赢打好污染防治攻坚战的意见》中，明确提出生态环保产业需与5G、人工智能、工业互联网、大数据、云计算、区块链等产业实施深度融合，加快形成新业态、新动能，拉动绿色新基建。但是，智慧环保的推进仍面临一些挑战，如何有效整合各个领域的资源，如何实现环境监测数据的共享，需要政府、企业以及社会各方共同努力，加强协调、整合资源，协作出台相应的解决策略，这对于推动智慧环保事业的发展具有十分重要的作用。我国政府通过出台一系列智慧环保政策，不断推动环保工作的现代化和智能化，未来将结合实践中遇到的问题，进一步修订和完善这些政策，推动智慧环保的深入发展。

二、标准（规范）方面

在推动智慧环保发展的制度建设过程中，统一标准的制定十分关键。尽管近年来，工信部逐步加强了智慧交通、智慧医疗等方面的标准建设，但是智慧环保方面的标准建设却相对落后。因此，有必要尽快制定统一的环境信息标准（规范），以推进智慧环保体系的建设与发展。这些统一的标准和规范需涵盖技术标准、应用标准、数据和管理规范，从而保证智慧环保项目的设计、建设、运营及评估过程的规范性与科学性，以确保行业健康有序发展。首先，完善管理制度可以从强化自动监控工作入手。强化自动监控工作的过程，实质上是完善管理制度的过程。借助先进的信息技术，我们可以建立一套科学、完整、适应现实需求的对污染源自动监控的管理制度。通过明确省、市、县三级环保部门内部的各部门职责以及与外单位之间的协调机制，理顺环保部门、排污企业和第三方公司之间的关系，确保环保部门能够做好监督工作，第三方企业能够做好设备运维工作，排污企业能够做好各类配合工作。同时，智慧环保作为新一代信息技术和传统环保产业融合发展的新业态，在当前已迎来蓝海时代，传统环保企业与IT企业纷纷布局智慧环保领域。科技巨头的入局成了行业内的新动能，它将挑战和改变智慧环保乃至整个环保行业的竞争格局。而在这个过程中，企业应"顺势而为"，发挥自身优势，打造企业核心竞争力，同时勇于承担，与环保部门密切配合、主动接受社会监督。由此可见，加强智慧环保统一标准制定，是提升智慧环保工作效果的核心举措。只有在健全和完善这些方面的工作上取得突破，我们才能够真正实现环保部门及企业污染物自动监控方面的目标，为建设美丽中国作出更多贡献。

三、技术方面

建设智慧环保体系首先需要依据新型信息技术如物联网、人工智能、大数据、区块链等，引入先进的数据处理和分析模式，为环境管理提供模拟、分析与预测支持。在这些技术支持下，我们可以开发基于地理信息系统的各级环保部门重要湖（库）、河流水质综合评价与预警系统，以及建设污染源排放清单数据平台，实现大气和水污染源数据动态更新。同时，应该积极应用新一代信息技术去开发智慧环保APP程序、环境应急指挥平台、企业自行监测发布系统等一批具有实用性的信息系统。技术成果的应用和实践也不容忽视。通过积极参与"政产学研"一体化模式和科技成果转化，以及通过联合办学、合作创新等方式与高校创新实验室、研究机构等一同推动技术成果的应用和落地，我们可以见证技术推动环保事业发展的效果。此外，实现政府、企业、资金、人才等创新要素的共赢模式也至关重要。投资机构应充分认识到智慧环保的业务模式与发展潜力，提前布局，重点关注在环境监测领域、物联网等新一代信息技术领域具备核心技术的企业，并展开从环境感知设备到软件服务的全产业链投资布局。此外，我们还需要对监控系统进行升级，以实现扩展数据融合应用的目标。一种可能的方案是从国家层面着手，建立一个各省区市统一的监控平台，或者对已有的平台和系统进行统一更新，使其能够实现跨省区市的信息数据共享。这样，我们就可以真正实现资源的整合，最终提升监控污染源的准确率和稳定性。

参考文献

［1］褚召忍. 生态环境部发布《2022中国生态环境状况公报》[N]. 中国冶金报，2023-06-08（08）.

［2］关于发布《地下水环境监测技术规范》国家环境保护标准的公告[J]. 中国环境监测，2020，36（06）：56.

［3］环境保护部印发《生态环境大数据建设总体方案》[J]. 油气田环境保护，2016，26（02）：26.

［4］刘士清，王合昌. 基于智慧环保平台提升环境监管能力对策研究——以滨州市为例[J]. 广东化工，2020，47（05）：164-165.

［5］刘勇洪，徐永明，马京津，等. 北京城市热岛的定量监测及规划模拟研究[J]. 生态环境学报，2014，23（07）：1156-1163.

［6］刘文清，杨靖文，桂华侨，等. "互联网+"智慧环保生态环境多元感知体系发展研究[J]. 中国工程科学，2018，20（02）：111-119.

［7］李信茹，周民，米屹东，等. 智慧环保体系在环境治理中的应用[J]. 环境工程技术学报，2021，11（05）：992-1003.

［8］吕忠梅.《环境保护法》的前世今生[J]. 环境资源法论丛，2015，10（00）：1-26.

［9］罗毅. 环境监测能力建设与仪器支撑[J]. 中国环境监测，2012，28（02）：1-4.

［10］王舒娅. 我国智慧环保发展现状与前景[J]. 中国信息界，2020（05）：72-75.

［11］于小飞，罗梓超，范漪萍. 基于智慧城市框架下的智慧环

保—— 以北京智慧城市建设为例[J]. 城市管理与科技，2016，18（03）：28-30.

［12］张蕾.《公民生态环境行为调查报告（2022）》发布[N]. 光明日报，2023-06-27（08）.

［13］张明浩."智慧环保"物联网系统的构建与应用[D]. 南京：南京农业大学，2015.

☆ 第十二章 ☆

智慧城市公共服务

本章将从智慧城市政务服务、教育服务、医疗服务和文旅服务四个角度介绍智慧城市公共服务。

第一节 智慧城市政务服务

一、智慧政务的定义及目标

（一）智慧政务的定义

智慧政务是指运用先进的信息技术和数字化手段，以及大数据分析、人工智能等新兴技术，来优化政府的管理和服务，提高政府效率、透明度和公众参与，从而实现更加智能化、高效化、便捷化的政府运行模式。

（二）智慧政务的目标

智慧政务的核心目标在于改进政府的治理方式，为公众和企业提供更加高效、便捷、优质的公共服务，同时增强政府的透明度、创新能力与决策智慧。主要分为以下几点：

1.提高政府效率和服务质量。通过数字化技术，政府可以更加高效地处理公共事务、行政流程和服务请求，缩短办事时间，提高服务质量，为公众和企业提供更快捷、便利的服务。

2.增强政府办公服务透明度。智慧政务将更多的信息和数据对公众开放，增强政府的透明度。公众可以更加容易地获取政府运行情况、决策依据，以及财政支出等信息。

3.优化政府决策和政策制定。利用大数据分析和人工智能等技术，政府可以更准确地收集和分析各类数据，从而基于数据驱动的方法制定政策和决策，提高决策的科学性和精准性。

4.提升政府创新和创造能力。智慧政务鼓励政府部门采用创新技术和方法来解决问题，从而促进政府内部的创新和改进，提高政府应对各种挑战和需求的能力。

5.加强公众参与和反馈机制。通过数字化平台，政府可以更好地与公众进行互动和沟通，收集公众意见和建议，从而更好地满足民众的需求，提高政府的民主参与度。

6.优化资源配置和预算管理。智慧政务可以帮助政府更好地规划和管理资源，提高资源的利用效率，同时能够更精确地进行预算管理，避免资源浪费。

7.加强应急管理和安全保障。利用智能化技术，政府可以更快速、精准地应对各类突发事件，提高应急管理和安全保障能力，保障公众的生命财产安全。

总之，智慧政务旨在推动政府治理方式的升级和创新，使政府更好地适应现代社会的需求，提高效率、透明度和服务质量，进一步增强政府的公信力和民众满意度。

二、智慧政务关键应用技术

智慧政务的实现离不开一系列关键的应用技术，这些技术不仅能够加快传统政府的数字化转型，还能优化政府管理和服务、提升办公效率和公众参与度。

大数据分析。大数据分析技术可以帮助政府对海量数据进行收集、整理、分析，从而发现数据中有价值的信息和模式。政府可以通过大数据分析更好地了解公众需求、社会趋势、经济状况等，为决策提供科学支持。

人工智能。人工智能技术可以应用在政府各个领域，如智能客服、自动化流程处理、数据分析预测等。政府可以利用AI技术提高办公效率，提供更智能的服务，优化资源分配等。

物联网。物联网技术可以将物理世界中的各种设备、传感器等连接到网络中，实现数据的采集和传输。政府可利用物联网技术监测环境、交通、公共设施等，提高城市管理的智能化水平。

区块链技术。区块链技术可以实现去中心化、不可篡改的数据存储和交换，增强数据的安全性和透明度。政府可以利用区块链技术确保政府数据的真实性，提高信息安全。

云计算。云计算技术可以提供高效的计算和存储资源，支持政府信息系统的搭建和运行。政府可以借助云计算实现资源的共享、弹性扩展，提高信息系统的可用性和可靠性。

移动应用。移动应用技术可以让公众通过手机或平板电脑随时随地访问政府服务和信息。政府可以开发移动应用提供各种服务，如政务办理、信息查询等，提高公众满意度。

这些关键应用技术的综合运用，可以帮助政府实现更加智能、高效、便捷的管理和服务，提高公众对政府的满意度和信任度。但同时，智慧政务的发展也需要面对隐私保护、数据安全、数字鸿沟等一系列挑战。因此，智慧政务的发展是一个持续推进和完善的过程。

三、智慧政务当前发展现状

智慧政务的发展在不同国家和地区有着不同的现状，但总体来说，智慧政务已成为许多国家的政府的重要发展方向。表12-1是一些我国智慧政务的实践案例：

表12-1　国内智慧政务具体实践案例

智慧政务系统	具体实践
北京市"智慧城管"	北京市政府通过建设"智慧城管"平台，整合了不同部门的数据资源，实现了对城市管理的集中监控和综合分析。该平台通过大数据分析，提供了实时的交通状况、环境监测、城市安全等信息，帮助政府快速响应和解决问题，提高了城市管理效率。
上海市"一网通办"	上海市政府推出了"一网通办"平台，整合了各类政务服务，实现了公民和企业在一个平台上办理各种政务事项。通过这个平台，上海市民可以在线办理户口迁移、社保缴纳、交通罚款等事务，大大简化了办事流程，提高了政务服务的便利性和效率。
广东省"智慧公安"	广东省公安厅借助人工智能技术和大数据分析，在广东省范围内推行了"智慧公安"系统。该系统通过人脸识别、视频监控等技术，帮助警方实现了实时犯罪预警、失踪人员搜索等功能，提高了公安工作的智能化水平。
浙江省"互联网＋政务服务"	浙江省政府推出了"互联网＋政务服务"平台，通过整合各级政府部门的数据和服务，提供了"一站式"的政务办理服务。该平台可以在线办理企业注册、社保缴纳、税务申报等事项，方便了企业和个人办理政务事务，减少了时间和成本。

通过借助技术手段和信息化平台，政府实现了更高效、便捷的服务，并提升了城市管理和公共安全水平。这些案例不仅展示了中国在智慧政务领域的实践成果，也为其他地区和国家在智慧政务方面提供了借鉴和参考。但需要注意的是，智慧政务的发展也需要面对隐私保护、数据安全、数字鸿沟等一系列挑战。因此，智慧政务的发展是一个持续推进和完善的过程。

四、智慧政务的挑战与未来发展

智慧政务的发展虽然带来了许多潜在的好处，但也面临着一些挑战。这些挑战需要政府和利益相关者共同努力解决，以实现智慧政务的可持续发展。表12-2是一些智慧政务面临的挑战以及未来发展的趋势。

表12-2　智慧政务所面临的挑战及未来发展趋势

目前面临的挑战	未来的发展趋势
数字鸿沟	跨部门合作
数据孤岛	可持续发展
数据隐私和安全	数据驱动和预测性分析
技术壁垒和培训	公众参与和透明度不断提升
……	……

（一）目前面临的挑战

1. 数字鸿沟。智慧政务的推广可能会加剧数字鸿沟，即信息技术的普及不均衡问题。在一些地区，部分人群可能无法获得智能设备或网络接入，从而错过了智慧政务带来的便利。

2. 数据孤岛。以政府服务为例，各省级和市级是两个分别建立的平台，相当部分的市县及省直部门的数据连接处于断开状态，各部门间的"信息壁垒"并未打破，导致部门间实现数据对接与共享的速度过低，严重影响了政府服务的效率与群众满意度。

3. 数据隐私和安全。政府在数字化转型过程中会涉及大量的个人和敏感数据。特别是社保、医疗等方面的数据，其中包含大量的居民个人隐私，数据在收集、入库、治理、应用、分析的全流程中怎样进行监督与管理，怎样规范数据使用、保障数据安全，都需进一步完善。

4. 技术壁垒和培训。不同地区和政府部门的数字化程度不同，有些政府部门可能面临技术壁垒，缺乏实施智慧政务所需的技术能力和知识。培训政府工作人员以适应新技术也是一个不小的挑战。

（二）未来的发展趋势

1. 跨部门协同合作。未来智慧政务的发展将强调跨部门合作，政府部门之间需要共享数据和信息，实现更高效的协同工作。

2. 可持续健康发展。智慧政务的发展将越来越注重可持续发展。政府在数字化转型中需要考虑环境、社会和经济的平衡，推动可持续发展目标的实现。

3. 数据驱动和预测性分析。随着大数据和人工智能技术的发展，政府将更加依赖数据驱动的决策和预测性分析，以更准确地了解社会状况和需求。

4. 公众参与度和透明度不断提升。未来智慧政务将更加重视公众的参与和透明度，政府将通过在线平台和社交媒体等手段与公众互动，听取意见和建议。

总之，智慧政务未来的发展将继续受到技术创新、政策法规、社会变革等多方面因素的影响。政府需要在解决挑战的同时，不断寻求创新的方法和策略，推动智慧政务的可持续发展，为社会提供更优质的服务和治理。

第二节　智慧城市教育服务

一、智慧教育的定义及目标

（一）智慧教育的定义

智慧教育是利用信息技术和互联网等先进技术手段，将智能化和数字化应用于教育领域的一种教育模式。通过个性化教学、协作学习、在线学习等方式，智慧教育致力于提高教学效果、促进教育公平、增强学习体验和提升教师能力，为教育过程和教育结果提供智能化支持和定制化服务，为学生、教师、教育管理者提供精确、便捷的智慧教育服务。

（二）智慧教育的目标

作为实现我国教育现代化的重要步骤，智慧教育利用现代技术和教育理念来改进和促进教育过程，提升学生的学习效果和个人发展。以下是智慧教育的一些主要目标。

1. 提高教学效果。通过智慧教育的技术手段和教学模式，可以有效提升教学质量和学习效果。个性化教学、协作学习等智慧教育模式能够更好地满足不同学生的学习需求，激发其学习兴趣和积极性。

2. 提高教师能力。智慧教育为教师提供了更多的教学工具和资源，帮助他们更好地设计和实施教学活动。此外，教师可以利用智慧教育的数据分析和反馈机制，及时调整教学策略，提高自身的教育教学能力。

3. 促进教育公平。智慧教育可以缩小教育资源的差距，在线学习平台和电子资源的共享，使学生不受地域、时间和经济条件的限制，获得公平的教育机会。

4. 有效管理教育资源。智慧教育的管理系统能够实现对教育资源的全面管理和优化配置，提高资源的利用效率和教育投入的回报。

二、智慧教育关键应用技术

在人工智能、虚拟现实、大数据分析等现代信息技术的基础上，智慧教育应用技术旨在通过技术融合打造具有高交互性、高感知性的智能学习空间。以下是智慧教育中的关键应用技术。

在线学习平台。在线学习平台提供了全天候、跨地域的学习机会。学生可以通过在线课程、教学视频、互动讨论等方式，按照自己的节奏学习。教师可以上传教学资源，与学生在线交流和评估学习成果。

虚拟现实和增强现实。这两种技术可以为学生创造沉浸式的学习体验，使抽象概念变得更加具体，帮助学生更好地理解和记忆。

智能辅助教学系统。智能辅助教学系统利用人工智能技术，通过对学生学习行为和表现的分析，为教师提供个性化的教学建议和学习资源推荐。它可以根据学生的学习水平和需求，提供智能的教学辅助和个别化的学习指导。

数据分析和学习评估。数据分析技术可以对学生的学习行为和学习成果进行量化分析，为教师提供及时反馈和个性化的评估。教师可以根据数据分析的结果调整教学策略和提供有针对性的指导。

三、智慧教育下的教学模式

智慧教育为教学模式带来了革命性的改变，注重个性化、自主性、互动性和创新性，以更好地满足学生的学习需求，实现教育目标。以下是智慧教育下的一些教学模式及实践案例。

（一）基于在线平台的云课堂

云课堂通过在线教育平台提供远程教学和在线课程，突破地域限制，使学生能够随时随地进行学习。目前，我国最大的智慧教育平台为国家智慧教育公共服务平台，该平台由国家中小学智慧教育平台、国家职业教育智慧教育平台、国家高等教育智慧教育平台等子平台组成，为各阶段学生提供海量的优质教学资源，并设置了九大应用场景支持师生互动学习。

（二）个性化学习

智慧教育强调个体差异，个性化学习模式将课程内容、学习进度、教学方法等根据每位学生的特点进行个性化调整，以满足不同学生的需求。武汉经开区37所中小学校借助智慧教育基础设施，为每位学生配置了一个AI助手，通过个性化学习手册分析学生课堂、作业、考试等系列场景数据，为其规划个性化学习方案，使学生可以自主化、个性化、发现式学习，在探索中发现规律，掌握知识。

（三）虚拟仿真实验室

由于化学、物理实验具有一定的危险性且受到条件限制，在传统教学中实验部分往往是"老师做、学生看"，或者放弃实验只讲理论，导致学生参与感不强，只能通过死记硬背掌握知识。虚拟实验室利用信息技术和模拟软件来模拟真实实验环境和操作过程，为学生提供实验操作和观察的场景，进而提升学生实践能力和科学思维。在武汉市汉阳区二桥中学，师生通过VR眼镜、蓝牙手柄、LED触摸屏等设备，能在虚拟实验室内进行物理、化学、生物等各类实验，改变了初中实验教学流于形式的困境，培养学生高阶思维、多元化学习能力和创造意识。

四、智慧教育的挑战与未来发展

（一）当前智慧教育面临的困境与挑战

1. 技术融合。智慧教育要求各种技术，如人工智能、大数据、云计算、虚拟现实等在教育领域进行融合。然而，不同技术之间的整合和协作面临着技术标准、数据互通、系统兼容等方面的挑战。此外，技术融合还需解决教育资源共享、学习平台集成等问题，以提供一体化的智慧教育解决方案。

2. 教师培训。智慧教育的成功实施需要教师和学生具备相关的技术和应用知识。然而，许多教师在使用新技术和平台时可能面临困难，包括技术操作、教育应用等方面。因此，培训教师成为掌握智慧教育技能的重要环节。培训挑战包括培训师资力量、培训内容与方式、培训资源等方面。

3. 教育公平。提升教育公平性是智慧教育的重要目标之一，然而由于发展不平衡的问题，智慧教育的普及可能会对教育公平起到反作用，一些地区或学生可能无法获得足够的技术资源，从而造成不平等的教育机会。

（二）智慧教育的未来发展趋势

1. 在线和混合式学习。在线教育和混合式学习将继续发展，使学生可以跨越时间和空间的限制，更灵活地学习。

2. 教育技术标准和互操作性。为了实现各种教育技术的协同工作，需要制定教育技术标准，以保证不同系统之间的互操作性。

3. 教育创新和实践导向。智慧教育将更加注重实际应用和解决问题的能力，培养学生的创新思维和实践能力。

4. 教师专业发展。教师将需要不断更新自己的教育技能，适应新的教育技术和教学方法。

5. 跨学科教育。智慧教育将鼓励跨学科的教学和学习，培养学生的综合素质和解决问题的能力。

第三节　智慧城市医疗服务

一、智慧医疗的定义及目标

（一）智慧医疗的定义

智慧医疗是指利用先进的信息技术、大数据、物联网、人工智能等新兴技术，以及创新的医疗模式和方法，来优化医疗服务、提升医疗质量、改善患者体验，通过打造健康档案区域医疗信息平台，实现患者与医务人员、医疗机构、医疗设备之间的互动，从而实现更加个性化、高效化、智能化的医疗体系。

（二）智慧医疗的目标

智慧医疗聚焦于提供更好的医疗服务、改善医疗体验、促进医疗资源的合理分配，同时有助于预防疾病、提高医疗效率，实现医疗领域的现代化和可持续发展。医疗大数据、人工智能等数字化技术落地，将加速传统医疗产品升级并催生广阔的线上医疗服务市场，数据互联互通的医疗服务平台需求将加速释放。以下是智慧医疗的一些主要目标。

1. 个性化医疗。利用大数据和人工智能技术，根据患者的基因、生理数据等特征，为每个患者制定个性化的医疗方案，提供更精准的诊断和治疗。

2. 医疗资源优化。智慧医疗可以通过数据分析和预测，帮助医疗机构合理规划医疗资源，提高医疗服务的效率和质量。

3. 远程医疗。利用互联网和远程医疗技术，实现医生和患者之间的远程诊疗、咨询和监护，特别是在偏远地区或紧急情况下，提供及时的医疗服务。

4. 医疗决策支持。医生可以借助人工智能技术和医疗数据库，得到更准确的诊断和治疗建议，提高医疗决策的精准性。

5. 药物管理。智慧医疗可以帮助医疗机构和患者进行药物管理，确保患者按时用药，避免出现药物交互作用等问题。

6. 医疗质量监控。智慧医疗可以通过数据分析和反馈，实时监控医疗服务的质量和安全，提高医院和医生的责任感和效率。

7. 医疗知识分享。利用在线医疗平台和社交媒体，医生可以与患者、其他医生交流和分享医疗知识，促进医疗信息的共享和传播。

综上所述，智慧医疗旨在通过技术创新和数据应用，优化医疗服务和管理，提高医疗效率和质量，能够使人们更加方便、精准、及时地获得医疗健康服务。

二、智慧医疗医保信息化

医保信息化是智慧医疗的关键一环，利用信息技术和数字化手段，对医保电子健康档案、医疗费用结算、医疗服务监管等医保领域进行数字化、网络化的管理和操作，以提高医保服务效率、降低成本、增强监管能力，更有效地管理医保资源和服务。

统筹构建智慧医疗保障信息一体化平台，完善实现医疗费用分级结算一体化平台，实现在线医保缴费、医保支出、一站式结算、信息查询、医保基金监管五大类功能。在现有医保数据基础上，重新构建统一的医保数据标准，从底层设计数据库，更新升级医保数据分级采集、数据归集、数据共享系统，统筹搭建智慧医疗医保信息一体化平台。在此基础上，整合现有医疗数据系统，实现数据互联互通，设施同网。此外，逐步构建医疗疾控信息上报平台、医疗费用分级结算平台。

（一）移动医保平台

患者可以通过手机应用访问医保信息、查询医疗服务网络、预约就诊、提交报销申请等，实现便捷的移动医保管理。

（二）医疗费用结算

医保信息化可以实现医疗费用的电子结算，加快医院和医保部门之间的费用结算流程，减少人为错误和延迟。

（三）医保支付

通过在线支付、电子报销等方式，实现医疗费用的医保支付，提高报销效率，方便患者就医。

（四）数据共享和集成

不同医疗机构、保险公司之间的医保数据可以实现共享和集成，避免重复录入和信息不一致。

（五）医保政策信息发布

在线平台可以及时发布医保政策和相关信息，帮助患者和医务人员了解医保政策变化。

三、智慧医保跨域结算一体化

随着异地联网结算工作的深入推进，参保群众异地就医越来越便利，但距离医保领域人民日益增长的多样化需求还有一定差距。因受不同统筹区域、不同政策制度、不同信息系统等因素制约，医保经办服务异地直接办理仍未能全部实现。将不同地区、机构、保险公司之间的医保结算系统整合到一个统一的平台，实现跨地域、跨机构、跨保险公司的医疗费用结算，实现智慧医保跨域结算一体化，解决群众"来回跑""折返跑"难题，提高医疗服务的效率，为患者提供更好的医保服务体验，是智慧医疗服务的重要目标。

以智慧医疗医保信息化平台为主体，构建医疗费用分级结算一体化手段，将医疗保险接口前置，逐步实现卫建、民政、司法等系统与医保的支付接口联动，具体包括各地区医院挂号、医保购药、医保缴费、医保结算、信息查询等功能应用，同时为实现全民健康信息一体化（电子病历、健康数据采集、卫健医保数据集成）提供未来接口。

四、智慧医疗的挑战与未来发展

智慧医疗的发展前景非常广阔。首先，随着技术的不断进步，智慧医疗将更加智能化和精准化，为医疗服务提供更高效、便捷、安全、优质的服务。其次，智慧医疗将更多地应用于医疗预防和康复领域，加快健康生活的普及和推广。最后，智慧医疗也将加速推进医疗行业的数字化转型，推动医疗服务的现代化和智能化。但智慧医疗的发展往往也面临着隐私安全、人才培养、政策制度等诸多挑战。

（一）面临的挑战

1. 数据隐私和安全。智慧医疗涉及大量的医疗数据和个人隐私信息，在为居民提供便利医疗服务的同时，如何保障这些数据的安全和个人隐私成了一个重要的挑战。

2. 专业技术人才培养。智慧医疗涉及多个技术领域的整合，需要医疗和信息技术领域的跨学科人才。如何制定统一的技术标准，培养针对性领域人才，确保不同系统间的互通性和协作性是一个挑战。

3. 医疗法规和政策。智慧医疗涉及众多法规和政策，如医疗数据的共享、隐私保护等，需要与法规政策保持一致，但这也可能会面临挑战。

（二）未来的发展趋势

1. 人工智能和大数据应用。未来智慧医疗将更多地依赖人工智能、云计算和大数据技术，提供更强大的计算能力，以帮助医疗机构存储和管理海量的医疗数据，并实现更精准的诊断、治疗和预防。

2. 个性化医疗。随着基因测序技术的进步，生物技术的发展将为医疗创新带来更多的可能性，如基因编辑、干细胞治疗等，智慧医疗将更加注重个体差异，实现个性化的医疗方案。

3. 远程医疗。未来智慧医疗将加强远程医疗技术，实现与之匹配的跨机构、跨地域的医疗信息共享和一体化结算，使患者能够更为便利地得到更多的医疗服务。

4. 医疗器械智能化。医疗器械的智能化将加强医生的手术和诊疗能力，同时也需要更强的安全控制。

总之，智慧医疗在面临挑战的同时，未来仍然有着广阔的发展前景。通过技术的不断创新和医疗体系的协同合作，智慧医疗有望推动医疗领域的转型和进步。

第四节　智慧城市文旅服务

一、智慧文旅的定义及目标

（一）智慧文旅的定义

智慧文旅是指利用先进的信息技术、数字化手段以及创新的文化和旅游模式，提升旅游和文化体验，促进文化传承和旅游业的可持续发展。智慧文旅旨在整合技术、文化和旅游资源，创造更智能化、个性化和更具有互动性的文化旅游体验。

（二）智慧文旅的目标

智慧文旅的目标在于通过技术的应用，更好地满足游客的需求，促进文化传承与旅游发展的结合，在提升旅游体验的同时，推动旅游业的创新和可持续发展。

1. 个性化定制服务。智慧文旅基于游客的兴趣和需求，提供个性化的旅游推荐、行程规划和服务，提高游客满意度。

2. 促进文化传承。文化传承是指利用数字化手段将传统文化和历史资源进行数字化保存，使更多人可以了解、学习和传承文化遗产。

3. 提升旅游体验。智慧文旅平台通过应用先进的技术，如虚拟现实、增强现实、移动应用等，为游客提供更丰富、有趣、互动性强的旅游体验。

4. 优化旅游资源管理。利用数据分析和物联网技术，可以实现旅游资源的智能管理和监控，提高资源的利用效率和可持续性。

5. 推动旅游业创新。智慧文旅鼓励旅游业创新，探索新的旅游产品、服务模式和营销策略，提升行业竞争力。

6. 可持续发展。智慧文旅倡导可持续发展理念，推动旅游业在保护环境、尊重社会文化和支持经济增长之间取得平衡。

二、智慧文旅关键应用技术

智慧文旅借助先进的信息技术，融合数字化、互联网和智能化手段，以提升旅游和文化体验。以下是智慧文旅中的关键应用技术。

虚拟现实和增强现实。这两种技术可以为游客创造沉浸式的文化和旅游体验，将虚拟和现实世界融合，为游客创造身临其境的体验，如虚拟参观历史场景、虚拟试穿历史服装等。

移动应用和智能导游。开发移动应用，提供旅游信息、景点介绍、导航、语音讲解等功能，让游客能够自主探索和了解目的地。

大数据分析。利用大数据分析，收集游客的偏好、行为数据，为旅游规划、资源配置和市场营销提供数据支持。

物联网。在景区、博物馆等场所部署传感器和设备，实现智能化的监测和管理，以便提供更好的服务和安全保障。

人工智能。利用人工智能技术，开发智能客服、智能问答系统，即时为游客提供解答和建议。

无人机技术。无人机可以提供鸟瞰式的景观展示，同时用于监测和拍摄旅游活动。

区块链技术。区块链具有可追溯性和不可篡改性，可以用于溯源，确保其真实性，防止假冒伪劣产品。

云计算技术。当前，数据呈现爆炸式增长，数据的类型也变得更加复杂，云计算为公共服务平台的建设提供了很强的计算能力。

三、智慧文旅服务实践经验

（一）国外智慧文旅的实践经验

国外智慧文旅也称为智能旅游，包括了各种文化内涵丰富、技术含量高、新颖独特的体验式文化旅游新业态、新产品和服务新模式。

1. 迪士尼乐园

迪士尼乐园是一个典型的智慧文旅项目，通过手机APP向游客提供预订门票、快速通道、场内导航、在线点餐、虚拟现实互动等一系列智能化服务。美国迪士尼乐园运用智慧文旅技术，推出了"魔法腕带"（Magic Band）系统。游客将腕带与自己的账户绑定，通过腕带进行门票验证、支付购物、快速通行、交互体验等，可以体验全方位的智能化服务。

2. 日本智慧旅游

日本京都市推出了智慧旅游推广计划，用智能手机APP提供京都旅游信息、交通导航、租赁服务等。该计划还利用大数据分析，提供游客流量分布预测和景区拥堵情况，帮助游客优化行程。

3. 欧洲博物馆

许多欧洲博物馆利用智慧文旅技术为游客提供全新的参观体验。例如，通过使用智能设备或者手机APP，游客可以获取详细的展品信息、导览路线规划、互动体验等，使参观更加富有趣味性和教育性。

（二）国内智慧文旅的实践经验

1.《夜上黄鹤楼》沉浸式体验空间

《夜上黄鹤楼》运用"光影+演艺"的方式，打造出辛氏沽酒、崔李题诗、岳飞点兵等沉浸式故事场景。采用激光投影、激光互动、前景纱屏、演员影像互动、3D动画灯、高压水雾等多项光影创新技术，实现光影技术与艺术的完美融合。游客既可深入体验黄鹤楼文化，在多个场景中拍照"打卡"，也可登楼赏月或纵览长江灯光秀。

2."一卡通游"宁波智慧文旅服务应用

"一卡通游"宁波智慧文旅服务应用是一套"线上+线下"一体化票务管理系统，集合社保卡、人脸识别、聚合支付、身份证核实、真伪辨别等技术，是集政府行业管控、企业管理营销、游客服务为一体的综合性管理系统，实现了文旅企业产品数据与C端购票平台数据双向实时互通。老年人在宁波出游，能够通过刷社保卡/身份证直接入园，无须换票或者依赖手机操作。

3.龙门石窟智慧文旅数字孪生平台

龙门石窟景区运用物联网、大数据、云计算、人工智能等技术，建立有效统一的管理、服务、营销等信息系统，实现已有业务系统数据汇集，优化景区智能运营。利用渲染引擎、交互引擎、实时光影、数字还原等技术对龙门石窟景区周边31.7平方公里地形地貌、交通路网、文化遗存、生态植被进行中精度还原，对周边村落进行三维建模；采用激光点云技术，对石窟区进行中精度扫描和对象化建模，真实还原其外观和纹理；对奉先寺卢舍那大佛等佛像进行结构精度1毫米、纹理精度1毫米高精度还原，达到信息留存保护、便于制作仿品的目的。

四、智慧文旅的挑战与未来发展

（一）当前智慧文旅面临的困境与挑战

技术应用难题。智慧文旅服务需要依赖先进的技术手段，但是这些技术的应用在文旅领域仍面临一些困难，如云计算为公共服务平台的建设提供了很强的计算能力，但云计算技术还不是非常成熟。如何将云计算与大数据结合提升数据分析能力，是提升智慧文旅服务能力和水平的一个重要突破点。

数据共享与隐私保护。智慧文旅服务涉及大量的个人信息和数据，如游客的位置、偏好、行为等。在提供个性化服务的同时，如何保护用户隐私成为一个关键问题。另外，智慧文旅公共服务一体化平台建设需要对现有各类资源进行整合，但目前不同机构、单位之间的数据共享存在一定的困难。

旅游体验与技术融合。智慧文旅服务的目标是提供更好的旅游体验，但如何将技术与实际旅游体验相结合仍然是一个挑战。尽管技术能够提供更多的互动和体验，但过度使用可能会让游客感到疲劳，影响真实的文化体验。另外，一些老年人或者不熟悉技术的游客可能对这些新技术持抵触态度。

文旅资源不平衡发展。智慧文旅服务的发展在不同地区和行业之间存在着发展不平衡现象，文化资源与旅游资源的协同发展也有所不足，阻碍了不同城市、不同行业之间共同建设自身的旅游品牌，实现文化共建共享。当前，一些热门旅游城市或景区已经较好地开展了智慧文旅服务，但一些冷门景区或乡村旅游地仍然面临技术滞后、投资不足等问题。

（二）智慧文旅的未来发展趋势

无接触服务。随着人们对健康和安全的关注增加，无接触服务将成为智慧文旅服务的重要发展方向。游客可以使用手机进行自助预订、自助签到、自助支付等操作，减少与工作人员接触，提高效率和便利性。

个性化定制。未来的智慧文旅服务将更加注重个性化定制。通过大数据分析和人工智能技术，可以根据游客的偏好和需求提供个性化的旅游建议，推荐景点、餐厅等，提升游客的旅游体验。

跨界交流合作。智慧文旅服务将越来越多地涉及不同行业的合作。例如，将文旅服务与线上购物、美食、娱乐等结合起来，提供一站式的旅游服务；将文旅服务与交通、住宿等领域相互衔接，提供更加便捷的出行体验。同时，智慧文旅将推动全球文化和旅游资源的交流与融合，促进不同文化之间的理解和交流。

数字化展示与互动体验。数字化技术将进一步推动文旅服务的发展。虚拟现实和增强现实技术可以用于展示景区的历史文化、自然风光等，让游客在虚拟世界中体验真实的旅游场景，提升参与感和互动性。

绿色可持续发展。智慧文旅服务将注重环境保护和可持续发展。物联网技术和大数据分析，可以实现能源的优化利用、垃圾的智能分类、交通的智能调度等，推动旅游业的绿色发展。通过数字技术来推动旅游业在环保、文化保护和社会责任方面的发展。

社交化与共享经济。通过智慧文旅服务平台，游客之间可以进行社交互动，分享旅游经验和评价。同时，共享经济模式也将在文旅服务领域得到应用，例如共享旅游资源、共享导游服务等。

总之，未来智慧文旅服务将更加注重个性化定制、数字化展示与体验、无接触服务、跨界合作、可持续发展和社交化共享等方面的发展。这些趋势将为游客提供更好的旅游体验，促进旅游产业的创新与发展。

参考文献

［1］陈荣清，杨晨琳. 虚拟实验室（NOBOOK）融入初中物理习题课教学的探索[J]. 物理教师，2022，43（03）：53-55.

［2］党安荣，甄茂成，王丹，等. 中国新型智慧城市发展进程与趋势[J]. 科技导报，2018，36（18）：16-29.

［3］迪莉娅. 区域智慧政务跨界协同服务需求要素分析研究[J]. 治理现代化研究，2023，39（03）：43-51.

［4］杜江，韩锡斌. 国家中小学智慧教育平台赋能农村义务教育高质量发展[J]. 中国电化教育，2023（08）：7-17.

［5］冯继强，徐勇敏. 5G+智慧文旅：图书馆文旅融合发展的新模式[J]. 图书与情报，2020（04）：79-83.

［6］谷伟，董玉琦，陈兴冶，等. 基于认知起点的互动式个性化学习资源设计——以小学数学"中位数与众数"为例[J]. 全球教育展望，2023，52（07）：71-81.

［7］胡优玄. 基于数字技术赋能的文旅产业融合发展路径[J]. 商业经济研究，2022（01）：182-184.

［8］何婷，骆水娣，钱登科. 医院智慧医疗结算管理的探索与实践[J]. 卫生经济研究，2020，37（12）：77-79.

［9］姜艳艳. 互联网背景下区域数字文旅的创新发展策略[J]. 社会科学家，2021（09）：40-44.

［10］姜华，王春秀，杨暑东. 生成式AI在教育领域的应用潜能、风险挑战及应对策略[J]. 现代教育管理，2023（07）：66-74.

［11］简兆权，谭艳霞，刘念.数字化驱动下智慧医疗服务平台价值共创的演化过程——基于服务生态系统和知识整合视角的案例研究[J].管理评论，2022，34（12）：322-339.

［12］李檬.以数字化技术打造元宇宙文旅产业链集成新业态[J].传媒，2023（07）：19-21.

［13］糜泽花，钱爱兵.智慧医疗发展现状及趋势研究文献综述[J].中国全科医学，2019，22（03）：366-370.

［14］倪明选，张黔，谭浩宇，等.智慧医疗——从物联网到云计算[J].中国科学：信息科学，2013，43（04）：515-528.

［15］司林波，刘畅.智慧政府治理：大数据时代政府治理变革之道[J].电子政务，2018（05）：85-92.

［16］王一岩，朱陶，郑永和.智能教育产品助推教育数字化转型：价值定位、实践逻辑与推进策略[J].现代教育技术，2023，33（07）：16-24.

［17］王锰，钱婧，郑建明.标准化推进智慧文旅服务融合：基于标准规范文本的比较研究[J].图书馆建设，2022（03）：152-160.

［18］吴月红，陈新平，胡钱美，等.基于医保DRG支付的医院智慧运营系统建设研究[J].卫生经济研究，2022，39（06）：67-69.

［19］颜士刚，赵益宁.“智慧教育”辨析[J].电化教育研究，2023，44（08）：12-17，25.

［20］赵玎，陈贵梧.从电子政务到智慧政务：范式转变、关键问题及政府应对策略[J].情报杂志，2013，32（01）：204-207，197.

［21］张建光，朱建明，尚进.国内外智慧政府研究现状与发展趋势综述[J].电子政务，2015（08）：72-79.

［22］朱蓓琳.“数字人文+”智慧文旅应用产品的功能展望[J].图书情报工作，2021，65（24）：35-43.

☆ 第十三章 ☆

智慧城市社区

　　2020年，住房和城市建设部颁布的《智慧城市建筑及居民区第1部分：智慧社区建设规范（征求意见稿）》明确定义了智慧社区概念，即利用物联网、云计算、大数据、人工智能等新一代信息技术，融合社区场景下的人、事、地、物、情、组织等多种数据资源，提供面向政府、物业、居民和企业的社区管理与服务类应用，提升社区管理与服务的科学化、智能化、精细化水平，实现共建、共治、共享管理模式的一种社区。在数字经济时代，国家正在积极推动智慧中国和智慧城市的发展。智慧社区作为城市的缩影，扮演着智慧城市建设的关键角色，备受各界关注和青睐。智慧社区是智慧城市概念的延伸和实施，涵盖了虚拟政务、公共服务和安全监控等系统。它不仅是智慧城市的继承与发展，也是智慧城市建设的核心内容。智慧社区作为智慧城市的重要组成部分，不断推动着智慧城市的发展，而智慧城市的成功运行离不开智慧社区的建立。

第一节　智慧城市社区现状

一、理论研究现状

在20世纪80年代的美国，"智慧社区"最初被命名为"智能化住宅技术合作联盟"。1992年，圣地亚哥大学通讯国际中心首次提出"智慧社区"的概念，并将其定义为：通过改变信息技术和信息资源的管理方式，影响一定区域内居民的生活和工作。1997年，Helena Lindskog等人将"智慧社区"定义为：政府、企业和居民了解信息技术在社区的重要作用，并有意识地决定使用该技术，以积极地改变他们所在社区的生活和工作。智慧社区国际研究网表示，智慧社区是充分利用信息和通信技术为居民提供更好教育、医疗和商业机会的智能小区。

针对智慧社区建设的多个方面，国外研究者提供了不同的研究思路，包括技术实现、主体建设和优化对策等。在技术实现方面，研究人员Martin Beer等认为充分利用物联网、云计算等先进技术手段建设智慧社区是一项重要的基础工作。对于加强社区公共服务体系协作能力，Rong Du等提出充分利用信息技术是必要的。Alyssa A. Rodriguez指出，近年来疫情的影响会让人们更加重视智慧社区的建设与发展，但是应该通过专业人员的共同努力与协作，打造新型智慧社区，让居民从服务、体验、融合和公平中受益。在主体建设方面，Benoit Granier等的研究显示，智慧社区的目标不是让公民参与城市治理，而是让公民参加智慧社区公共服务的共同生产。而Iqbal Amna等则认为，智慧社区是以人为中心的实体，技术用于提供实现管理决策的信息和服务。在智慧社区优化对策建设方面，Caragliu A. 等研究者指出，人才队伍建设是智慧社区建设的主要推动力，智慧城市建设发展取决于人力资本和社会资本的规模和实力。另外，Don Reeves提出注重发挥金融在推进智慧社区建设中的作用，拓宽融资渠道；而Singh D. 等则主张加强物联网系统安全、性能和管理水平，以推进智慧社区建设。

我国学术界对智慧社区基本概念进行了广泛研究。申悦等人提出了"人本导向"的智慧社区概念，即通过智慧化社区规划管理和服务实现互联互通、协同高效、可持续的社区体系。张聪丛等人则从社区居民的角度出发，定义智慧社区为不同的社会主体，通过网络参与社区治理互动，实现社区的公平、高效和共享。丛晓男认为，智慧社区是将新一代信息技术与社区管理和服务场景相融合，向政府、居民等主体提供智慧化社区管理与服务模式的未来社区形态。作为智慧城市建设的重要内容和基本单元，智慧社区承载着实现城市低碳、韧性和可持续发展的功能，推动构建安全、绿色、舒适、便利的生活环境，提高所有居民的共同福祉。

针对智慧城市社区的技术设施、满意度以及管理主体等方面，国内学者已进行了深入的研究。在对智慧社区技术设施的研究中，肖凌和王若舟等学者认为，一个统一的服务平台应该在智慧社区中建立，以保证社区数据在所有程序中能够得到广泛分发，避免信息孤岛的出现。杨雪妍及其他人发现，智慧社区研究有其技术特选方向，如防护系统、物业服务、智能门禁等，而这也带来了一系列问题，如系统故障和用户隐私安全。对于满意度研究，梁艺琼和张媛的实验揭示，用户对智慧社区的感知不同，对建设的满意度存在差异。在智慧社区服务中，不同的重点应有不同的处理，以此提升社区的服务质量。通过灰色关联度分析理论，李睿和刘娟等人对智慧社区的满意度进行了评估，并得出便民支付、劳务就业以及业主委员会等因素是影响满意度的主要因素。关于智慧社区管理，杨雅厦的研究表明，智慧社区公共服务"主导者"依然是社区管理委员会，政府、企业、社会尚未实现协作。高峰详细分析了智慧社区运转的关键在于法律设计需要与智慧社区治理同步。

二、应用实践现状

在国际层面，已有部分国家在智慧社区建设方面坚持信息科技创新和社群治理观念，并取得了一些成果。举例来说，芬兰早在2007年就领先其他国家启动了生态数字城市（住宅区）战略，在赫尔辛基推广智慧社区建设项目，并在健康护理、基础教育、低碳节能、交通网络、房地产开发及休闲空间等领域同步推进。除此之外，有许多国家针对特定需求决定智慧社区建设的重点领域。有些国家非常关注社区的节能和低碳发展，例如提倡生活无车化、建造节能建筑、自给自足的能源供应和智能供热等方式，以降低整体的能源消耗和碳排量。其中，以英国的贝丁顿零碳社区和德国弗莱堡市的沃邦社区最为出名。然而也有一部分国家把重点放在为特定人群服务的智慧社区，比如在德国的弗里德里希哈芬市，为了应对越来越严重的老龄化问题，他们启动了"独立生活"项目，利用监控设备和远程医疗服务，对老年人的健康状况进行远程监控和数据收集。

自20世纪80年代末以来，我国智慧社区始终积极朝着智能化、数字化、智慧化方向推进。在20世纪90年代末之前，我们国家的社区仍然是"传统社区"，未达到"智慧社区"的程度，只配备了楼宇对讲机等基础的信息设施。2000年之后，国内的社区逐渐进化为"智能化小区"，加强了对小区安全建设的关注，并开始采用监控录像、周边防护、门禁控制等设备。2010年至2015年间，国内的社区开始涌现出电子消费、电脑和通信的融合，逐步向"数字化小区"发展。在那之后，我国才开始真正理解"智慧社区"的含义，社区开始向整合化、网络化、数字化、无线化、智能化和模块化方向发展。

在新型基础设施建设的大背景下，智慧社区会获得更多资源注入，以加快其发展。新型基础设施建设并非一个全新的概念，这一定义源自2018年12月的中央经济工作会议。相较于传统基础设施，新型基础设施的内涵更为丰富，其范围更广，更具有数字化经济的特性，可以更有效地推进我国经济的转型和提升。对于智慧社区建设中存在的信息不流畅、缺少系统化的统筹以及服务整合能力欠佳等问题，目前已经有了多种解决方案。举例来说，北京回龙观及天通苑地区引入了"数字大脑"，对六条街一镇的政务数据、基层业务数据以及来源于社会的第三方数据进行统一管理，让民众享受到如错峰共享停车等便利。在成都，已经建立了五个以智慧社区为示范的场景，其中"社区微治理"将服务引入每个家庭，小区内的事务可以在手机上讨论；"社区保障基金e管家"监督保障资金的每一笔开支。然而，这些方案并没有从根本上解决智慧社区的问题。因此，现阶段的关键在于如何充分应用大数据、云计算、人工智能等数字化技术来集成社区的各种服务资源，打造基于信息智能化管理和服务的新型社区治理方式，这已经成了智慧社区领域研究的新趋势。

第二节　智慧城市社区体系架构

在人工智能、计算机视觉、大数据、云计算、边缘计算等核心数字化技术的推动下，传统社区正在向智慧社区方向转化。这些转化是指通过拓展智能物业管理、智能生活服务、智能养老等体系，满足社区居民日常生活的"吃、住、行、游、购、娱、健"等需求，并且辅助推动智慧城市的整体建设。

根据全国智能建筑及居住区数字化标准化技术委员会出台的《智慧城市——建筑及居住区综合服务平台通用技术要求》，智慧社区中的建筑及居住区的综合服务平台包含感知层、数据层、平台层、应用层、用户层等多个层级，它们至少应拥有公共安全系统（安全系统、火警自动报警系统、建筑设备管理）、信息系统（物业管理、智能家居）、健康与养老系统、住宅区信用服务和生活服务等应用。智慧社区已然成为智慧城市建设的重要组成部分，其建设需求正处于快速增长状态，这主要受到政策、市场和技术等多方面因素的影响。

如图13-1所示，智慧城市社区的支撑体系当前至少包括基础设施层、运行中枢层和应用层三个层面。

基础设施层：将端、网络、云等智能信息基础设施体系融合，将感知、传输、存储、计算等功能整合为一体，形成适合的、理想的智慧社区建设的智能信息基础设施，为智慧社区的服务和管理提供基础和平台。此处的云和网络的建设遵循市或区级智慧城市整体规划；终端感知设施广泛覆盖社区、小区、建筑和家庭等各层级，通过多种自动感知设备如信息采集识别、定位、传感器、摄像头等，对社区内的各种实体进行动态实时的多源感知和管理，提供准确且多样的数据基础。

运行中枢层：此层依靠社区综合信息管理平台、CIM平台、物联网平台、应用赋能平台等进行赋能，上述平台上的大数据和数字孪生模型依赖市或区级的建设内容。通过数据规范和接口服务，接入相关平台，支持社区智慧应用服务，并实现与上级平台的数据共享。

应用层：面对居民、居委会、政府、企业等各层级，释放在社区服务与社区照顾、社区安全与综合治理、社区公共卫生与疾病预防、社区环境及物业管理、社区文化和精神文明建设、社区社会保障与社区福利六大场景下的能力，打造了未来社区治理的智慧应用集。同时，激发居民参与社区治理的积极性，通过强化居民的意见反馈与在线交流，构建"互联网+社区"大生态圈，形成基于信息化、智能化的社区治理新模式。推进小区智慧化，构建基于物联网和人工智能的小区管理体系，实现对人、车、物、事件的实时感知，并运用数字孪生模型实现预警和高效应对。

第三节　智慧城市社区实施方案

一、国外智慧城市社区的实施方案

（一）新加坡智慧城市社区

新加坡的常住人口超过五百万，但是土地面积只有七百多平方公里，人口密度非常高，每个人拥有的土地面积非常少。为了能在有限的土地供给中，最大限度地为居民提供优质的服务，新加坡着重利用信息技术以及应用智能化、自动化来微调他们的社区发展。在IBM公布"智慧地球"之前的2008年，新加坡已经将信息化、智能化等技术融入社区管理和居民服务当中。在信息时代的驱动下，信息科技的快速进步使新加坡智慧社区的发展大步前进。智慧城市社区支撑体系见图13-1。

1. 新加坡社区服务

新加坡的社区服务涵盖了包括物业、物流、商业、家居、医疗和公益在内的六个主要方面，几乎覆盖了居民生活需求的全部，从公共设施管理到安保，从物流快递配送到娱乐设施和便利店，从教育服务到医疗援助，甚至包括公益服务等。这些服务都是依托先进的社区服务信息系统来实现的，这个系统不仅包含政府的各种功能网站，还包括由民间组织运营的各种互助社区网站和论坛，以及用于信息查询的网站。新加坡社区服务系统主要由电子政务、电子商务、社区医疗和文化娱乐四个部分组成。居民可以利用电子商务平台进行实时购物，这个平台提供各种丰富的食品和日用品，并通过统一的配送中心进行配送。电子政务系统覆盖了政府的各种服务，提供完善的在线服务，甚至能提供覆盖居民全生命周期的一站式服务，以满足居民的各种需求。而在医疗方面，社区医疗电子平台已经连接到全国33家医院，居民可以通过在线预约、疾病咨询和查阅电子病历的方式获得医疗服务。因此，在这样的社区中居民能充分体验到科技带来的便利。

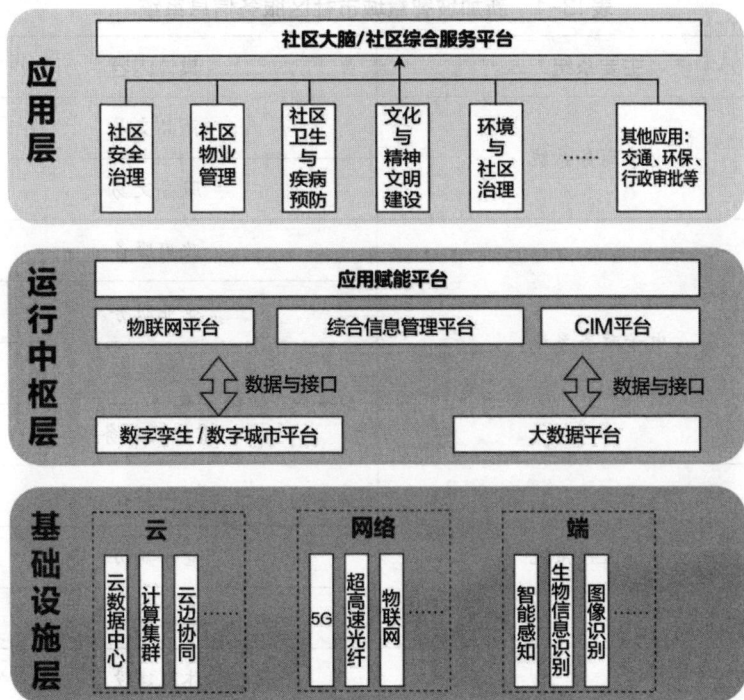

图13-1 智慧城市社区支撑体系

2.新加坡智慧城市社区服务信息系统

新加坡智慧城市社区服务信息系统通过各种社区网站来实现特定的功能，这些网站不仅包括政府官网，也包括服务提供商信息网站、信息交流网站等，各个系统具体内容如表13-1所示。

提到出行方式，新加坡利用了特定的应用程序，如SG Buses和My Transport，以便民众能够实时获取公共交通如公共汽车和出租车的详细信息。通过这些应用，人们可以得知当前的交通流量以及停车设施的状况，进而做出合理的出行决策和规划路线。在关注居民（尤其是老年人）健康方面，新加坡的智慧社区引进了专门的老年人健康监控系统，通过在家庭环境中使用智能传感器来追踪老年人的行为。一旦发生异常，这些智能

表13-1　新加坡智慧城市社区服务信息系统

主要系统	具体内容
电子商务系统	商品交易
	服务交易
电子政务系统	政府服务
	企业服务
	公民服务
	非公民服务
社区医疗系统	预约挂号
	电子病历
	在线咨询
社区文娱系统	体育建设
	民俗民风

传感器能立即通知家庭成员或看护员，老年人也可通过无线紧急按键随时呼叫家人。而针对其他社区服务，新加坡的智慧社区事务局推出了一款名为"One Service"的一站式救援平台，以便能够及时满足社区居民的求助需求。

（二）日本智慧城市社区

日本智慧城市社区的发展与其国内能源短缺和多发灾害的情况有着密切的联系，其核心目标主要关注于通过智慧手段来实现节能减排和灾害智能预防，这种策略融入了早先阶段的信息技术战略，以及后续阶段的智慧城市及社区规划理念。主要表现为以下两个特点。

1. 日本智慧城市社区的弹性建设

日本在构建智慧社区服务体系的过程中，从始至终都充分考虑了自身的基本情况，并做出了定制化的规划，包括灾害防控和保障安全等。他们在基础设施的构建上率先打破了瓶颈，引入了最新的通信和信息传递技术、传感技术，优先满足社区居民日常生活中最重要的需求，例如在智能供水、智慧电网、抗震防灾、智慧医疗等方面进行升级改造。同时，他们在构建过程中也考虑了居民的基本权益和安全需要，这使得这一体系更具地域特色。日本智慧社区的建设并非一蹴而就，而是在不断地发展和深化中。特别是在2011年"3·11"大地震以及随后的电力短缺之后，日本自2012年开始研究并大力推广具有灾害抵抗能力、能在灾害中保持运行并能在灾后快速恢复的弹性智慧社区。如今，以智慧防灾为核心的弹性智慧社区项目已在日本东北部的地震高风险区成功启动。

2. 日本智慧城市社区的长远规划、分期达成与循序渐进

日本政府正积极推动数字信息化的发展规划，这一规划主要由"E-Japan（电子日本）""U-Japan（广泛网络日本）""I-Japan（智能日本）"这三个阶段构成，并为不同的时间段制定了相应的目标。在构建智慧社区服务体系的初期，他们首先着手建设必需的基础设施，并将提升其安全性、实现低碳化和多样性作为目标。政府以政策鼓励和引导企业及社会组织投入资金、技术和人力资源，引进先进的通信技术、感应技术和物联网技术。另外，日本以社区自治和多元化共建为途径，推动社区智能设施的更新，以提高智慧社区服务的水平，如藤泽可持续智慧小镇就是在藤泽政府和松下以及其他八家企业的合作下创造出来的杰出案例。另外，日本智慧社区的建设过程还坚持试点优先的原则，先在部分城市区域建立智慧社区的试验田，在不断的摸索和发展中，逐步形成具有自身特色的智慧社区。如千叶县的柏市就在2011年开始在街区内进行智慧社区试点，然后逐步在全市推广，并计划在2030年建设成为智慧城市。

（三）美国智慧城市社区

智慧社区的概念最初诞生于美国，而美国也是全球首批着手建设智慧社区以及智慧城市的国家。2009年9月，IBM与迪比克市联合推出了美国首个智慧社区项目，利用互联网和传感器等先进的硬件和软件技术，帮助居民实时控制和调整家中的水电消耗。这个项目集成城市的供水和供电资源，为居民家中安装了智能化的电表和水表。跟随IBM的步伐，思科同样在2009年推进全球智慧社区项目，旨在实现地球村的智慧化和一体化。而后，微软在2013年发布"City Next"（未来城市）计划，借助其自身的技术和网络平台，为智慧城市以及智慧社区提供各类解决方案。

除了市场力量，美国的各个政府层级也都在推动智慧社区的建设。2010年，美国联邦政府颁布了《国家宽带计划》，三年后又提出了《国家空间数据基础设施（NSDI）战略草案规划（2014—2016）》，两份文件共同关注信息科技的发展，以巩固智慧社区建设的基础。2015年9月，美国联邦政府又公布了《白宫智慧城市行动倡议》，将智慧社区建设作为国家的战略重心，详细分配各参与部门的职责和资金支持。同年11月，美国网络与信息技术研究与发展机构（NITRD）推出了《智慧社区互联框架》，作为联邦政府与外界合作、基础研究指导和将研究成果转化为可行的智慧城市解决策略的辅助工具。此外，许多地方级政府也在积极推进智慧城市和智慧社区的建设。以哥伦布市政府为例，他们通过刺激经济发展、改善信息基础设施、引进高等学府和科学研究机构、实现环保、可持续发展等手段，推动该市智慧社区的建设，使得哥伦布市成为全球智慧社区论坛示范城市，并在2023世界人工智能大会·国际AI城市论坛上亮相。

二、国内智慧城市社区的实施方案

（一）北京智慧城市社区

在中国范围内，北京的智慧城市社区的建设始终处于领先地位。最近一段时间里，"回天大脑""政务晓屋"和"智慧村章"等多个数字政务项目在北京得到了实际应用，并成功提高了公民的服务体验。像回龙观、天通苑这样的基层区域，都已经开始应用这些"数字大脑"，对于这些一度有着就业和居住不平衡、交通拥挤和公共服务迟滞等问题的地区来说，成效显著。例如，"回天大脑"项目在回天地区的基础管理中，已经获得了六条街和一个城镇的政务数据、基层商业数据和社会第三方数据，解决了原来的问题。从交通方面来看，"大脑"的功能，能让居民们在出行路线上节省十分钟，而且人们还可以享受错时共享的停车服务，不必再尴尬地找寻停车位。"智慧村章"的章，现在已经引入了斋堂镇，这个坐落于深山区的镇子，下属的沿河村距离镇政府17公里，村民要完成一些政务手续，先需要得到村里的签名批准，然后再去镇政府处盖章。"智慧村章"迅速解决了这一问题，不仅为大众节约了时间、减轻了事务的处理难度，还省去了不必要的开支。另外，"云后台"对于章的使用提供了额外的"安全锁"。海淀区以国产的"长安链"为基础，在互联网上建立了一个"共识链"，解决异地处理事务的需求，形成了超过200项的通办清单。在丰台区，政府将45个单位、1900多个审批事项进行了集成，已经服务超过130万人次。大兴区的"政务晓屋"则将政务服务延伸到了社区、乡村、商务楼宇和党群服务中心等地，设在8个镇区的服务终端，已经为大众减少了超过540公里的距离，节约了超过1万分钟的处理时间。

北京形成的区域化智慧社区特色明显，主要包含四个技术实践：

1. 网络服务平台的智慧便民服务

考虑到现阶段移动互联网的普及和手机网络的广泛使用，朝阳区智慧社区的建设将移动终端应用作为优先考虑的项目，包含了政务、公益、公共和特色服务等各个领域。利用微信、微博和微群等"三微"服务平台，与居民进行实时互动，对他们的疑问给予及时反馈，通过线上方式解决线下存在的问题。街道在此过程中设置了信誉认证平台，居民可以通过分类检索方式找出分享共同兴趣点的群体加入，既可以线上讨论，也可以线下交流。团结湖街道设立了基于微博、微信和微群的"三微"服务平台作为智慧社区建设的一部分。他们还推出了智能信息设备，开发了定点系统、团结湖APP和3D智慧家园等软件以及硬件平台。特别是街道的"三微"服务平台已经运行了一年多，访问人数累计已超过2万人次，覆盖近3千位社区居民，为创建邻里关系和谐的社区发挥了重要作用，推动了和睦社区建设，切实提高了社区居民社区管理的参与度。再如六里屯街道的"十北社区自治联盟"微信平台拉进了基层政府与居民的距离，让他们能够直接沟通，也能使居民及时得到帮助。当前，"自治联盟"已吸引了1千多位居民成为微信"朋友"，他们不仅能从这个平台中受益，也能作为社区的信息传播者，让更多的居民去接触这个平台。

2.智慧安防体系

城市化的稳步推进和流动人口的持续增长，使得社区成员的构成愈发复杂且变动频繁，这提高了社区管理的难度。近年，朝阳区运用网格化管理方式，构建全方位社区服务管理系统，并作为区域化智能项目一环，在都市社区管理领域取得了显著成效。在智慧社区的打造过程中，奥运村街道依托已经建设完成的"电子哨兵"监管体系，运用物联网技术，将社区门口的监控视频实时传输并储存在网格化全模式指挥中心，实现了各系统间的信息共享。同时，预警体系与辖区内的警察、紧急响应等部门进行数据联动，一旦出现紧急情况就自动报警。这不仅有效地实现了鸟巢及水立方周围重要地带的人口监测，也加强了社区的安保和紧急预防。人口流动较大、成员构成复杂的小关街道，通过整合街区照明系统、安装高清网络摄像头、整理公共区域移动监控系统等措施，实现了街道和社区两级视频资源的联合监管，监控系统能为处理各种警情、紧急突发事件等提供现场图像、声音等通信服务。在此之外，对于流动人口较集中的社区，已经建立了智能管理平台，将流动人口纳入综合管理范围，增强了地区综合指挥中心系统的性能，全方位构建了本地区立体化的安防平台。

3.具有区域特色的社区智慧交通引导

在人口众多、车辆流动量大且周围道路环境复杂的社区，交通以及停车问题成为居民最关注的问题，同时也是智慧社区建设的一项核心难题。国际化街区麦子店街道以国际机构和高档商务休闲区众多而闻名，而且外籍居民众多。针对此地的特殊状况，街道在智慧社区建造过程中强调双语服务，并在辖区设置了双语地图。在社区线上服务中，利用地图形式将社区内的各种设施及其入口线路都以中英对照文字标注，方便社区居民查询出行线路和机构网点。在老旧房屋集中的香河园街道，社区内的道路狭窄且车位有限。根据本地实际情况，街道在社区内进行了道路微流转设计，将部分道路设为单向行驶线路，设定行人和非机动车辆的专用线，并在路边增设了车位，还在易堵塞的路段和重点区域安装了电子感应监测设备，更进一步规范了社区内的道路使用秩序。同时，通过系统联动实现车位的分时复用，充分利用了停车资源。微循环制度运行两年以来，辖区的道路拥堵问题得到了有效解决，各个路段基本没有车辆长时间等候停车的情况出现。

4.通过整合资源建设智慧养老服务平台

为老年群体提供养老服务是对社区的一项挑战，而且还加重了城市社区服务的负担。在日常的社区服务环节中，各个街道都依赖"15分钟服务圈"来发展和增强线上线下的服务资源整合。在对老人的服务上，实物空间利用社区的养老照护中心以及养老服务驿站，线上空间则是利用现存的社区服务网。所有上述的服务经过部分升级改良后为有需求的老人提供便利的养老服务。举例来说，八里庄街道的"云动中心"以本辖区人口大数据为基础，对该地的老年群体进行了细致区分，实现了对老年人专属服务需求的精准预估和反应。"云动中心"结合朝阳区96105热线以及"家音老伴"热线服务网络等，专门为老年群体提供"一站式"的个性化服务。安贞街道引入了北京红枫盈社区服务公司的智慧养老自助售餐机，此机可以提供超过一百种可快速加热的饮食。所有餐食都是经过冷链运输以及低温储存的，需要的老人可以根据需求自主购买，也可以由他人通过手机APP代购，由志愿者配送上门，这能有效解决社区内餐桌口味简单和缺乏个性化服务的问题。现如今，智慧养老自助售餐机在本辖区覆盖超过3万的老年群体，受到了老年人的热烈欢迎。

（二）杭州智慧城市社区

2019年3月，浙江省政府发布《浙江省未来社区建设试点工作方案》，标志着浙江省未来社区建设试点工作全面启动。浙江省全面启动首批省级试点创建项目建设，其中杭州萧山瓜沥七彩社区项目是最具代表性的项目之一。

瓜沥七彩社区坐落于杭州萧山区的瓜沥镇中心，北邻杭甬高速公路，西接友谊路，南到八柯线，东至灵北路，占地79.21公顷。位于这一区域的瓜沥七彩智慧社区，北邻杭甬高速公路，西邻友谊路，南到八柯线，东至光华路，它的规划总面积为40公顷。值得一提的是，这个项目是浙江省首批24个智慧社区试点项目之一。

瓜沥七彩社区的构建呈现了"一个中心、三个化、九大场景"的模式，以实现人民的美好生活憧憬为主旨，满足社区生活全服务链的需求，依据人性化、生态化与数字化三大原则，塑造新型城市的功能组织。按此规划，未来社区将加强"优质生活"的核心目标，细分为邻里、教育、健康、创新、建设、交通、低碳、服务和治理九大要素，增进规划理念和管理功能，提升社区成员的归属感和舒适感，打造出一种"宜居、宜事业、宜旅行"的生活共同体，这是城市有机更新的更高版本。通过实施"平台+管家"的运营模式，设计积分运行计划，实现线上数字双生社区平台与线下管家服务的有效链接，使得未来的社区既拥有线上的便捷，又兼具线下人与人交往的亲情。萧山瓜沥七彩社区的实践在以下三个方面为未来智慧社区的建设指引了路径。

1. 生成式渐进迭代的社区发展道路创新：制定的"三化九场景"的

固定模型，被七彩社区用于"居民、空间、数据"三个要素不断构建和迭代，以及从成熟区域向周围片区扩张，最终实现区域范围内5G数字双生技术应用场景的运营和持续性开发平台的创建。

2. 社区建设机制的全周期和全链条创新：七彩社区是首个尝试"私公合作+多元所有权"的模式，基金设立由公有资本和私人投资共同完成，利用社会企业的专业优势掌管项目的整个实施过程，以确保社区资产运营的持续性；公交TOD（transit-oriented development，以公共交通为导向的开发）创新地利用土地混合出让方式，通过以面积比例划分不同的土地所有权，解决了现有土地无法进行复合开发的土地出让制度问题，从而实现了低效土地的高效利用；在工业园区，运用了"投资、建设、运营和维护"混合一体化机制，政府与企业合作，共同拥有工业物业，集体引进新商家，共同筹建创业园区，以实现人才和产业的引入，进而推动产业和城市的融合以及区域的共同繁荣。

3. 流量"吸聚变现"的社区运营模式创新：七彩社区选择了长期管理物业的路径，坚持在运营过程中满足居民需求，率先创建了全民社区平台，强调在提供服务的过程中吸引流量。通过流量吸引（带动人流）、流量生成（创造人流）、流量增强（互相推动流量）和流量转化（把人流转变为消费），最后实现流量变现，从而给社区带来回馈。

（三）上海智慧城市社区

上海一直将社区作为智慧城市建设的一个重要发力点，现已完成不少于50个智慧社区建设试点，并形成了以浦东区陆家嘴街道的志愿者服务管理、闵行区古美街道智慧养老、静安区石门二路街道"和谐家园网"、宝山区友谊路街道"市民百事通"、长宁区周家桥街道"乐活社区"等项目为代表的智慧社区示范点。

以上海陆家嘴智慧社区建设为例：其基础设施包括社区综合信息库、智慧城市卡、社区公共服务应用平台和社区公共管理信息平台四个主要部分，通过开发智慧应用，将其融入社区的各个方面，从而提升居民对于智慧社区的满意度和幸福感。

1. 社区综合信息库建设

陆家嘴智慧社区的信息库系统包括提供服务资源、支持应用、数据交流以及服务途径和服务交付等基本系统。涵盖社区所有业务相关的信息资源都存储在社区数据资源库中，并以逻辑方式把这些数据资源分类分配到各种不同的数据库存储和使用，如基础数据管理系统、各类专题数据库和数据仓库等。数据来源有两种：一种是社区业务处理过程中自然形成的数据；另一种则是由外部专业数据库提供。这些由外部专业数据库提供的数据，可以通过直接导入或经由数据交换平台转移的方式进入社区的数据资源平台的相应数据库中。

2. 社区智慧城市卡建设

智慧城市卡的内涵超越了社区卡、数码门牌以及芯片车牌等实体形态，还在手机应用或面部识别身份认证等方面得到了融合，从而实现实名信息的管理与应用。其核心功能分为三个部分，第一部分是实名制的身份鉴定；第二部分是有关社区自治、社交活动及行为表现的记录；第三部分则是打开各类社区生活应用的关键。此外，居民在使用"卡"的过程中产生的数据，也可以用来丰富信息库。

智慧城市卡能够应对社区中的种种安防问题，包括但不限于门禁系统、监视装置、通行通道、电梯管制、巡查程序、停车设施以及可视通话等。它还能处理社区的管理问题，如特定人群的保护、管理人员的考核、场地使用认证以及水电等能源的管理。此外，它也可以处理社区居民支付服务，如购物、缴纳水电费、公交费等。它将解决物业服务、健康护理、老年照顾、电子屏信息咨询、生活物品预约及配送、快递包裹管理等生活服务问题。此外，也可用于社区居民参与社会活动的认证，包括志愿者管理与教育活动管理等。

3.社区公共服务应用平台建设

构建一体化的社区公共服务应用平台，使资源得以最优利用。利用该平台，居民可以接触到最新的资讯和优质的服务，实现资源的共享，享受来自政府、企业以及其他实体的服务，同时可以实时反馈现有问题，有助于提升公共服务的质量。这个服务平台是社会服务的集散地，其包含的信息是居民非常关心的服务信息，包括健康、养老、教育、政府办公、信息公开、文化传播等，居民可以通过各种端口，例如电脑、手机、电视、户外显示屏等获取服务信息，参与交互活动。所有服务提供者，包括政府、社会单位、企业以及服务商等，共同参与构建这个公共平台，配合线下社区事务处理中心、社区服务中心和全职服务站的工作，逐步构建适应居民全生命周期需求的O2O（Online to Offline，线上到线下）民生服务体系，让社区服务深入居民生活的各个环节。

4.社区公共管理信息平台建设

社区公共管理信息平台的主要构成部分是区域网格化监督，归功于物联网的运用，社区的运行状况可以被实时监控和响应，从而提高社区管理的精细程度和实际效果。这个平台包含的模块有地理信息系统、城市管理系统、公共设施管理系统、停车管理系统、人口管控系统、重大突发事件应急系统、安全生产管理系统等。政府管理设施（包括自然对象和人工制品）能通过公共管理信息平台的建设，感知环境变化并自动进行相应的反应，或直接将搜集的信息传送至处理中心。例如，大楼内部的火警探测器一旦检测到火警，会立即发出警报信息，启动指挥中心的报警程序。另外，在城规图与遥感实况图的对比中，系统能自动识别出非法建筑信息，进行统计分析，并获取相关资料。

第四节　智慧城市社区制度建设

一、相关政策建设

近几年，我国有关部门已多次发表文件，提倡并激励智慧社区的推进与落成，智慧社区已被列为国家持久推动的主要项目。为了加速智慧社区的创设，国家依靠各种政策来援助智慧社区的建立，例如科技部、住建部、公安部等各个部门都发布了匹配的政策以及建设标准，全力促进智慧社区的成立，如下所示：

1. 2020年3月，民政部办公厅、中央网信办秘书局、工业和信息化部办公厅、国家卫生健康委办公厅联合印发《新冠疫情社区防控工作信息化建设和应用指引》，提出按照疫情防控总体部署和社区防控工作要求，坚持适用性、便捷性、安全性和前瞻性相统一，发挥互联网、大数据、人工智能等信息技术优势，依托各类现有信息平台特别是社区信息平台，开发适用于社区防控工作全流程和各环节的功能应用，有效支撑社区疫情监测、信息报送、宣传教育、环境整治、困难帮扶等防控任务，统筹发挥城乡社区组织、社区工作者的动员优势和信息化、智能化手段的技术优势，有效支撑省、市、县、乡四级数据联通，构筑起人防、物防、技防、智防相结合的社区防线，形成立体式社区防控数据链路和闭环，提升城乡社区疫情防控工作成效。

2. 2020年4月，国家发展改革委印发《2020年新型城镇化建设和城乡融合发展重点任务》，提出实施新型智慧城市行动，完善城市数字化管理平台和感知系统，打通社区末端、织密数据网络，整合卫生健康、公共安全、应急管理、交通运输等领域信息系统和数据资源，深化政务服务"一网通办"、城市运行"一网统管"，支撑城市健康高效运行和突发事件快速智能响应。

3. 2020年7月，国家发展改革委办公厅印发《国家发展改革委办公厅关于加快落实新型城镇化建设补短板强弱项工作　有序推进县城智慧化改造的通知》，提出以抗击疫情为契机，针对县城基础设施、公共服务、社会治理、产业发展、数字生态等方面存在的短板和薄弱环节，利用大数据、人工智能、5G等数字技术，在具备一定基础的地区推进县城智慧化改造建设，着力补短板、强弱项、重实效。发挥项目的引领示范作用，提升县城数字化、网络化、智能化基础设施水平，有效提高政府公共服务水平、社会治理效能，不断增强人民群众获得感、幸福感、安全感，持续优化产业发展环境，有力支撑新型城镇化建设和县域经济社会高质量发展。

4. 2020年7月，住房和城乡建设部办公厅关于国家标准《智慧城市建筑及居住区第1部分：智慧社区建设规范（征求意见稿）》发布并公开征求意见，其中标准明确定义智慧社区是利用物联网、云计算、大数据、人工智能等新一代信息技术，融合社区场景下的人、事、地、情、组织等多种数据资源，提供面向政府、物业、居民和企业的社区管理与服务类应用，提升社区管理与服务的科学化、智能化、精细化水平，实现共建、共治、共享管理模式的一种社区。

5. 2020年7月，住房和城乡建设部、国家发展和改革委员会、民政部、公安部、生态环境部、国际市场监督管理总局联合发布《绿色社区创建行动方案》，指出要提高社区信息化、智能化水平，推进社区市政基础设施智能化改造和安防系统智能化建设。搭建社区公共服务综合信息平台，集成不同部门各类业务信息系统。

6. 2020年8月，住房和城乡建设部、教育部、工业和信息化部、公安部、商务部、文化和旅游部、卫生健康委、税务总局、市场监管总局、体育总局、能源局、邮政局、中国残联联合发布《住房和城乡建设部等部门关于开展城市居住社区建设补短板行动的意见》，提出以建设安全健康、设施完善、管理有序的完整居住社区为目标，以完善居住社区配套设施为着力点，大力开展居住社区建设补短板行动，提升居住社区建设质量、服务水平和管理能力，增强人民群众的获得感、幸福感和安全感。

7. 2020年10月，国家发展改革委、教育部、工业和信息化部、财政部、住房和城乡建设部、商务部、文化和旅游部、卫生健康委应急部、人民银行、市场监管总局、体育总局、医保局、银保监会联合发布《近期扩大内需促消费的工作方案》，提出实施促进实物消费政策，畅通供需更高水平良性循环。包括加大对城镇老旧小区改造支持，加快落实支持城镇老旧小区居民提取住房公积金，用于加装电梯等自住住房改造个人支付部分的政策，鼓励各地对城镇老旧小区有条件的楼栋加装电梯；更好利用地下空间建设公共停车场，探索停车场综合运营管理机制改革，支持停车场多业态经营；在秋冬季推出全国家庭应急物资储备建议清单，鼓励各地因地制宜加速制定扩充版清单，引导城市家庭进行家庭急救箱等医疗物资储备等。

8. 2020年12月，住房和城乡建设部、工业和信息化部、公安部、商务部、卫生健康委、市场监管总局联合发布《住房和城乡建设部等部门关于推动物业服务企业加快发展线上线下生活服务的意见》。意见提出，广泛运用5G、互联网、物联网、云计算、大数据、区块链和人工智能等技术，建设智慧物业管理服务平台，对接城市信息模型和城市运行管理服务平台，链接各类电子商务平台。推动智能安防系统建设，建立完善智慧安防小区，为居民营造安全的居住环境。实现车辆管理智能化，完善新能源车辆充电设施，方便绿色出行。

9. 2021年3月，全国人民代表大会发布《中华人民共和国国民经济和社会发展第十四个五年计划和2035年远景目标纲要》，纲要提出，加快数字社会建设步伐，适应数字技术全面融入社会交往和日常生活新趋势，以数字化助推城乡发展和治理模式创新，分级分类推进新型智慧城市建设，推进市政公用设施、建筑等物联网应用和智能化改造，推进智慧社区建设。

10. 2021年3月，国家发展改革委、中央网信办、教育部、工业和信息化部等多个部门联合发布《加快培育新型消费实施方案》，提出鼓励办公楼宇、住宅小区、商业街区、旅游景区布局建设智慧超市、智慧商店、智慧餐厅、智慧驿站、智慧书店。加快文旅产业数字化转型，积极发展数字艺术、沉浸式体验等新业态。提出要"推进智慧社区建设，实现社区智能化管理"。

11. 2021年4月，住房和城乡建设部、中央网信办、教育部、科技部、工业和信息化部等多个部门联合发布《住房和城乡建设部等部门关于加快发展数字家庭　提高居住品质的指导意见》，提出强化智能产品在社区配套设施中的设置，对新建社区配套设施建设，明确要求设置入侵报警、视频监控等基本智能产品要求。

12. 2022年1月，国务院办公厅发布《"十四五"城乡社区服务体系建设规划》，提出到2025年年末，社区线上线下服务机制更加融合，精准化、精细化、智能化水平持续提升。从完善服务格局、增强服务供给、提升服务效能、加快数字化建设、加强人才队伍建设等方面做出安排部署，明确了城乡社区综合服务设施覆盖率等七个方面的主要指标，确定了新时代新社区新生活服务质量提升行动等十四项行动计划，以及服务设施补短板工程一个重大工程。

二、智慧社区建设规范与相关标准

2020年8月，住建部颁布了国家标准《智慧城市建筑与居民区第1部分：智慧社区建设规范（征求意见稿）》，该标准适用于指导智慧社区的设计、建设和运营。该标准明确定义，智慧社区是利用物联网、云计算、大数据、人工智能等新一代信息技术，融合社区场景下的人、事、地、物、情、组织等多种数据资源，提供面向政府、物业、居民和企业的社区管理与服务类应用，提升社区管理与服务的科学化、智能化、精细化水平，实现共建、共治、共享管理模式的一种社区。该标准对智慧社区系统的建设，包括基础设施、综合服务平台、应用服务要求、社区治理与公共服务、安全与运维保障等方面，提出了相应的规范和要求。

2021年12月14日，为了实质性推动城乡老旧小区的翻新，既满足市民的美好生活需求、惠民生扩内需，又推动城市更新和开发构建方式转变，住房和城乡建设部办公厅、国家发展改革委办公厅、财政部办公厅发布《关于进一步明确城镇老旧小区改造工作要求的通知》。这些请求和规范的明确，对于老旧小区翻新、城市更新等智慧社区的建立提供了参考和依据。

参考文献

[1] ALYSSA A R. The promise of a smart community [J]. Institute of transportation engineers. ITE Journal, 2021, 91（11）：4.

[2] BEER M, SIXSMITH A, HUANG W. Using agents to build a practical implementation of the INCA（intelligent community alarm）system[C]. Proceedings of the Fifth International Conference on Autonomous Agents. 2001：106-107.

[3] BENOIT G, HIROKO K. How are citizens involved in smart cities? Analysing citizen participation in Japanese "Smart Communities" [J]. Information Polity, 2016, 21（1）：61-76.

[4] CARAGLIU A, DEL BO C D, NIJKAMP P. Smart cities in Europe[J]. Journal of Urban Technology, 2011, 18（2）：65-82.

[5] DON R. How to create a smart city：future-proofed cities that foster growth and innovation [J]. IEEE Electrification Magazine, 2018, 6（2）：34-41.

[6] DU R, SANTI P, XIAO M, et al. The sensable city：a survey on the deployment and management for smart city monitoring[J]. IEEE Communications Surveys & Tutorials, 2018, 21（2）：1533-1560.

[7] LINDSKOG H. Smart communities initiatives [C]. Proceedings of the 3rd IsOneWorld Conference, 2004：14-16.

[8] IQBAL A, OLARIU S. A survey of enabling technologies for smart communities[J]. Smart Cities, 2020, 4（1）：54-77.

［9］SINGH D，DIVAN M，SINGH M. Internet of things for smart community solutions[J]. Sensors，2022，22（2）：640.

［10］丛晓男. 让科技点亮未来生活. 人民日报[N]，2023-01-16（17）.

［11］高峰. 法治设计需与智慧社区治理同步[J]. 人民论坛，2020（03）：100-103.

［12］梁艺琼，张媛. O2O 智慧社区平台用户满意度实证研究——以北京市丰台区方庄社区为例[J]. 中国管理科学，2016，24（S1）：271-275.

［13］李睿，刘娟，路冬磊，等. 基于灰色关联度对合肥智慧社区满意度评价分析[J]. 智能城市，2020，6（16）：4-8.

［14］申悦，柴彦威，马修军. 人本导向的智慧社区的概念、模式与架构[J]. 现代城市研究，2014（10）：13-17.

［15］肖凌，王若舟，李伟. 云平台助力智慧社区建设[J]. 光通信研究，2014（03）：18-20.

［16］杨雅厦. 智慧社区建设对公共服务供给模式的变革及其优化研究[J]. 中国行政管理，2018（11）：151-153.

［17］杨雪妍，冯丹娃. 智慧社区信息化建设研究热点及发展趋势探析 [J]. 情报科学，2021，39（12）：187-193.

［18］张聪丛，王娟，徐晓林，等. 社区信息化治理形态研究——从数字社区到智慧社区[J]. 现代情报，2019，39（05）：143-155.

☆ 第十四章 ☆

智慧城市防灾和应急

在数字经济时代，城市数字化转型成为一个不可逆转的趋势。本章将探讨智慧城市在公共安全领域中的应用，即利用数字技术提高城市的防灾减灾和应急管理能力。防灾减灾和应急管理是保障城市安全运行的关键。近年来，我国不断加大在这方面的投入力度，发布了一系列政策文件，明确提出要构建智慧化的防灾减灾和应急管理体系。本章将在总结当前防灾减灾和应急管理现状的基础上，重点阐述智慧城市条件下如何运用数字技术提升这两个领域的智能化水平。

第一节　智慧城市的防灾规划

随着城市化进程的加速和城市规模的不断扩大，自然灾害、事故灾害以及公共卫生事件的频发直接威胁着人民群众的生命和财产安全，严重制约了城市经济社会的可持续发展。仅在过去的几年中，包括2008年的汶川大地震、舟曲县"8·8"特大山洪泥石流、天津港"8·12"特大火灾爆炸事故、超强台风"山竹"以及新冠疫情在内的灾害事件造成了无法估量的生命和财产损失。与此同时，全球气候变化和生态环境恶化也导致城市面临的灾害类型和风险不断增加，其频率也在不断上升，而且这些灾害相互影响。面对日益严峻的灾害形势，如何有效地利用科技手段开展防灾减灾工作已经成为影响每个城市安全和可持续发展的重大课题。

在这种背景下，智慧城市作为一种全新的城市治理理念，借助先进的信息技术手段，为提高城市的防灾和应急能力提供了重要技术保障。具体而言，智慧城市可以利用互联网、云计算、大数据、人工智能和物联网等技术手段（见图14-1），在整个城市范围内广泛部署各类传感器设备，实时监测可能引发灾害的各种前兆信号，并将数据迅速传输到云平台。随后，利用强大的分析计算能力对不同灾害之间的关联性进行多方位建模分析，准确判断可能发生的灾害类型、损失程度和演化趋势。同时，智慧城市还可以依托5G和物联网技术，实现应急指挥的联动和信息共享，辅以人工智能的支持，大大提高指挥决策和救援调度的准确性和效率。可以认为，构建智慧城市防灾体系，将成为应对未来环境变化导致灾害形势日益复杂严峻的重要举措，是确保城市安全、实现城市可持续发展的有效手段。

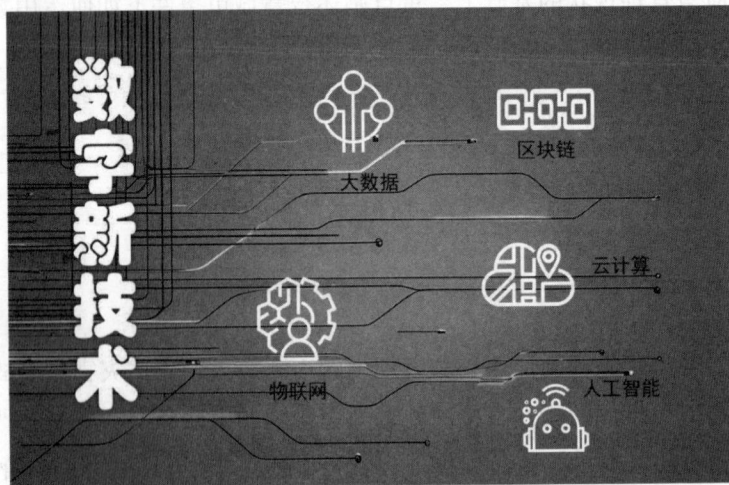

图14-1　数字新技术

一、当前的城市防灾规划体系

为应对严峻的防灾形势，我国已将安全发展提升到国家战略的高度，将其视为夯实城市持续健康发展的基石。这一点在国家领导人的一系列重要讲话以及《关于推进城市安全发展的意见》和《中共中央　国务院关于统一规划体系更好发挥国家发展规划战略导向作用的意见》等重要政策文件中得到了体现。智慧城市作为当今世界城市发展不可逆转的潮流，以及城市运行和治理的一种新型模式和理念，不仅是提升城市经济效益和资源效率的重要引擎，还是解决城市治理难题、实现城市健康和可持续发展的必由之路。因此，在智慧城市建设中将智慧信息系统应用于风险治理的全过程，将成为推进国家治理体系和治理能力现代化的重要行动路径。我国政府于2012年开始启动国家智慧城市试点，并在2014年发布的《国家新型城镇化规划（2014—2020年）》中将智慧城市上升为国家战略。在2016年底，我国确定了新型智慧城市的发展方向，并将其确定为国家工程。在这些重要举措的推动下，我国的智慧城市建设取得了阶段性进展。截至目前，95%的副省级城市和83%的地级城市（总计超过500座城市）明确提出或正在建设智慧城市。根据《新型智慧城市发展报告2018—2019》，我国许多城市已经从新型智慧城市建设的准备期过渡到起步期和成长期，处于起步期和成长期的城市占比从两年前的57.7%增长到现在的80%，而处于准备期的城市占比则从42.3%下降到11.6%。可见，智慧城市建设已成为众多城市创新发展的新标志和新方向。基于此，面对城市全面智慧化升级的挑战，探索更多城市关联途径以"把脉风险"，利用大数据和人工智能为智慧城市时代的公共安全管理赋能，以及通过掌握城市间风险传递规律来优化度量和模拟城市与区域的"联结安全"问题，成为当前城乡规划学、地理学及相关学科领域亟待探索的新课题。

借助新兴技术的发展和国家政策的有力支持，在智慧城市建设过程中，智慧防灾应运而生。智慧防灾是一个全面感知、动态监测、智能预警、快速响应、精准防控及优化反馈的模块动态化过程，即结合大数据、互联网、物联网和云计算等新兴技术，将传感器、摄像头、GPS、RFID、激光扫描器等感知设备嵌入城市致灾源、生命线工程及应急指挥中心等层面，并通过现代通信网络建立与海量数据分析中心的联系，搭建全社会共治共享、多级联动的智慧化平台，实现灾害的实时感知、状态推演及应急管理。相较于传统防灾，智慧防灾的优势明显，可弥补以往自然、经济、社会等系统各自为营、"独立作战"的短板和不足。智慧城市视角下的综合防灾规划，可以认为是将信息技术运用到综合防灾规划的编制、实施和评估全过程，以信息化助力综合防灾规划体系的"智慧化"运作。例如，基于监测评估预警管理平台的实时性和动态性时空信息采集，实现风险环境动态监测、灾害风险分析研判、综合防灾规划编制及动态修编；基于灾害防御体系的智慧决策，实现灾害风险的跨区域空间联防联控、多尺度街区空间智能响应及对创新型基础设施的动态赋能；基于防灾减灾一体化智慧服务平台的网络化覆盖，实现多部门业务协同、多主体参与、公众沟通与应急管理等。最终，在智慧科技的驱动下，建立起与智慧城市高度交互协同和智能融合的综合防灾规划体系。

智慧城市理念自诞生以来已经发展了三十多年，得到了许多国家的广泛认可和响应。为了发挥现代科技在防灾减灾中的支持作用，英国、日本、美国等国家已将智慧技术应用于综合防灾规划体系的构建，并将其作为推进防灾减灾事业的重要抓手。例如，英国将电子政务改革作为促进政府改革和社会发展的重要推动力量，通过开发电子政府门户网站、开展社区数字计划，并实施《政府转型战略（2017—2020）》和《国家网络安全战略（2016—2021）》等国家战略，成功将智慧技术应用于灾害治理体系的构建，成为其他国家学习的榜样。日本作为灾害高发国家，通过开发城市防灾减灾的规划支持系统，建立智慧城市政策体系，制定"国家防灾计划"以及建立传播智能城市的体制机制等，已成功将物联网、5G和人工智能等新型创新技术应用于公共安全领域，为其他国家的智慧防灾技术和体制创新提供了重要借鉴。目前，我国在智慧城市建设方面已攻克了许多关键性难题，取得了国际物联网标准制定的话语权，但在综合防灾规划体系的构建方面仍有不足。首先，防灾减灾领域的研究主要集中在宏观政策层面，对具体规划应用和操作缺乏关注。其次，城市计算的研究主要解决工程技术问题，对灾害评估技术和应用场景融合的科学设计缺乏关注。最后，在一些灾害信息系统研究方面，虽然涉及了安全管理系统的内容，但主要关注事后响应和事中决策，而未能关注事前信息化建设和综合防灾规划之间的沟通和融合。因此，在智慧城市的背景下，如何将风险监测、评估和管控技术融入多层级防灾空间布局中，在综合防灾规划的准备、编制和实施阶段形成全生命周期的风险治理体系，是当前防灾减灾领域需要重点探索的难题。

二、基于智慧技术的综合防灾规划体系框架构建思路

在现行综合防灾规划的编制过程中，通常使用经验值或工程技术标准公式进行设防标准选择和防灾设施需求的核定。这种方法是基于静态预测，而非动态适应。然而，全球气候变化、生态负荷过载和城市环境污染等外部因素的不确定性，给我国城市带来了越来越严峻的挑战。因此，基于智慧城市理念的持续跟踪、动态更新和优化防御成为保障城市安全的重要方向。

在构建综合防灾规划体系框架的过程中，应采用智慧城市的新方法和新模式，坚持"数字把脉、源头防控"的原则。这意味着运用科学决策思维方式，加快摆脱传统物质型防灾规划存在的"部门分治、重城轻乡、静态方案、编管脱节"的困境。我们需要探索"部门统筹、全域管控、动态蓝图、编管协同"的智慧人本型综合防灾规划。

这种智慧人本型综合防灾规划的方法，强调部门间的统筹协作，实现全域的灾害管控。它还强调动态蓝图的制定，即根据城市的实际情况和变化，不断更新和优化防灾规划。此外，智慧人本型综合防灾规划还强调编管协同，即规划编制与实际管理的协同配合，确保规划的有效实施。

随着全球范围内智慧城市理念的兴起和智慧技术的迅猛发展，智慧城市正在逐渐取代2.0时代的政府驱动模式，向3.0时代的社会驱动模式迈进。这一转变更加注重以人为本，关注可持续发展。在这个背景下，综合防灾应该抓住这个机遇，秉持"人与自然和谐共生"的理念和准则。我们需要及时将"单一系统"和"重工程"思维转变为"复合系统"和"全链条"思维，将"线性管控"思维转变为"空间治理"思维。这将推动各类硬件设施和软件系统的升级，实现灾害防治由传统型的被动救灾转向主动防御。同时，防灾系统也将从元素分离转向功能相关，防灾层次也将从安全控制转向功能控制（见图14-2）。

图14-2　智慧城市视阈下的综合防灾规划理念示意图

基于实践"人与自然和谐共生"理念和生态文明思想的要求，根据改革趋势和国家安全需求，我们应以智慧城市的视角为指导，采用全域数字化、编制智慧化、监管实时化、决策精准化、治理网络化的全生命周期管理理念。在综合防灾中，我们要坚持全环节管控、全区域联动、全层级递进、多领域融合和系统整体协同的准则，以统筹发展与安全为目标。

为此，我们将以指标设计为基础、以规则制定为手段、以算法研制为核心、以模型研究为支撑。同时，我们将借鉴国内外先进理念和实践经验，构建一个集指标、规则、算法和模型于一体的综合防灾规划体系。这个体系将与国土空间规划相统一，形成一致的价值观和方法论。我们的目标是实现防灾减灾规划从静态蓝图向动态智能治理的转变，使综合防灾规划的编制更加智能化、实施更加精准、管控更加科学化。

三、智能防灾应急及应用实例研究

（一）缘起："人工智能"时代灾害治理的变革

近年来，人工智能技术获得了快速发展，并开始广泛应用于各个领域。在这一发展过程中，多个重要事件促使学术界和政策制定者开始关注人工智能的社会影响。具体而言，2015年1月，一群高科技和科学界的知名人士发表了题为《有益且可控的人工智能研究》的公开信，呼吁对人工智能的潜在风险进行研究。2016年，美国政府发布了两份文件——《国家人工智能研究和发展战略计划》和《为人工智能未来做好准备》，这两份文件均强调了在灾害管理领域运用人工智能的重要性。2017年7月，中国国务院颁布了《新一代人工智能发展规划》，明确提出要推动人工智能技术在公共安全领域的应用，特别是在监测和应对自然灾害方面构建智能化平台。各级地方政府也积极响应国家的人工智能发展规划。例如广东省于2017年8月发布了《广东省战略性新兴产业发展"十三五"规划》，2018年7月发布了《广东省新一代人工智能发展规划》，2018年10月印发《广东省新一代人工智能创新发展行动计划（2018—2020年）》。这些地方文件都强调要发挥人工智能技术在减少灾害损失和提高应急响应能力方面的重要作用。随着全球气候变化导致各类极端天气事件频发，发达国家和发展中国家均开始重视运用人工智能改善公共安全和灾害管理。例如，2017年孟加拉国发生特大洪灾后，政府建立了2000个救灾营地，并协助非政府组织掌握人工智能技术，以便在基础设施薄弱的地区也能快速开展救援。

学界围绕人工智能在灾害管理领域的应用开展了广泛研究，形成了多个新的理论视角：

"人工智能响应灾害新论"认为，人工智能与大数据技术的结合可以构建新的灾害响应系统，如基于微博消息的AIDR平台。

"机器人代理新行为论"提出了灾害响应机器人的示范学习方法，使其能够自主记录和传输实时灾害信息。

"社交媒体人工智能治理论"探讨了人工智能和机器学习从社交媒体自动提取灾害信息的方法。

"人工智能治理技术论"研究了情境感知人工神经网络等技术在预警和响应灾害风险方面的应用。

"人工智能模拟灾害治理论"认为，虚拟技术可以有效模拟灾害环境，辅助灾后恢复。

"智能型可视化灾害治理论"提出了将专家系统、人工神经网络与GIS技术相结合，实现灾害信息智能化、可视化的决策支持系统框架。

（二）人工智能时代灾害治理模型

人工智能为灾害治理提供了快捷、形象和直观的科学决策支持。通过建立人工智能灾害治理模型（图14-3），可以帮助灾害治理者掌握治理逻辑和发现内在规律。这个模型包括平台、工具、地理、模拟、决策和社会六个基本治理维度。

通过综合考虑这些维度，人工智能可以帮助决策者更好地理解和应对灾害，提供科学决策支持，并推动灾害治理的有效实施。

1. 平台维度：3D图像、在线论坛与微型机器人

灾害信息的及时、准确收集对于灾害预测与管理至关重要。近年来，

基础	技术	时空	情境	关键	目标
交流平台	人工神经网络	空间数据库	通报社区	人工协作	身体传感器
3D图像技术	混合智能	地理框架	网络通信	机器自主代理	社交媒体
在线论坛	人工智能算法	GIS地图	智统仿真	人类远程控制	社交大数据
微型机器人	新型智能分析	模糊认知地图	人工智能模拟	自主机器人	自适应系统
共享平台	新技术研发	复杂性系统	物理虚拟	AI与IT融合	社区参与
决策平台		地理空间信息	增强现实情境	辅助决策	社区赋权
平台维度	工具维度	地理维度	模拟维度	决策维度	社会维度

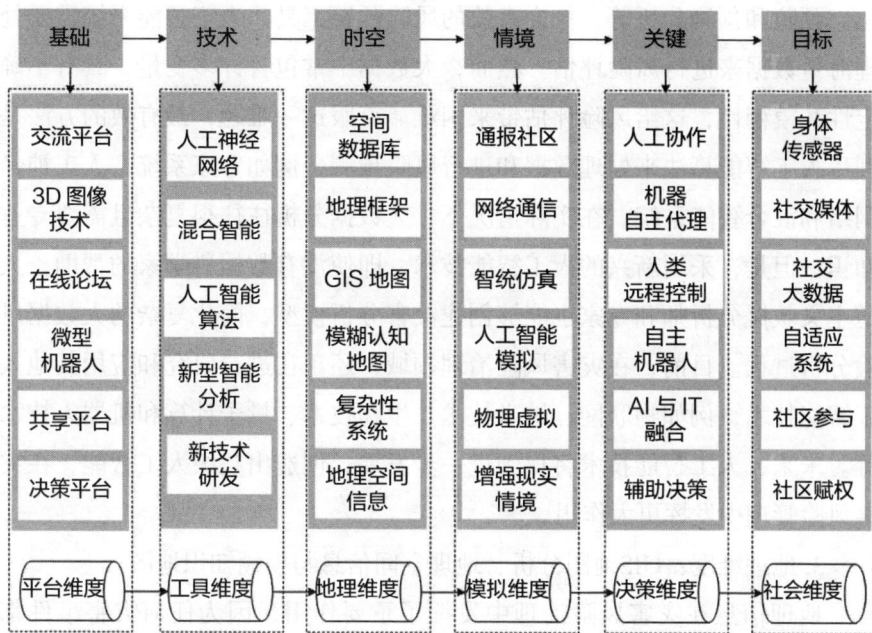

图14-3　人工智能灾害治理模型

人工智能平台凭借高效的数据收集和分析能力，已成为灾害管理的重要工具。值得关注的是，研究人员正在探索一种名为三维虚拟仿真的新兴技术，它可以通过构建虚拟环境模拟复杂的灾害情境，实现救援人员的在线交流与协同。这种技术尤其适用于参与主体过于分散的大规模灾害，它提供了一个虚拟化的解决方案，使各方能够高效地进行远程互动和决策。另一项重要的新兴技术是微型机器人系统，它广泛应用于灾害搜救任务，可在危险环境中替代人力进行信息收集，为救援决策提供支持。总体而言，人工智能为灾害管理提供了全新的技术手段，这将大幅提高救援效率并减少损失。但我们也要意识到潜在的技术风险，需要建立健全的管理规范以确保这些技术的安全可控应用。

2. 工具维度：人工神经网络、混合智能与新技术研发

人工智能在灾害风险治理中的应用涉及广泛的技术，主要包括风险评

估、预防和预测分析等。作为有效的风险预警工具，人工智能系统需要处理海量数据来进行风险评估。然而，大数据中常包含许多变量，具有不确定性和模糊性，这给风险评估带来困难。克服这一难题，最有效的方法是利用人工智能算法来处理数据和进行风险预测，例如专家系统、人工神经网络和混合智能系统。在实际情况下，大数据分析往往很复杂且需要专业知识。但是，采用新兴的人工智能技术，即使没有数据科学家的帮助，人道主义救援分析师和专家也能够创建灾害分析模型，简化复杂的大数据风险分析过程。目前，在灾害风险治理领域，还正在进行研究和应用其他人工智能技术，例如物联网、纳米技术、生物技术、量子计算和机器人技术等。未来，人工智能技术将得到进一步发展，创造出超级人工智能，在灾害风险管理中发挥更大作用。

3. 地理维度：GIS地图分析、地理空间信息与模糊知识地图

地理信息在灾害风险治理中发挥了重要作用，因为任何灾害事件都与特定的时空环境相关，尤其是与自然灾害。因此，人工智能系统需要高效地将空间数据库与地理框架相结合，利用地理信息系统应用程序对数据库进行分析运算。通过建立地理空间数据质量模型，可以监控空间网络、评估空间数据质量，确保数据生成的可靠性。通过运用复杂系统分析和GIS地图分析等方法识别风险网络和关键节点，并结合地理信息技术（Geographic Information System，GIT），有效改进灾害风险治理的各个阶段，这种"人工智能+地理信息系统"的模式已经初步应用到灾害领域。此外，还有一种被称为"模糊认知地图"的地理技术，它借鉴了人工智能中的模糊逻辑和神经网络理论，用于模拟和优化灾害风险治理过程，是一种复杂且有效的分析工具。

4. 模拟维度：网络通信、智能仿真与情境治理

人工智能在灾害风险治理中具有非常重要的优势，即可以更方便、科学地进行模拟、仿真和情景管理。通过构建虚拟灾区、风险地图，利用网络通信技术，不仅能有效预测风险，还可以在模拟环境中测试沟通和选

择治理策略。正在开发的灾害风险评估智能仿真系统主要应用于四个方面：智能灾害危险性评估、灾害损失评估、优化应急响应和灾后恢复计划制定。该系统包含信息数据库、分析模块、智能决策子系统和用户友好界面，能够有效模拟城市灾害疏散过程中的人流动态。一些国家已经开始使用通信技术和增强现实技术构建人工智能仿真平台，通过连接虚拟和实际风险区域，利用人工智能为决策者提供可视化、直观化、快速化的应对服务。这类系统为灾害风险治理提供了可视化分析工具，帮助决策者更好地把握和应对灾害情况。

5. 决策维度：机器人代理、自主决策与辅助决策

在复杂动态的灾害环境中，人机协同是提高灾害应对决策的关键。人工智能辅助决策系统结合了机器自主代理和人类远程控制，为管理者和公众提供决策支持。尽管救援机器人有一定的自治性，但仍依赖人类远程指导。这种系统能有效提升救援人员、机器人团队和社会群体的协同应对能力。自主监测机器人对灾害现场的监测至关重要，它使越来越多的社会群体提高了应对灾害、事故和风险的能力。人工智能为灾前防范、灾中应急和灾后重建提供了新的决策手段。通过计算最优救援车辆路径，人工智能可以在最短时间内为管理者和公众提供最合理的救援方案，使机器人进行更复杂的救援和决策。随着人工智能技术的进步，我们需要不断完善基于人工智能的灾害决策系统，以更好地应对灾害，提供更有效的救援和决策支持。

6. 社会维度：身体传感器、社交媒体与社区参与

人工智能不仅为政府自上而下的治理提供了新工具，也为民间自下而上的参与开辟了新的途径。在灾害治理中，民间救援者、灾民和公众发挥着重要作用，他们携带的现代通信设备既是身体传感器，又具备定位、跟踪和通信功能，可以提供动态、持续和真实的灾害信息。社交媒体已成为灾害治理的重要平台，但社交媒体数据具有大数据属性，需要大量人工筛选，这是个劳动密集型工作。人工智能可以更好地分析用户、过滤信息、实时识别风

险。通过复杂自适应系统和社区参与赋权，社交媒体使民众成为灾害治理的重要力量，也有助于建设韧性社区。2017年国务院印发的《新一代人工智能发展规划》支持社区开展基于人工智能的安防示范，为民众参与灾害治理提供了政策支持，它为民众参与提供了重要支持和指导。

第二节　智慧城市的应急管理

智慧城市这个概念自2008年提出以来，在全球范围内掀起了城市智慧化建设的热潮，成了现代城市化管理的新实践。智慧城市是利用人工智能、信息与通讯技术、物联网、遥感与地理信息系统等多种技术提高城市生活质量、运营效率和服务水平，是促进城市规划、建设、管理和服务智慧化的新理念和新模式。它运用人工智能、物联网和数据通信等技术进行数据收集与整合，识别和分析各种城市活动的需求和问题并做出智能响应，大大满足了现代城市社会发展的需求。

近年来，由于人口的高速增长、城市的快速发展以及全球的气候变化，城市面临着公共社会安全事件、自然灾害等一系列危机挑战，智慧城市的应用技术（如云计算技术、物联网技术、无线网络技术、系统仿真等）为城市应急管理提供了思路和解决方案。城市应急管理借助这些技术能有效监测城市动态，实现城市的正常管理和应急事件的全生命周期指挥，在事故灾害发生之前，准确发现灾害隐患，采取相关措施进行预防和处理；在事故灾害发生时，及时通知相关应急部门，提供数据分享和协助各部门间的合作；事故灾害发生后，为灾后重建的各环节提供科学有效的应对决策，提高城市应急管理的安全性和效率性；以应急管理为核心的城市综合管理体系已成为智慧城市建设的重要发力点。

一、当前的城市应急管理体系

（一）政府层面政策

我国的应急管理建设从新中国成立初期发展至今共经历了四个阶段，分别是以议事协调机制为主的单灾种管理时期，以"一案三制"为核心的应急管理体系初步建设时期，应急管理机制建设的实践、完善与反思时期，以及现如今的总体国家安全观指导下的中国特色应急管理体系建设时期。"一案三制"是中国应急管理体系建设的基本框架，"一案"为国家突发公共事件应急预案体系，"三制"为应急管理体制、运行机制和法制。该框架的提出使我国应急管理能力得到很大提升。然而，随着城市的快速发展，传统应急管理"重处置，轻管理"，这样的应急管理理念在对现代城市重大突发事件预警、处置和善后方面显得捉襟见肘，信息壁垒、数据孤岛、应急迟缓和协作困难等弊端日益凸显。

2022年的全国应急管理工作会议提出，要构建国家"智慧应急大脑"，实现从传统治理向现代"智"理的转变。

所谓"智慧应急"是指在灾害或突发事件发生时，利用先进的技术手段和智能化的应急系统，快速响应、高效协调、精准指挥，实现有效应对和处置。"智慧应急"借助现代信息技术、大数据分析、人工智能等先进技术，实现多部门、多层级、多渠道的信息集成和共享，提高应急响应的速度和准确性，最大限度减少灾害损失，以保障人民的生命财产安全。核心目的是将"两个至上""两个根本"作为应急管理信息化工作的出发点和落脚点，让信息化成为应急管理工作的制胜法宝，以信息化推进应急管理现代化。

智慧应急与传统应急的最大区别在于，智慧应急能够实现更精准的救援决策和更高效的指挥协同，能够针对不可预测、情境各异的紧急事件，应急管理部门运用现代信息技术，能够根据现场情况，借鉴历史经验和整合制度要求，快速做出决策并协调各方力量参与事件处理。目前，我国城市的智慧应急管理模式，主要是通过收集城市中的应急机构管理系统、企事业单位以及社会组织的数据，对其进行数据挖掘和分析，为城市管理者解决城市突发事件的事前预警、事中处理、事后重建工作提供应急方案。

城市应急管理的发展离不开政府层面的政策指导和支持，在中央政治局第十九次集体学习时，习近平就强调，要积极推进我国应急管理体系和能力现代化，并特别指出要适应科技信息化发展大势，以信息化推进应急管理现代化，提高监测预警能力、监管执法能力、辅助指挥决策能力、救援实战能力和社会动员能力，这对于我们构建统一指挥、专常兼备、反应灵敏、上下联动的应急管理体制、优化国家应急管理能力体系建设以及提高防灾减灾抗灾救灾能力提供了重要遵循。

2018年12月，应急管理部制定印发《应急管理信息化发展战略规划框架（2018—2022年）》，提出"两网络、四体系、两机制"整体框架。"两网络"指全域覆盖的感知网络、天地一体的应急通信网络；"四体系"指先进强大的大数据支撑体系、智慧协同的业务应用体系、安全可靠的运行保障体系、严谨全面的标准规范体系；"两机制"指统一完备的信息化工作机制和创新多元的科技力量汇集机制。规划提出，要建设全国应急管理数据中心，构建应急管理业务云，形成性能强大、弹性计算、异构兼容的云资源服务能力；构建全方位获取、全网络汇聚、全维度整合的海量数据资源治理体系，满足精细治理、分类组织、精准服务、安全可控的数据资源管理要求。建设统一的全国应急管理大数据应用平台，形成应急管理信息化体系的"智慧大脑"，通过机器学习、强化学习、知识图谱等算法，利用模型工厂、应用工厂和应用超市等为上层的监督管理、监测预警、指挥救援、决策支持、政务管理五大业务域提供应用服务能力，有力支撑常态、非常态下的事前、事发、事中、事后全过程业务开展；构建统一的门户，为各级各类用户提供集成化的应用服务入口。

2021年5月13日，应急管理部下发《应急管理部关于推进应急管理信息化建设的意见》，提出将强化实战导向和"智慧应急"牵引，规划引领、集约发展、统筹建设、扁平应用，全面提升监测预警、监管执法、辅助指挥决策、救援实战和社会动员能力。试点"智慧应急"，坚持先行先试、引领示范，支持鼓励各"智慧应急"试点省份和其他有条件的地区加快推进相关业务系统智能化升级改造，通过创新驱动实现先进信息技术与本地区应急管理工作实际深度融合，探索经验、总结提炼，形成一批管用实用的先进智能化应用模式，为全国提供可复制、可推广的成熟经验做法。省级应急管理部门要扶持重点地级市打造应急管理信息化应用样板城市，推动信息化建设成果落地见效、生根开花，以点带面，逐步推开，促进在全国范围内形成信息化应用示范的"雁阵效应"，引领带动本地区应急管理信息化快速发展。推动有条件的地级市整合安全生产、防灾减灾、消防安全、交通安全、城市生命线、特种设备、"雪亮工程"等监测监控信息，建立城乡安全风险综合监测预警体系，提升城乡安全风险发现、防范、化解、管控的智能化水平。

2022年2月14日，国务院印发的《"十四五"国家应急体系规划》提出，到2025年，应急管理体系和能力现代化建设取得重大进展，形成统一指挥、专常兼备、反应灵敏、上下联动的中国特色应急管理体系，建成统一领导、权责一致、权威高效的国家应急能力体系，防范化解重大安全风险体制机制不断健全，应急救援力量建设全面加强，应急管理法治水平、科技信息化水平和综合保障能力大幅提升，安全生产、综合防灾减灾形势趋稳向好，自然灾害防御水平明显提升，全社会防范和应对处置灾害事故能力显著增强。到2035年，建立与基本实现现代化相适应的中国特色大国应急体系，全面实现依法应急、科学应急、智慧应急，形成共建共治共享的应急管理新格局。

（二）典型案例

2020年9月，应急管理部公布"智慧应急"试点建设名单，确定天津、河北、黑龙江、江苏、安徽、江西、山东、湖北、广东、云南十个省（直辖市）为建设试点单位。试点建设阶段是"智慧应急"的第一个阶段，坚持先行先试、引领示范，支持鼓励有条件的地区通过创新驱动打造应急管理信息化应用样板。应急管理部组织推动"智慧应急"试点建设以来，我国各试点单位坚持问题导向、业务导向，践行集约化建设、融合式发展、扁平化应用的理念，在应急事件处理过程中有了诸多实际经验。

1. 山东

作为试点省份之一，山东省开展了"电眼工程"试点建设，打造了依托电力大数据精准识别异常行为、靶向开展监管执法的业务模式。2021年1月，山东省烟台市五彩龙金矿发生爆炸事故后，临沂市应急管理局向辖区内所有非煤矿山企业下达了停产检修的通知，但通过用电量数据回溯发现，某企业日用电量自12日至25日期间始终保持在正常生产用电范围，1月26日才开始下降。经核实，该企业存在未按要求及时停产检修的违规问题。如今，"电眼工程"不仅在山东全省推广，还为全国"电力助应急"灾害监测系统提供了宝贵经验，成为"以点带面"的典型应用。

2. 广东

广东作为全国"智慧应急"试点省份，目前已初步建成具有较高科技含量和广东特色的智慧应急信息系统。广东省应急管理厅始终把"智慧应急"建设摆在突出位置，扎实推进"一网统管"建设，深度整合对接各类系统和各方数据资源，围绕着融合指挥、全域感知、应急通信、短临预警、数据智能这五大难题，提升"智慧应急"管理水平，实现"一屏观全域、一网管全省"。

在之前发生的佛山高明区"12·5"森林火灾扑救过程中，佛山通过应急管理综合应用平台林火监测专项实时监测视频，展示出应急管理信息化建设成效。佛山形成了"事前预防、事发监测预警、事中应急救援、事后恢复管理"等多结构有序应对突发事件的经验。国务院安委会办公室在安徽合肥召开城市安全风险监测预警工作现场推进会上，佛山作为全国5个城市代表之一，在会上做了经验交流。

3. 湖北

长期以来，在应急救援工作中，如何科学高效调度应急资源、多队伍协同管理是重点难题。对此，湖北省应急管理厅借鉴防疫"健康码"经验，探索出"应急速达码"，在一定程度上解决了队伍统筹管理不到位、救援现场混乱、队伍动态不明、任务不清晰等问题。通过"应急速达码"能够精准掌握救援队伍状态，深度赋能应急指挥业务，填补了面向多灾种的一体化、全流程指挥调度能力建设的空白。"应急速达码"目前已在湖北省应急救援工作中得到初步推广。

2021年6月13日6时30分，湖北省十堰市张湾区艳湖小区发生燃气爆炸事故。湖北省应急指挥信息系统第一时间将突发事件的基本信息、地理环境生成"应急速达码"，发送至各支应急救援队伍。应急救援队伍通过"应急速达码"接收救援任务指令后，通过亮码快速进入管制区域，实现了短时间内的快速救援。

4. 天津

天津市"智慧应急"工作组以解决一线工作人员实际问题为出发点，在"小应用""小工具"上下了不少功夫，解决了基层大问题。值班助手应用能够对接指挥救援系统的值班管理模块，每日定时主动发送信息提醒次日值班人员，并对未及时查看提醒链接的工作人员进行自动电话提醒，确保值班人员按时到岗到位，辅助做好应急值班值守工作。该市基于即时通信系统开发出值班助手、警示提醒、灾害助手、危化品信息查询"应急转移码"等系列"小应用"，在基层工作中发挥了重要作用。后续，天津市将进一步了解基层需求，在地图导航、智能识别、快速采集等方面深化拓展各类"小工具"，持续提升应急响应能力。

二、应急管理体系存在的问题

目前，由于大部分智慧城市的建设水平仍处于以公安、交通等领域融合为主的前期发展阶段，以现有智慧城市为核心的应急管理模式在一些重大应急事件中暴露了一些存在的问题，尤其是2020年暴发的新冠疫情，揭露了当前应急管理体系的缺陷。

（一）静态数据无法做到快速预警

在新冠疫情暴发的前期阶段，我们时常看到各互联网传媒平台紧急发布寻找与确诊病例相关的接触人员及其行动轨迹等消息，这暴露出了当前以数据为核心的城市"智慧应急"信息平台，仍需要靠人工来获取和识别数据信息的缺陷。城市数据集成与动态分析平台是智慧城市的神经中枢。然而，由于我国大部分的智慧城市建设仍处于数字城市建设的早期，现有智慧城市应急管理模式沿用了传统的静态数据汇聚机制。采用这种传统的静态数据采集机制容易造成数据滞后、时效性差的问题，不利于建立危机事件的预警机制和对应急事件的快速反应，也就无法为应急事件的处理提供良好的支撑和保障。

与此同时，我国的城市智慧应急信息平台对于数据的收集手段也较为传统。我国大部分智慧城市的建设水平目前仍处于初级阶段，主要的重点集中在应急决策平台的设计和建设，对于基层社区应急管理缺乏关注，现有的基层应急管理体系对数据的收集仍较多地使用传统的静态数据采集，如走访调查、系统人工登记等，对数据实时采集的新技术应用不足，导致基层大量有用的数据收集效率低下。

（二）数据难以共享造成数据孤岛

智慧应急是在常态应急管理机制的基础上构建一个集数据信息共享、分析研判支撑为一体的智能化管理系统。建立专业部门间的深度整合、政府和社会覆盖更广泛的互联互通机制，通过智能化的模拟分析、快速评估、科学决策手段，将常态下的城市运行管理与紧急状态下城市应急管理相统一，实现城市安全的科学化、精细化和智能化管理。数据资源是构建智慧城市应急模式的基础，数据资源有效共享是处理应急事件时的关键。然而，现有模式的数据配套机制体制不完善，部门间存在信息壁垒，应急大数据的动态管理和共享利用仍有不足。各部门之间的数据在本部门本系统运用时可以快速流通，但当需要将各部门的数据同时收集储存应用时，往往因为数据访问标准不一、类型多样、储存分散而无法实现应急管理数据跨层级、跨部门的数据检索、整合、共享和应用，难以形成协调互通、动态共享的应急响应和应急救援整体，严重降低应急管理能力现代化。

此外，现有的智慧城市应急管理模式中还存在城市数据流通"只上不下"问题，即强化基层数据的上报，却忽视了将融合其他部门综合加工后的数据下沉。基层社区是应急响应和应急救援的前线，严重缺乏下沉数据的支撑会导致基层社区应急人员难以对辖区内居民的生活轨迹、健康变化、出行情况等动态数据及时汇总掌握，无法做到及时发现问题和实现快速应急响应，造成"战时"基层应急管理"硬件到位，人员支撑不足"的困境。

（三）应急物资无法得到保障

当应急事件发生时，如何做到应急物资供应充足、品类齐全、干净卫生且及时送到人民手中是应急管理工作的重要一环，然而在这次的疫情防控过程中，以智慧交通、智慧医疗和数字政务等为依托的现有应急指挥调度系统，未能及时满足各地方政府在疫情防控时期的应急物资和生活物资保障需求，部分地区出现了网上政务系统崩溃停摆、应急疫情物资挤占或挪用、生活物资缺乏以及民众买药难等问题。应急指挥决策部门在进入"战时"状态进行政策制定和任务分配时，未能对基层社区的应急响应能力做出合理预估，严重影响了基层应急响应和处置的能力，造成"战时"基层应急管理"硬件到位，人员支撑不足"的短板。

城市电力、供水、通信等基础设施部门是保障城市应急管理顺利开展的重要配套支撑部门。出现问题暴露了现有智慧城市应急管理模式在应急状态下跨地区跨部门跨业务协同能力不足，导致电力、通信等配套基础部门难以满足和支撑突发事件应急响应与救援需求。城市数据集成与动态分析平台在得不到应急配套基础部门有力支撑的状况下，难以快速利用现有数据资源形成系统服务平台来保障城市应急状态运行。因此，在防疫前期出现了应急物资调度混乱和生活物资保障不能满足群众需求的问题。

三、解决措施

面对智慧城市应急管理模式受到的质疑和挑战，各级政府在疫情背景下用实战经验总结出以"大数据+网格化管理"为核心的应急管理模式。该模式以大数据技术支撑城市应急指挥和决策平台，动态整合、分析和核查城市核心部门、企事业单位和社会组织等多个部门的数据和信息，依托基层社区网格化管理开展应急管理工作。在此次新冠疫情防控中，该创新模式打通了疫情防控的"最后一米"，实现了及时排查、人员管控以及快速疫情响应，成为各级政府应急管理部门打赢"防疫战"的重要"法宝"。

同时，针对当前基层治理与应急管理的融合程度不足，基层应急数字化治理程度较低的问题，我们通过深化企业微信、微信小程序等数字连接平台在应急场景的应用，打通应急管理的"最后一公里"。未来"智慧应急"解决方案将通过搭建智能化的基层应急管理平台，实现高效精准的基层风险点监测预警、应急决策和应急资源协调及响应处置。以数字化、智能化推动基层应急治理，将成为提升基层应急能力和水平的重要手段和发展方向。

参考文献

［1］AIHINAI Y S. Disaster management digitally transformed：exploring the impact and key determinants from the UK national disaster management experience[J]. International Journal of Disaster Risk Reduction，2019（51）：101851.

［2］CHEN A，ZHANG Z Y，WU B H. 70 years review and prospect of emergency management development[J]. China Emergency Management News，2019，10（1）：1-4.

［3］KARASHIMA K，OHGAI A. Implementation issues of the planning support tool in Japan：focusing on urban disaster mitigation[J]. Frontiers of Architectural Research，2019（4）：483-497.

［4］WANG J G. Vision of China's future urban construction reform：in the perspective of comprehensive prevention and control for multi disasters[J]. Sustainable Cities and Society，2021（64）：102511.

［5］巩宜萱，米硕，刘长杰. 政企合作下的智慧应急系统建设——以深圳市为例[J]. 行政论坛，2022，29（05）：154-160.

［6］李仁刚. 基于智慧技术的历史建筑密集区公共安全防御体系研究[D]. 天津：天津大学，2014.

［7］滕五晓. 智慧应急的机遇与挑战[J]. 张江科技评论，2021（03）：28-30.

［8］习近平. 习近平在中国共产党第十九次全国代表大会上的报告[N]. 人民日报，2017-10-28（001）.

［9］于蓉. 城市应急管理新趋势：从"智慧城市"到"大数据+网格化管理"[J]. 中国应急管理科学，2021（08）：38-46.

［10］翟国方. 我国防灾减灾救灾与韧性城市规划建设[J]. 北京规划建设，2018（02）：26-29.

［11］周利敏，罗运泽. 数智赋能：智慧城市时代的应急管理[J]. 理论探讨，2023（02）：69-78.

［12］张枫怡，赵静，傅云翔，等. 我国突发公共卫生事件应急管理政策变迁研究[J]. 医学与社会，2023，36（04）：68-73，79.

未来篇

SHUZHI SHIDAI

数智时代：打造智慧城市

☆　第十五章　☆

智慧城市规划与管理

全球范围内，随着越来越多的人口涌入城市，城市化进程在不断加速，但同时面临能源、水资源、交通、空气质量等方面的挑战。智慧城市规划和管理是一种综合性的战略方法，将先进的技术、数据分析和城市管理实践相结合，优化城市基础设施、提升公共服务，改善市民生活质量，成了应对日益增长的城市化挑战和实现城市可持续发展的重要手段。智慧城市规划能通过合理布局住房、交通、教育、医疗等基础设施，确保城市能够容纳和服务不断增长的人口；通过数据分析和科技应用如智能医疗、在线教育、数字化政务等，高效地管理资源使用，减少浪费，改善环境质量，实现可持续发展，提升市民的生活质量和幸福感。

第一节　智慧城市规划概念

随着全球城市化进程的不断加速，城市面临着日益复杂的挑战，如交通拥堵、能源浪费、环境污染等。在这样的背景下，智慧城市规划成了一种迫切需要的战略，旨在通过技术创新来优化城市运行、提升市民生活质量。本节主要探讨智慧城市规划的概念、重要性、关键特点以及实现智慧城市的作用路径。

一、智慧城市规划内涵

智慧城市规划是根据智慧城市发展趋势、愿景和发展目标，在综合区域基础条件、产业发展、资源供给和内外部环境等基础上，结合城市发展规律和先进经验，运用科学的规划理论和绩效模型，制定一个完整的智慧城市建设方案的过程。

智慧城市规划与传统的城市规划的区别在于：传统的城市规划是为了实现一定时期内城市的经济和社会发展目标，确定城市性质、规模和发展方向，合理利用城市土地，协调城市空间布局和各项建设所做的综合部署和具体安排，主要规划城市发展方向、空间布局、基础设施等，以城市土地利用配置为核心，建立起城市未来发展的空间结构。同时，传统的城市规划也存在着难于满足市民需求、未能客观平衡公共利益与私人利益、制度上的失灵削弱规划实施效果等一系列问题。智慧城市规划则强调充分利用新一代信息技术，为未来城市在信息基础设施、公共管理服务、产业发展及环境建设等方面制定方案，目的在于占据未来城市发展的制高点，提高城市的综合竞争力和市民的幸福感。

二、智慧城市规划特点

（一）复杂性

智慧城市是以云计算、大数据、物联网等新一代信息技术为基础展开城市新一轮的创新发展，在信息基础设施、公共管理服务、产业发展等方面都将进行复杂的升级优化。智慧城市的复杂性决定了规划设计必须随着城市的发展不断进行调整优化。

（二）战略性

智慧城市建设已经成为世界新一轮产业和技术竞争的战略高地，直接影响着未来城市的竞争力。同时，智慧城市的建设将为系统解决我国城市发展过程中存在的增长方式粗放、公共服务供需矛盾突出、生态环境恶化等一系列问题提供新的战略和策略。

（三）创新性

新的城市发展理念和先进的信息技术为智慧城市建设提供了有效支撑，同时智慧城市建设也对充分利用新理念及新技术提出了更高的要求，需要以创新思维来制定智慧城市的规划。

（四）系统性

智慧城市建设作为一个庞大的系统工程，本身是建立在城市基础设施、网络结构和环境等一系列不同的系统之上。这些系统不是独立存在的，相互之间有着密切的联系，而每个系统之间又存在着个性和差异性，形成了一个系统的有机整体。

（五）综合性

智慧城市建设是一项综合性很强的工作，具体的城市规划必须综合考虑经济、社会、文化、环境等各方面因素，实现协调、有序的发展。

（六）科学性、艺术性

智慧城市规划既是一门科学，又是一门艺术。科学性体现在智慧城市规划要遵循城市规划的基本客观规律，要充分运用新一代信息技术建设智能型城市；艺术性体现在智慧城市规划的实践性和创新性，注重城市形态的和谐性，满足人对艺术的追求。

三、智慧城市规划的作用

智慧城市规划在现代城市发展中发挥着重要作用，它可以在多个层面上带来积极的影响和改变。智慧城市规划的作用有：

（一）提升城市效率

智慧城市规划利用先进的技术和数据分析，优化城市运行和资源分配，从而提高城市的效率和管理水平。

（二）改善市民生活质量

通过智能化的公共服务、交通规划、环境保护等，智慧城市规划可以提升市民的生活质量，增加居民的满意度和幸福感。

（三）促进可持续发展

智慧城市规划推动可持续发展，引入绿色能源、优化资源利用、减少碳排放，以减轻城市对环境的负荷。

（四）增强城市竞争力

智慧城市规划使城市更具吸引力，增强了城市的国际竞争力，有助于吸引投资、创新人才和游客。

（五）创造就业机会

实施智慧城市规划需要各种技术人才和领域专家，从而为科技、工程、管理等领域创造就业机会。

（六）提升城市安全

引入智能监控、预警系统等技术，智慧城市规划可以加强城市的安全防护，减少突发事件的影响。

（七）推动科技创新

智慧城市规划推动科技创新，鼓励创新企业在智慧城市领域进行研发，促进技术进步和产业升级。

（八）优化资源配置

基于数据分析，智慧城市规划能够更准确地了解资源的使用情况，实现资源的优化配置。

（九）促进社会互动和参与

智慧城市规划通过数字平台和社交媒体，鼓励市民参与城市治理和规划，提供意见和反馈。

（十）应对城市挑战

智慧城市规划可以帮助城市应对交通拥堵、资源短缺、环境问题等挑战，并为其提供科学的解决方案。

第二节　智慧城市规划设计

一、智慧城市规划的原则

智慧城市规划是一项综合性的策略，旨在借助科技创新，提升城市的可持续性、效率和市民生活品质。其核心原则包括可持续发展、数字化基础设施、数据隐私与安全、社会参与、交通与流动性优化、资源高效利用、开放数据与互操作性、创新性和适应性、多元化经济以及文化和社区保护。智慧城市规划通过平衡科技发展与社会人文，致力于构建一个融合先进技术和人性关怀的城市环境，以满足不断变化的需求并创造更美好的未来。

可持续发展主要考虑社会、环境和经济可持续性，通过降低能源消耗、减少废物产生、改善交通系统等方式，确保城市的发展不会对环境造成过大负担；数字化基础设施是指基础设施的数字化，也是智慧城市的核心，通过建立高速互联网、物联网设备、传感器网络等，收集和分析大量数据，从而更好地管理城市资源和提供服务；数据隐私与安全是在收集和使用数据时，保障居民的隐私权和数据安全，采用加密、权限管理等措施来保护个人信息，防止数据泄露和滥用；社会参与是指智慧城市规划需要与社区居民和利益相关者进行密切合作，通过市民参与、民意调查等方式，确保规划满足人们的实际需求和期望；交通与流动性优化主要是指优化城市交通系统，提高交通效率，减少交通拥堵和排放，推广可持续交通方式，如公共交通、自行车道等，改善城市的可达性和环境；资源高效利用是指利用科技手段来监测和管理城市的资源使用，包括电力能源、水资源等，通过智能能源管理和智能供水系统等，减少资源浪费；开放数据与互操作性是指城市各部门的数据能够共享和互操作，从而实现更好的决策支持和服务提供；创新性和适应性是指智慧城市规划需要具备创新意识，并能够适应快速变化的技术和社会环境，灵活的规划和设计才能应对未来的挑战；多元化经济是指鼓励多元化的经济活动，促进创业和创新，推动不同行业和领域的发展，有助于提供更多的就业机会和经济增长；文化和社区保护是指在规划智慧城市时，需要尊重城市的历史、文化和社区特点，保护历史建筑、传统社区，以及促进文化交流，维护城市的独特性。

二、智慧城市规划的路径

智慧城市规划路径可以根据不同的角度和重点划分为多种类型。

（一）技术驱动型路径

该路径侧重于引入先进技术，如物联网、人工智能、大数据分析等，作为智慧城市规划的核心。通过建设智能基础设施，如智能交通系统、智能供水、能源管理系统以及智能公共服务平台，实现城市的数字化和智能化。

（二）可持续发展型路径

该路径强调环保、绿色能源和资源高效利用，推动可再生能源的使用、减少碳排放、优化城市布局等，以实现城市的可持续发展。

（三）市民参与型路径

该路径注重市民的参与和反馈。通过数字化平台，鼓励市民参与城市治理和规划，分享意见、需求和反馈，从而实现更民主和包容性更强的城市发展。

（四）创新生态型路径

该路径鼓励创新和创业，建立创新生态系统。支持科技企业、创业者在智慧城市领域进行研发和投资，推动城市创新发展。

（五）数字化转型路径

该路径将城市的各个方面都纳入数字化转型。从政府行政管理到公共服务，从城市基础设施到交通运输，该路径都通过数字化手段进行管理和优化，来提升城市效率和便捷性。

（六）社会发展型路径

该路径注重社会服务的改进和提升。通过智能医疗、教育、社会保障等领域的发展，提升市民的生活质量和幸福感。

（七）综合型路径

该路径综合考虑多种因素，将技术、环保、市民参与等要素结合起来，寻求一个平衡发展的智慧城市规划路径。在这种规划中，各种因素相互关联，共同推动城市的智慧化。

三、智慧城市规划路径对比

智慧城市是建立在新一代信息技术基础之上，广泛适应城市社会、政治、经济、文化、生态等条件的体系。根据城市建设的不同方向，智慧城市建设的不同路径侧重点和目标是不同的，在建设过程中可以具体体现为融资模式、经营模式、管理客体、建设规模以及建设周期等方面的差异。

（一）融资模式

融资模式是指在科技和可持续发展方向上的转型和发展，需要灵活的财务策略来实现其愿景。这种融资模式通常涉及多个层面和参与者，旨在确保城市的可持续发展和提高居民的生活质量。首先，政府在智慧城市规划中扮演关键角色，负责提供基础设施、公共服务和法规框架。政府可以通过发行债券、拨款、税收优惠等方式来筹集资金，用于建设智能交通、能源管理、环境监测等基础设施。政府还可以与国际金融机构合作，吸引外部投资，降低财政负担。其次，私营部门是智慧城市融资的重要一环。企业可以投资并运营智能化的解决方案，如智能停车系统、智能建筑管理等，从中获得回报。私营企业可以通过合作伙伴关系、特许经营、出售技术或服务等方式与政府合作，共同推动城市的数字化转型。同时，创新型企业和初创公司也可通过风险投资和天使投资来融资，支持他们在智慧城市领域的创新。再次，国际合作对智慧城市的融资至关重要。许多国际组织、跨国公司和国际金融机构愿意为发展中的智慧城市项目提供资金和技术支持。政府可以积极参与国际合作，争取外部援助和贷款，以促进城市的可持续发展。最后，市民参与也是融资模式的一部分。市民可以通过众筹、社会捐赠等方式为特定的智慧城市项目提供资金支持。这种参与不仅有助于筹集资金，还能够增强市民对城市发展的参与感和归属感。融资模式是一个多层次、多参与者的体系。政府、私营部门、国际合作和市民参与相互结合，共同推动城市的智能化和可持续发展。

（二）经营模式

经营模式是一种前瞻性的城市管理方法，通过科技创新和数据驱动，全面提升城市的效率、可持续性和市民生活质量。这一模式以数字化基础设施为基石，整合智能交通、智能能源、智能环保等领域的解决方案，以实现优化城市功能的目标。

该模式的核心特征之一是数据的收集与分析。传感器、摄像头等设备实时传输城市中的各类数据，这些数据随后被整合并分析，为政府和企业提供决策支持。这使得交通流量优化、垃圾处理效率提升等变得可能，有助于提升市民的日常生活品质。市民参与也是经营模式的重要组成部分。通过智能手机应用和社交媒体平台，市民可以参与公共事务讨论、提出建议，甚至监督政府的实施。这种直接的互动促进了市民与政府的紧密联系，提升了治理的透明度和反应速度。另一个关键元素是可持续发展。智慧城市的经营模式将可再生能源、能源储存技术等纳入规划，以降低碳排放和能源浪费。同时，智能环保设施如智能垃圾桶、空气质量监测系统等也有助于改善城市环境。经营模式是一个综合性的、创新性的城市发展方法。

（三）管理客体

智慧城市规划路径的管理客体是城市本身，通过数字化技术和数据驱动的方式进行全面优化和提升。这一管理客体涵盖了城市的各个方面，旨在实现更高效、更智能、更可持续的城市运营和居民生活。

第一，智慧城市的交通系统是一个重要的管理客体。通过智能交通信号灯、实时交通监测和导航系统，交通流量得以优化，缓解拥堵，减少排放，提高通行效率，使城市交通更加便捷和绿色。第二，能源管理也是管理客体的关键领域。智慧城市利用智能电网和能源储存技术，实现对能源的高效分配和利用。智能化的能源监测系统可以追踪能源消耗，优化供应，降低能源浪费，为城市提供更可持续的能源解决方案。第三，环境保护也是智慧城市管理客体的另一个重要方面。通过空气质量监测、垃圾处理系统和水资源管理等手段，城市能够实时监测和管理环境质量，采取相应措施来保护自然资源和提升居民的生活品质。第四，社会服务也是智慧城市管理的关键对象。数字化技术使得公共服务更具智能性和个性化，包括在线政府服务、智能医疗和教育资源的数字化管理，为市民提供更加便捷和高质量的服务体验。

将融资模式、经营模式、管理客体与上一节7种类型路径进行比较分析和总结，如表15-1所示。

表15-1　不同建设路径的比较分析

路径类型	融资模式	经营模式	管理客体	建设周期	代表城市
技术驱动型	科技企业投资、创新基金、风险投资	技术研发、解决方案提供商合作、数据分析服务	智能设备、传感器、网络基础	中长期	西雅图
可持续发展型	政府投资、绿色基金、环保组织合作	能源管理、资源优化、环保技术推广	能源、水资源、废物处理	长期	斯德哥尔摩
市民参与型	公私合作、社会组织合作	社区治理、市民反馈、共创平台	公共空间、社区设施、市民参与机制	中期	巴塞罗那
创新生态型	创业投资、孵化器、创新中心合作	创业创新、产业集群、生态系统构建	创新企业、创业者、研发中心	中期	伦敦
数字化转型型	数字化公司投资、数字化服务提供商合作	数字化转型、数字化平台搭建、数据分析	数字化基础设施、信息系统	中长期	上海
社会发展型	社会福利基金、社会创投	社会服务、福利优化	教育、医疗、社会服务设施	中长期	新加坡
综合型	多元融资、公私合作、跨领域合作	跨领域整合、综合治理、数据共享	多元设施、综合服务平台	长中期	柏林

实际上，智慧城市规划常常会综合多种路径，并非相互独立，可以根据具体的城市需求和特点来灵活定制规划。同时，每个城市都可能在不同领域选择不同的路径，以实现更适合自身发展的智慧城市愿景。

第三节　智慧城市管理

智慧城市管理涵盖了数据分析和预测、资源优化和分配、市民参与和反馈、紧急响应和安全管理、信息安全和隐私保护等内容。智慧城市管理主要是利用大数据分析和人工智能，对城市各个领域（如基础设施、交通、能源、水源等）的数据进行分析，并做出合理的预测，以减少浪费，提高资源利用效率。再通过数字平台和社交媒体，鼓励市民参与城市管理和规划，提供反馈和意见，加强城市紧急响应能力，提升公共安全管理水平，同时在管理过程中重视信息安全和隐私保护，确保市民的数据得到妥善保护，实现更民主和包容的城市治理。

一、智慧城市管理与服务平台总体架构

智慧城市管理与服务平台总体架构是连接未来城市的神经中枢。智慧城市管理与服务平台是连接城市各个要素的关键纽带，它以先进的信息技术为支撑，将城市内外的数据、资源和服务紧密融合。这个平台旨在实现城市管理的智能化、高效化，为市民提供更优质的生活体验。本节主要深入探索智慧城市服务与管理平台的总体架构，解析其关键组成部分和功能。

（一）数据采集与感知层：连接城市的神经末梢
在智慧城市的平台中，数据被视为珍贵的财富。在数据采集与感知

层，各种传感器、监测设备、移动设备等被部署在城市的各个角落，实时采集环境数据、交通状况、能源消耗等信息。这些数据通过物联网技术传输到平台，成为城市运行的"神经末梢"，为后续的分析和决策提供源源不断的数据。

（二）数据处理与存储层：智慧城市的大脑和记忆库

采集来的海量数据需要经过处理、清洗、聚合等环节，存储在云服务器或大数据平台中。这个层次就像城市的"大脑"和"记忆库"，为整个平台提供数据支持。通过高效的数据管理和存储，平台能够迅速响应城市管理者和市民的需求。

（三）数据分析与智能层：洞察城市的智慧之眼

数据分析与智能层是智慧城市平台的核心。通过人工智能、机器学习等技术，平台能够从海量数据中挖掘出隐藏的模式和关联，为城市管理者提供深刻的洞察力。交通拥堵、环境变化、能源消耗等问题都可以通过数据分析得到有效的解决方案。

（四）服务与应用层：为城市赋能的实际体现

在服务与应用层，平台将数据分析的成果转化为实际的服务和应用。智能交通管理、智能环境监测、智能医疗等应用将直接影响城市居民的生活质量。城市管理者可以根据平台提供的智能建议，优化资源配置，提升整体城市运行效率。

（五）用户界面与交互层：市民参与的桥梁

智慧城市管理平台不仅服务于城市管理者，也为普通市民提供了参与的机会。用户界面和交互层通过图表、地图等方式，将复杂的数据呈现为直观的信息，使市民能够了解城市的状况、提出需求，并与平台进行互动。市民的参与使城市管理更加民主和透明。

智慧城市管理与服务平台的总体架构如表15-2所示。智慧城市服务与管理平台的总体架构为未来城市的发展指明了方向。随着技术的不断创新和完善，平台将变得更加智能化、精细化，能更有效应对挑战，如数据隐私保护、系统安全性，未来的发展需要政府、企业和社会共同努力，确保智慧城市平台的持续健康发展。

表15-2　智慧城市管理与服务平台总体架构

层级	组件与模块	功能
数据采集与感知层	传感器网络、物联网设备、移动应用	实时收集城市各领域数据，如交通、环境、能源等
数据处理与存储层	高速网络、数据中心	数据传输、存储和管理，确保数据安全性和可靠性
数据处理与分析层	数据预处理、清洗、分析工具	数据分析，从数据中提取有价值信息，揭示城市趋势与问题
决策支持层	决策支持系统、预测模型	基于数据分析提供决策支持和预测，优化城市运行和规划
服务与应用层	智能城市服务、应用程序	基于数据分析和决策支持，开发智能服务和应用，满足市民需求
城市治理与协作层	协作平台、信息共享系统	政府部门、市民、企业协作，促进城市治理和社会参与
安全与隐私保护层	数据加密、身份验证	数据安全和隐私保护，确保数据安全性和合法性
可视化与用户界面层	数据可视化、用户界面	提供直观的可视化数据和用户界面，帮助理解数据和信息
可持续性与可扩展性层	技术升级、可持续发展策略	考虑平台的可持续性和未来扩展，确保技术与发展协同

（六）规划与管理的数据驱动性

智慧城市规划和管理都依赖于数据，不同的阶段角色也不同。规划阶段需要数据来分析城市的现状和趋势，以制定合理的发展目标和策略。管理阶段则需要实时数据来支持决策，监测城市运行状况，及时调整和优化。

二、智能城市管理平台的运营保障机制

在迅猛的城市发展和数字化浪潮的推动下，智能城市管理平台成了实现城市管理的重要工具。为了确保这些平台能够稳定、安全地运行，必须建立完善的运营管理与保障机制。本节主要探讨智能城市管理平台运营管理与保障机制的原理，揭示其背后的核心原则和实现方式。

（一）实时监控与预警机制

智能城市管理平台的稳定运行首先需要建立实时监控与预警机制。这一机制基于大数据分析、监测设备和传感器等，实时追踪平台的各项指标、性能参数和运行状态。通过对这些数据的分析，系统可以发现潜在问题、异常事件。一旦出现问题，平台会自动发出预警，通知相关人员采取措施，避免问题进一步扩大。

（二）容灾与备份机制

容灾与备份机制是保障智能城市管理平台可靠性的重要原则之一。平台通过建立多地数据中心，将关键数据和系统复制存储，确保即使在某一地区发生故障时，系统仍然能够正常运行。此外，定期进行数据备份和恢复演练，以保障在数据丢失或损坏的情况下能够迅速恢复平台的运行。

（三）数据安全与隐私保护原则

智能城市管理平台涉及大量敏感数据，因此数据安全与隐私保护成了

至关重要的原则。通过数据加密、身份认证、权限控制等技术手段，确保数据在传输和存储过程中的安全性。平台需要严格遵循法律法规，保护市民的隐私，防止数据泄露和滥用。

（四）智能分析与优化原则

智能城市管理平台的运行不仅仅是为了数据的收集和存储，更为重要的是通过智能分析和优化，为城市管理者提供实时决策支持。这需要平台基于大数据分析和人工智能技术，从海量数据中挖掘出有价值的信息和趋势，帮助城市管理者更好地了解城市状况，制定更科学的政策和计划。

（五）用户支持与培训原则

用户支持与培训是智能城市管理平台运行的关键环节。通过建立多渠道的用户支持系统，使用户在使用平台时能够及时获得帮助和解决问题。同时，平台还应提供培训和教育资源，帮助用户更好地理解和运用平台功能，提升其使用体验。

（六）应急响应与持续改进原则

在智能城市管理平台运行过程中，难免会遇到各种突发情况。因此，建立应急响应机制至关重要。平台需要预设应对方案，明确责任人和应对流程，以应对各种可能的问题。同时，持续改进也是一个不可忽视的原则。根据用户反馈和数据分析结果，不断优化平台的性能、功能和用户体验，确保平台始终能够满足不断变化的需求。

三、智慧城市规划与管理的关系

智慧城市规划和管理是一个紧密相连的过程，规划提供了指导和框架，管理将理念付诸实践，两者相互依赖，共同促进城市的可持续发展。智慧城市的规划与管理的关系主要表现在如下几点：

（一）规划为管理提供指导

智慧城市的成功始于规划阶段。规划是为了确保城市发展有序、可持续和协调，而智慧城市规划则在此基础上考虑如何融入信息技术、数据分析和创新概念，以优化城市的各个方面。智慧城市规划提供了技术的指导框架，指明了如何在城市基础设施、服务和治理中应用创新技术。管理阶段将这些规划落实为具体的项目和实施计划，确保智慧城市理念能够真正得以实现。

（二）规划与管理协同合作性

智慧城市规划和管理需要政府、产业界、学术界和社会各界的协同合作。规划需要各方共同思考城市的未来发展方向和目标。管理则需要政府、企业和社会共同努力，推动智慧城市项目的实施和运营。

（三）规划与管理的风险和适应性

智慧城市规划和管理要考虑如何应对不可预见的风险，例如自然灾害、网络攻击等。规划中可以包括建设智能预警系统和适应性措施，而管理阶段需要针对这些预警采取适当的措施来减轻风险带来的影响。

（四）规划与管理的持续演进性

智慧城市规划和管理都需要保持灵活性和适应性，因为技术和城市需求都在不断变化。规划需要具备长远的眼光，而管理需要不断调整和更新，以确保智慧城市持续适应新的挑战和机遇。

综上所述，智慧城市规划与管理之间存在着紧密的关系，两者相辅相成，相互促进。规划为管理提供了目标和方向，管理为规划提供了实施的途径和实证。只有在规划和管理的双重引领下，智慧城市才能够实现可持续的发展，为市民创造更加宜居、便捷、绿色的生活环境。在未来的智慧城市建设中，规划者和管理者将继续合作，共同推动城市的智慧化和现代化。

参考文献

［1］CARATU M，PIGLIAUTILE I，PISELLI C，et al. A perspective on managing cities and citizens' well-being through smart sensing data[J]. Environmental Science & Policy. 2023，147（09）：169-176.

［2］WESTRAADT L，CALITZ A P. A modelling framework for integrated smart city planning and management[J]. Sustainable Cities and Society，2020，63.

［3］白羽. 新形势下智慧城市的规划建设[J]. 智能城市，2021，7（11）：51-52.

［4］刘振. 基于智慧城市框架搭建档案管理服务平台的现实路径[J]. 未来城市设计与运营，2023（05）：87-90.

［5］郑武积，李灵，周心宁，等. 基于大数据技术的智慧城市管理平台设计研究[J]. 中国信息化，2023（04）：61-62，54

［6］李静. 智慧城市发展背景下的现代城市规划设计[J]. 智能建筑与智慧城市，2020（07）：48-50.

［7］吴修艺. 智慧城市理念下现代中小城市规划原则研究[J]. 财富时代，2020（04）：203-204.

［8］郑时龄. 城市规划和当代科学技术[J]. 中国科学（技术科学），2023，53（05）：671-680.

☆　第十六章　☆

未来城市的进化与生长

　　智慧城市是指利用信息通信技术和物联网等手段，实现城市管理、服务和运行的高效、便捷和优化。智慧城市的核心是数据，通过对数据的收集、分析和应用，提升城市的智能水平。智慧城市主要关注城市的硬件设施和功能性需求，如交通、能源、安全、治理等。

　　未来城市则更加注重城市的软件环境和品质性需求，如文化、创意、生态、幸福等。未来城市不仅要实现数据驱动，还要实现价值驱动，通过对人类价值观和生活方式的深入理解，创造出更加符合人性和更具人文关怀的城市空间。未来城市的核心是人，通过对人的关怀、赋能，提升城市的可持续性和人文性。未来城市和智慧城市之间存在着密切而复杂的关系。一方面，未来城市是在智慧城市的基础上发展而来的，智慧城市为未来城市提供了必要的技术支撑和条件。没有智慧城市，就没有未来城市。另一方面，未来城市是对智慧城市的超越和批判，智慧城市存在着诸多不足和挑战，如数据安全、隐私保护、数字鸿沟、社会公平等。未来城市要求在满足功能性需求的同时，更加关注品质性需求；在提升效率和便利的同时，更加重视生态和幸福；在实现智能化的同时，更加强调人文化。因此，未来城市和智慧城市既是连续又是断裂的，既是同质又是异质的，既是融合义是转型的。未来城市不是简单地将智慧城市进行扩展或改造，而是在智慧城市之上构建出一种新的理念、模式和形态。未来城市是对智慧城市的进一步深化和提升，也是对智慧城市的重新定义和重塑。

未来城市的进化与生长是一个复杂而有趣的话题，它涉及多个学科和领域的知识和视角，如城市规划、社会学、经济学、生态学、文化学等。在这一章中，本书将从未来城市的进化理论、生长模式、生态系统、社会系统、治理系统、显著特征六个方面来探讨未来城市的进化与生长的过程和机制。

第一节　未来城市的进化理论

一、未来城市的形成机制

在未来城市的形成机制中，还有一个重要的因素，那就是全球化的影响。随着经济、政治、文化等方面的全球一体化，城市之间的联系和竞争也日益加强。如何在全球范围内寻找自己的定位和优势，建设适应未来的城市，是一个亟待解决的问题。本书基于全球视角，分析了未来城市在全球网络中的地位和作用，探讨未来城市的形成机制和特征，为未来城市的国际化和区域化提供一些思路和策略，并为未来城市的规划和建设提供一些参考和启示：

1. 全球网络。未来城市利用信息技术、交通技术、金融技术等手段，构建城市之间的互联互通和互动互助的网络关系，提高城市的全球竞争力和合作力。例如，通过建设全球信息平台，未来城市可以实现城市之间的信息共享和知识交流，提升城市的创新能力和学习能力；通过建设全球交通枢纽，未来城市可以实现城市之间的人员往来和物资流通，提升城市的开放度和吸引力；通过建设全球金融中心，未来城市可以实现城市之间的资金投入和收益分配，提升城市的财富水平和发展速度。

2. 全球治理。未来城市参与全球性的公共事务和问题的解决，遵守国际性的规则和标准，承担国际性的责任和义务，可以提高城市的全球影响力和公信力。例如，通过参与全球气候变化、反恐怖主义、人权保护等议题的讨论和行动，未来城市可以展示城市的责任感和领导力，提升城市在国际社会中的地位和声望；通过遵守世界贸易组织、世界卫生组织、联合国教科文组织等机构制定的规则和标准，未来城市可以保证城市的发展符合国际法律和道德，提升城市在国际市场中的信誉和竞争力；通过承担援助发展中国家、维护世界和平、促进人类文明等任务和义务，未来城市可以体现城市的公平感和正义感，提升城市在国际舞台上的影响力和合作机会。

3.全球文化。未来城市借鉴和吸收其他城市的优秀文化成果，传播和推广自己城市的独特文化特色，实现城市之间的文化交流和融合，提高城市的文化多样性和创造性。例如，通过学习其他城市的艺术、音乐、电影、美食等方面的文化表现形式，未来城市可以丰富自己城市的文化内涵和表达方式，提升自己城市居民的审美水平和生活品质；通过展示自己城市的历史、建筑、风景、民俗等方面的文化资源和魅力，未来城市可以增加自己城市在其他城市中的认知度和吸引力，提升自己城市在其他城市中的友好度和合作意愿；通过与其他城市进行文化交流和合作，未来城市可以促进城市之间的文化理解和尊重，提升城市之间的文化共识和共鸣。

二、未来城市的演化过程

城市是人类社会的产物，是人类活动的空间载体，是人类文明的重要标志。城市的本质是人与人、人与环境、人与社会的关系，城市的功能是提供生产、生活、交流、创新等多种服务。因此，城市的发展不仅受到科技进步和经济增长的影响，也受到社会变革和文化演进的影响。不同的时代和不同的地域，都会形成不同的城市模式和特色。本文将简要概述从传统城市到现代城市、智慧城市，最后到未来城市的演化过程。

本书认为，未来城市的演化过程是一个开放的、复杂的、多元的过程，不可能有一个唯一的、确定的、最优的结果。不同的城市会根据自身的历史、地理、文化、政治等条件，选择不同的发展方向和发展速度，形成不同的城市风貌和城市品质。因此，未来城市的演化过程需要尊重城市的多样性和差异性，避免单一化和强制性的规划和干预。同时，未来城市的演化过程也需要促进城市的协作和共享，实现城市之间的互联互通和互学互鉴，共同应对全球性的挑战和机遇。本书希望通过对未来城市的演化过程的分析，为城市规划和城市管理提供一些有益的启示和参考：

1. 传统城市。传统城市即以工业化为主导，以生产为中心，以规模为目标的城市，主要特征是高耗能、高污染、高密度和低效率。这种城市模式在历史上曾经推动了人类社会的进步和发展，但也带来了严重的环境问题和社会问题，如空气污染、交通拥堵、资源枯竭、贫富差距等。传统城市已经难以适应当代人类对于美好生活的需求和期待，需要进行深刻的转型和改革。

2. 现代城市。现代城市即以信息化为主导，以消费为中心，以质量为目标的城市，主要特征是高速度、高流动、高多样性和高竞争。这种城市模式在当今世界占据了主流地位，它利用信息技术和网络技术提高了城市的运行效率和服务水平，也促进了城市的文化交流和创意产业的发展。但是，现代城市也存在着一些问题和挑战，如信息过载、消费主义、同质化、压力增大等。现代城市需要在保持优势的同时，寻找更加平衡和可持续的发展路径。

3. 智慧城市。智慧城市即以智能化为主导，以服务为中心，以价值为目标的城市，主要特征是高互动、高协作、高适应性和高创造性。这种城市模式是未来城市发展的重要趋势之一，它利用大数据、云计算、物联网等新兴技术，实现了城市管理、公共服务、社会治理等各个领域的智能化和数字化，提高了城市的效率和品质，也增强了城市的创新能力和竞争力。智慧城市在实现智能化的同时，需要注重人文关怀和社会责任，避免技术决定论和数据霸权的风险。

4. 未来城市。未来城市即以创新化为主导，以人民为中心，以幸福为目标的城市，主要特征是高效率、高可持续、高包容和高幸福。这种城市模式是未来城市发展的理想目标和愿景，它不仅继承了传统城市、现代城市和智慧城市的优点和经验，而且突破了它们的局限和缺陷，实现了人与自然、人与社会、人与技术之间的和谐共生。未来城市需要在推动科技创新和社会变革的同时，关注人民的需求和幸福感，构建更加美好和有意义的生活方式。

三、未来城市的影响因素

未来城市是人类社会发展的重要方向，也是人类文明进步的重要标志。未来城市不仅是人类居住、生产和交流的空间，也是人类创新、发展和合作的平台。未来城市的建设和发展，关系人类的福祉和未来。因此，探讨未来城市的特征和趋势，分析未来城市的影响因素和挑战，对于促进未来城市的科学规划和可持续发展，具有重要的理论意义和实践价值。本书将未来城市的影响因素归结为以下四个方面：

1. 科技因素。科技因素影响即科技进步对未来城市的形态、功能、结构和运行等方面产生深刻影响。例如，智能化、数字化、网络化等新兴技术的发展，将使未来城市更加高效、便捷、节能和环保，同时也带来新的安全、隐私和伦理等问题。科技因素不仅影响城市的物质层面，也影响城市的精神层面，如城市的创新能力、文化氛围和社会凝聚力等。

2. 经济因素。经济因素影响即经济增长对未来城市的规模、布局、产业和竞争等方面产生重要影响。例如，经济全球化、区域一体化和市场化等趋势的加强，将促进未来城市的扩张、多中心化和多样化，同时也加剧城市之间和城市内部的差距、分化和冲突。经济因素不仅影响城市的空间形态，也影响城市的功能定位，如城市的核心竞争力、发展战略和合作机制等。

3. 社会因素。社会因素影响即社会变革对未来城市的人口、文化、生活和治理等方面产生广泛影响。例如，人口老龄化、多元化和流动化等现象的加剧，将使未来城市面临更大的服务需求、融合挑战和管理压力，同时也提供新的发展机遇、创新动力和社会资本。社会因素不仅影响城市的人文环境，也影响城市的价值取向，如城市的公平正义、包容开放和参与共治等。

4.环境因素。环境因素影响即环境变化给未来城市的资源、气候、灾害和适应等方面带来挑战。例如，资源紧缺、气候变暖和灾害频发等问题的加剧，将使未来城市面临更大的生存危机、发展障碍和安全风险，同时也催生新的技术革新、制度改革和社会行动。环境因素不仅影响城市的自然条件，也影响城市的责任担当，如城市的可持续发展、绿色转型和国际合作等。

第二节　未来城市的生长模式

一、未来城市的空间布局

未来城市是指那些能够适应和引领未来社会变革的城市，它们具有高度的创新能力、包容性、可持续性和智能性，能够为人们提供高质量的生活和工作环境。未来城市也是一种理想的城市模式，它们不仅要满足人们的基本需求，还要激发人们的潜能和创造力，促进人们的幸福和发展。然而，未来城市也面临着诸多的挑战，如人口增长、资源紧缺、环境污染、社会不平等，这些问题需要未来城市规划者和管理者用智慧和勇气去解决。因此，未来城市的空间布局（见图16-1）是一项重要的任务，它关系到未来城市的发展方向和质量。根据未来城市的发展目标和规划理念，人们对城市土地进行合理利用、对空间组织进行科学安排。本书将未来城市的空间布局所遵循的原则定义如下：

1. 适应未来城市的人口、经济、社会、文化和环境等方面的变化，保持城市空间的灵活性和可持续性。为此，未来城市规划应该采用动态的、开放的、多方参与的和协同的方式，充分考虑城市发展的不确定性和多样性，制定灵活的规划目标和策略，建立有效的规划实施和调整机制，实现城市空间的适应性和可变性。

2. 优化未来城市的功能分区，实现城市功能的多样化、均衡化和协调化，提高城市的综合效益和竞争力。为此，未来城市规划应该遵循功能分区的科学原则，合理确定城市功能的类型、规模、布局和结构，促进城市功能的互补、互动和整合，形成功能完善、效率高、质量好的城市空间。

图16-1　未来城市空间布局

3. 强化未来城市的核心区域，打造城市的标志性建筑和公共空间，提升城市的形象和品位。为此，未来城市规划应该突出核心区域的战略地位和作用，充分发挥核心区域在政治、经济、文化等方面的引领作用，优化核心区域的空间布局和功能配置，打造具有代表性、吸引力和影响力的核心区域。

4. 塑造未来城市的特色风貌，保护和利用好城市的历史文化遗产，增强城市的文化内涵和魅力。为此，未来城市规划应该尊重城市的历史文脉和地域特色，保持城市空间的连续性和一致性，兼顾城市空间的更新和保护，弘扬城市空间的文化价值和审美意义，营造有特色、有气质、有品位的城市空间。

5. 注重未来城市的生态环境，建设绿色低碳的城市，实现人与自然的和谐共生。为此，未来城市规划应该遵循生态优先和节约集约的原则，坚持绿色发展和低碳发展，优化城市空间与自然环境的关系，构建生态友好型和资源节约型的城市空间。

二、未来城市的功能分区

未来城市具有以下特征：智能化、创新化、包容化、绿色化和人本化。未来城市面临的机遇包括：科技进步带来的新型产业和服务，全球化带来的更广阔的市场和合作，社会多元化带来的更丰富的文化和价值，生态转型带来的更清洁的能源和环境。未来城市面临的挑战包括：资源紧缺带来的成本和压力，环境恶化带来的风险和危机，社会分化带来的冲突和不公，文化冲突带来的隔阂和误解。因此，未来城市需要有一个合理有效的功能分区，以应对这些机遇和挑战，实现未来城市的可持续发展。未来城市的功能分区（见图16-2），是指根据未来城市的发展需求和规划目标，按照不同的功能类型，将城市土地划分为不同的区域，并规定各区域内土地利用的性质、强度、条件和限制等。未来城市的功能分区应该遵循以下原则：

图16-2　未来城市功能分区

1. 体现未来城市的发展战略。突出各区域的功能定位和特色优势，形成有机互补、协同发展的功能体系。需要根据未来城市的发展目标和方向，明确各区域的功能定位，如科技创新区、文化旅游区、生态宜居区等；突出各区域的特色优势，如人才集聚、历史文化、生态环境等；建立各区域之间的联系和协作机制，实现功能的有机互补和协同发展。

2. 适应未来城市的空间结构。合理确定各区域的范围、位置和规模，构建紧凑高效、便捷舒适的空间格局。需要根据未来城市的空间需求和特点，合理确定各区域的范围、位置和规模，避免过度分散或过度集中，实现空间布局的均衡发展。需要优化未来城市的交通网络和设施，提高交通效率和便利性，缩短各区域之间的距离和时间，实现空间的紧凑高效。需要提升未来城市的景观品质和人居环境，增加绿色空间和公共空间，提高空间的美观性和舒适性，实现空间的便捷舒适。

3. 考虑未来城市的社会需求。充分满足居民生活、工作、学习、休闲等方面的多元化需求，提高居民生活质量和幸福感。需要根据未来城市的社会特征和趋势，充分考虑居民的多元化需求，如住房、就业、教育、医疗、文化等，提供多样化的服务和设施，满足居民不同阶段和不同层次的需求。需要促进未来城市的社会包容和公平，消除社会隔阂和不平等，增加社会参与和沟通，提高社会凝聚力和信任度。需要增强未来城市的社会活力和创造力，激发居民的创新意识和能力，支持社会创业和创新，提高社会竞争力和影响力。

4. 遵循未来城市的生态原则。充分利用自然资源和环境优势，保护生态系统服务功能，实现资源节约和环境友好。需要根据未来城市的生态条件和挑战，充分利用自然资源和环境优势，如太阳能、风能、水资源、气候条件等，发展清洁能源和低碳技术，降低能源消耗和碳排放。需要保护未来城市的生态系统服务功能，如水源涵养、空气净化、气候调节等，维护生物多样性和生态平衡，防止生态退化和灾害风险。需要实现资源节约和环境友好的生产方式和生活方式，推广循环经济和绿色消费，减少资源浪费和环境污染，提高资源利用率和环境质量。

三、未来城市的规划设计

未来城市的规划设计，是指在明确未来城市的空间布局和功能分区后，对各区域内土地利用、建筑形态、交通组织、公共设施、景观绿化等方面进行具体安排和设计。未来城市的规划设计应该遵循以下原则：

1. 以人为本，关注人们对于美好生活空间的期待和愿景，创造符合人性化尺度和人文氛围的空间环境。本书认为，规划设计的根本目的是为了满足人们对于生活质量的追求，因此规划设计应该以人的需求、感受、体验和价值为出发点和归宿，尊重人的主体性和多样性，充分考虑人在不同空间场景下的行为模式和心理状态，创造有利于人的身心健康、社会交往、文化认同和个性发展的空间环境。

2. 以创新为驱动，运用先进技术和智能手段，提高规划设计水平和质量，打造智慧高效、安全可靠、适应变化的空间系统。本书认为，规划设计是一种创造性的活动，需要不断地探索新的思路、方法和技术，以应对日益复杂和多变的社会环境和空间问题。本书借鉴了国内外最新的科技成果和智能应用，介绍了如何利用大数据、云计算、物联网、人工智能等技术手段，提升规划设计的精准性、效率性、安全性和灵活性，构建能够感知、分析、响应和优化空间运行状态的智慧空间系统。

3. 以协作为基础，加强各相关方面之间的沟通协调与合作共赢，形成广泛参与、共同决策、共享成果、共担责任的规划设计机制。本书认为，规划设计是一种协作性的活动，需要各相关方面之间的密切配合和有效沟通，以实现多方利益的平衡和协调。本书探讨了如何建立开放包容、互信互助、互利互惠的规划设计合作关系，如何促进政府、专业机构、社会组织、公众等各方面在规划设计过程中的广泛参与和有效沟通，如何形成共识、共建共享、共管共享的规划设计机制。

4. 以实施为导向，制定可操作性强、可监督性高、可调整性好、可持续性长的规划设计方案，并建立有效执行与评估机制。本书认为，规划设计是一种实践性的活动，需要将理想化的设想转化为现实化的行动，以实现预期目标和效果。本书分析了如何根据不同空间类型和层级制定具有可操作性强、可监督性高、可调整性好、可持续性长等特点的规划设计方案，并提出了如何建立有效执行与评估机制，以保证规划设计方案能够按照既定步骤和标准得到落实和检验。

第三节　未来城市的生态系统

一、未来城市的自然环境

未来城市的生态系统是指城市与其周边自然环境之间的相互作用和协调发展，包括城市内部的绿地、水域、空气等自然要素，以及城市外部的山川、森林、湿地等生态系统。未来城市的生态系统应该具有以下四个特点：

1. 适应气候变化，提高城市抵御自然灾害的能力，如防洪、防旱、防风沙等。为了实现这一目标，城市需要采取一系列的措施，包括规划和建设防灾设施，如水坝、水库、排水系统、防沙林等；加强城市的绿化和园林建设，增加城市的绿地面积和森林覆盖率，提高城市的蓄水能力和减少城市热岛效应；制定和实施应急预案，提高城市管理者和居民的灾害防范和应对能力，减少灾害造成的损失和影响。

2. 保护和恢复城市的生物多样性，维持城市内部和外部的生态平衡，促进人与自然的和谐共生。为了实现这一目标，城市需要采取一系列措施，包括保护和扩大城市的自然保护区，如公园、湿地和野生动植物栖息地等；恢复和增加城市的生态廊道，如河流、湖泊和绿道等，促进城市内部和周边地区的生物种群的交流和迁移；鼓励和支持城市居民参与生物多样性的保护和监测活动，如种植本土植物、观察和记录野生动物、参与志愿者服务等。

3. 优化城市的资源利用效率，减少城市对外部资源的依赖，实现城市的低碳循环发展。为了实现这一目标，城市需要采取一系列措施，包括推广和应用节能节水节材的技术和设备，如太阳能、风能、地热能等可再生能源，智能水表，节水器具，再生材料等；建立和完善城市的资源回收利用系统，如垃圾分类、废水处理、有机肥料制作等；倡导和培育城市居民节约环保的生活方式，如公共交通、共享单车和绿色消费等。

4. 提高城市的环境质量，改善城市居民的健康和福祉，提升城市的美誉度和吸引力。为了实现这一目标，城市需要采取一系列的措施，包括控制和减少城市的污染物排放，如尾气、废气、噪音和光污染等；监测和改善城市的空气质量、水质量和土壤质量等环境指标；丰富和优化城市的文化娱乐设施，如博物馆、图书馆、剧院和体育场馆等；提升和展示城市的历史文化特色，如古迹、风俗和美食等。

二、未来城市的资源利用

未来城市的资源利用将面临巨大的挑战和机遇。随着人口增长、经济发展和环境变化，城市需要更有效地管理和利用自然资源，以满足居民的需求，同时减少对生态系统的负面影响。未来城市的资源利用有以下五个特点：

1. 循环经济。未来城市将实现资源的最大化利用，通过循环使用、再利用和回收，减少资源的浪费和污染。未来城市将建立起一个闭合的物质循环系统，使得能源、水、食物、材料等资源在城市内部循环流动，从而提高资源的利用效率和可持续性。循环经济不仅有利于环境保护，也有利于经济发展，因为它可以降低生产成本，增加就业机会，创造新的价值和市场。

2. 绿色能源。未来城市将大力发展和利用可再生能源，如太阳能、风能、水能、生物质能等，以替代传统的化石燃料，减少温室气体的排放、减缓气候变暖进程。未来城市将建立起一个智能的能源网络，实现能源的分布式生产、存储和消费，提高能源的安全性和可靠性。绿色能源不仅可以满足城市的日益增长的能源需求，也可以促进城市的创新和竞争力，因为它可以支持新兴的产业和服务，如电动汽车、智慧家居和共享经济等。

3. 蓝色水源。未来城市将重视水资源的保护和节约，通过提高水的回收率、减少水的损耗和污染，实现水资源的可持续利用。未来城市将建立起一个多元化的水源供应体系，包括雨水收集、海水淡化和地下水开发等，以满足不同用途和需求的水质和水量。蓝色水源不仅可以保障城市的生存和发展，还可以增强城市的魅力和品质，因为它可以改善城市的景观和气候，提供休闲和娱乐的空间和活动。

4. 绿色食物。未来城市将推广和支持城市农业，利用屋顶、阳台、空地等空间种植蔬菜、水果、药草等，提供新鲜、健康、有机的食物给居民，同时增加城市的绿化和美化。未来城市还将发展和利用垂直农业、水培农业、人工光合作用等新型农业技术，提高食物的产量和质量。绿色食物不仅可以满足城市居民的营养和健康需求，也可以培育城市居民的环境意识和社区精神，促进居民之间的交流和合作。

5. 绿色材料。未来城市将采用和开发更多的环保材料，如生物降解材料、再生材料、纳米材料等，以替代传统的塑料、金属、混凝土等材料，降低材料的消耗和废弃物的产生。未来城市还将利用生物技术、3D打印技术等创造出具有新功能和特性的材料，提高材料的性能和效果。绿色材料不仅可以改善城市的建筑和设施，还可以拓展城市的功能和可能性，因为它可以适应不同的环境和需求，如自我修复、自我清洁和自我调节等。

三、未来城市的环境保护

未来城市的环境保护是指在城市发展过程中，采取各种措施，减少对自然资源的消耗和对生态环境的破坏，提高城市的生态效率和生态安全，实现城市与自然的和谐共生。未来城市的环境保护面临着许多挑战，如人口增长、资源紧缺、污染排放、气候变化等。为了应对这些挑战，未来城市需要采取以下四个方面的措施：

1. 建设绿色低碳的城市基础设施，如公共交通、可再生能源、智能电网、节水系统等，减少城市对化石能源的依赖和温室气体的排放。这些基础设施不仅能够提高城市的能源安全和效率，还能够改善城市的空气质量和减轻城市热岛效应。建设绿色低碳的城市基础设施需要政府、企业和社会共同参与，制定合理的规划、政策和标准，推动技术创新和应用，培育绿色消费和投资的市场需求。

2. 推进绿色循环的城市经济，如循环农业、循环工业、循环服务等，提高资源的利用率和回收率，降低废弃物的产生和处理成本。这些经济活动能够实现资源的最大化利用和最小化浪费，构建城市的物质代谢循环，减少对外部资源的依赖和对环境的压力。推进绿色循环的城市经济需要打破传统的线性生产模式，建立循环生产模式，发展循环产业链和循环产业园区，实施循环经济法规和激励机制，促进循环经济与数字经济、共享经济等新型经济形态的融合。

3. 促进绿色多元的城市社会，倡导绿色教育、绿色文化、绿色公民等，增强城市居民的环境意识和责任感，形成良好的生态文明价值观。这些社会因素能够提升城市居民的生态素养和行为能力，培养城市居民对自然和社会的尊重和关爱，塑造城市居民的绿色生活方式和消费习惯。促进绿色多元的城市社会需要加强绿色教育和培训，提供绿色文化和娱乐产品，激发绿色公民的参与和创造力，建立绿色社会组织和网络，形成多元化的利益相关者参与机制。

4. 保护绿色健康的城市生态，如绿地系统、湿地系统和水系统等，维护城市的生物多样性和生态功能，提高城市居民的健康水平和幸福感。这些生态系统能够为城市提供水源清洁、空气净化、气候调节、风险防范等生态服务，增加城市居民与自然互动的机会，满足城市居民对美好环境和生活质量的需求。保护绿色健康的城市生态需要制定科学合理的生态保护规划，实施严格有效的生态保护措施，开展全面系统的生态监测评估，营造有利于生态保护的社会氛围。

第四节　未来城市的社会系统

一、未来城市的人口结构

人口结构是指一个地区或国家的人口按照年龄、性别、教育、职业等特征分布的情况。人口结构反映了一个社会的历史、现状和发展趋势，影响着社会经济、政治、文化和环境等方面的发展。因此，研究未来城市的人口结构，有助于预测和应对未来城市面临的挑战和机遇，制定更合理和有效的规划和政策。本书将未来城市的人口结构归纳为以下四个方面：

1. 人口老龄化。随着医疗技术的进步和生活水平的提高，人们的寿命将会延长，老年人口的比例将会增加。根据联合国的预测，到2050年，全球60岁以上的人口将占总人口的22%，而目前这一比例为13%。老龄化将给未来城市的社会保障、医疗服务、养老设施等方面带来巨大的挑战和压力。为了应对这一挑战，未来城市需要加强对老年人口的关怀和支持，提供更多的就业、教育、娱乐等机会，延缓老年人口的退化和孤独，增强老年人口的幸福感和归属感。

2. 人口多元化。随着全球化的发展和人口流动的加快，未来城市将会吸引更多来自不同国家、地区、文化、宗教、种族等背景的人口，形成一个多元化的社会。这将有利于促进文化交流和创新，但也可能导致社会分化和冲突。因此，未来城市需要加强社会融合和包容，保护少数群体的权益，维护社会和谐。为了实现这一目标，未来城市需要建立更开放和公正的制度和政策，鼓励多元文化的表达和交流，消除歧视和偏见，增进人与人之间的理解和信任。

3. 人口智能化。随着科技的进步和教育的普及，未来城市中人的智力水平和创造力将会提高，成为一个知识型、创新型的社会。这将有利于推动经济发展和社会进步，但也可能加剧人才竞争和不平等。因此，未来城市需要提供更多的教育机会和资源，培养更多的高素质人才，促进社会公平。为了达到这一目的，未来城市需要改革教育体制和内容，适应人口智能化的需求和趋势，提高教育质量和效果，扩大教育覆盖和参与，缩小教育差距和不公。

4. 人口数字化。随着互联网的普及和数字技术的发展，未来城市的人口将会更加依赖数字化的工具和平台，进行信息交流和资源共享，形成一个数字化的社会。这将有利于提高生活效率和质量，但也可能造成个人隐私和安全的威胁。因此，未来城市需要建立更完善的数字基础设施和法律制度，保护人口的数字权利和利益，防止数字鸿沟。为了做到这一点，未来城市需要加强数字技术的研发和应用，提升数字服务的水平和范围，增加数字参与度和透明度，保障数字安全性和可靠性。

二、未来城市的社会组织

未来城市的社会组织将是一个多元化、开放化、协作化和智能化的网络结构，它将充分利用信息技术和人工智能，实现城市居民的自我组织、自我管理和自我服务。未来城市的社会组织将不再依赖于传统的行政区划和等级制度，而是根据居民的兴趣、需求和能力，形成各种灵活的社区和团体，实现跨地域、跨文化、跨领域的交流和合作。未来城市的社会组织将注重个性化和定制化，为每个居民提供个性化的教育、医疗、娱乐等服务，同时也尊重每个居民的隐私和自主权。未来城市的社会组织将促进社会公平和包容，消除贫困和不平等，保障每个居民的基本权利和福利，同时也鼓励每个居民参与社会事务和公共决策，提高社会责任感和公民意识。本书将未来城市的社会组织归结为以下四个方面：

1. 建立多元化的社区网络，促进不同群体之间的交流和互助，增强社会凝聚力和信任感。应该尊重和包容不同的文化、信仰、价值观和生活方式，促进社区内部和外部的沟通和合作，形成共同的目标和愿景。也应该支持和鼓励社区组织和志愿者队伍的发展，为其提供更多的社会服务和资源，满足不同层次和领域的需求，增加社区居民的归属感和幸福感。

2. 推动社会创新和公民参与，鼓励市民提出和实施解决社会问题的创意方案，提高社会效率和公共服务水平。建立更开放和包容的平台和机制，让市民有更多的机会和渠道参与城市的规划、建设、管理和评估，发挥市民的智慧和创造力，解决城市面临的各种挑战，如交通拥堵、环境污染、社会不公等。加强对社会创新项目的支持和推广，激发市民的创业精神和社会责任感，提升城市的竞争力和吸引力。

3. 发展智慧城市和数字化治理，利用大数据、人工智能、物联网等技术提升城市管理能力和透明度，增加市民对政府的监督和反馈。加快城市信息基础设施的建设和更新，实现城市各个部门和领域的数据共享和整合，提供更准确和及时的信息服务和决策支持。利用互联网、移动设备、社交媒体等工具，增强政府与市民之间的互动和沟通，搜集和反馈市民的意见和建议，提高政府的公信力和效率。

4. 倡导绿色低碳的生活方式，推广节能减排、循环利用、共享经济等理念和实践，降低城市对自然资源的依赖和消耗。加强对环境保护和气候变化的教育和宣传，提高市民的环境意识和行动力，鼓励市民采取更节约、更健康、更环保的生活方式，如使用公共交通、自行车或步行出行，使用可再生能源或节能设备，减少一次性用品或垃圾的产生等。支持和推动绿色产业和技术的发展，促进资源的循环利用和再生利用，实现经济发展与生态保护的协调与平衡。

三、未来城市的文化传承

文化是人类社会的精神产品，是人类对自然和社会的认识、理解和创造的总和。文化是城市的灵魂，是城市的个性和特色，是城市的竞争力和魅力。文化不仅反映了城市的历史和现状，也影响了城市的未来和发展。因此，未来城市的文化传承不仅是一种历史责任，也是一种发展需要。未来城市的文化传承是一个重要的课题，因为文化是城市的灵魂，是人类的共同财富。未来城市应该如何保护和发展自己的文化特色，同时又能与其他城市和国家进行文化交流和融合，是一个需要深入探讨和实践的问题。本书探索了未来城市的文化传承的路径，归结为以下四个方面：

1. 利用科技手段，对城市的历史文化遗产进行数字化、可视化、互动化的保护和展示，让更多的人能够了解和欣赏城市的文化底蕴。例如，通过建立数字博物馆、虚拟现实、增强现实等平台，将城市的历史建筑、文物、风俗等以多媒体的形式呈现给公众，让他们感受到城市的历史变迁和文化魅力。这样不仅可以有效地保护和传承城市的文化遗产，还可以提高城市的知名度和美誉度，吸引更多的游客和投资者。

2. 培养城市的文化创意产业，鼓励和支持本土的艺术家、作家、设计师等创造性人才，将城市的文化元素融入各种形式的艺术作品中，提升城市的文化影响力和吸引力。例如，通过设立文化创意园区、扶持文化创意企业、举办文化创意活动等方式，为城市的创意人才提供一个良好的环境和平台，让他们能够充分发挥自己的才华和创意，创造出具有城市特色和价值的艺术作品。这样不仅可以促进城市的经济发展和社会进步，还可以丰富城市的文化内涵和外延。

3. 加强城市之间和国际之间的文化交流和合作，借鉴和学习其他地方的优秀文化经验和做法，同时也向外界展示和推广自己的文化特色和价值，促进文化的多样性和共享。例如，通过建立友好城市关系、参与国际组织和机构、开展各种形式的文化交流活动等途径，与其他地方建立紧密而持久的文化联系，相互学习和借鉴，共同探索和解决面临的文化问题和挑战。这样不仅可以增进城市之间和国际之间的理解和友谊，还可以提升城市在全球范围内的文化地位和影响力。

4. 培育城市的文化氛围和公民素养，增强城市居民对自己所生活的城市的认同感和归属感，提高他们对文化的参与度和责任感，让他们成为城市文化传承和发展的主体和推动者。例如，通过加强公共教育、开展公益活动、完善公共设施等措施，提高城市居民对自己所生活的城市文化的认知和尊重，激发他们对自己所生活的城市文化的热爱和自豪。这样不仅可以增强城市居民之间的凝聚力和向心力，还可以培养出一批有文化素养和责任感的城市公民，为城市文化的传承和发展作出贡献。

第五节　未来城市的治理系统

一、未来城市的政治结构

未来城市的政治结构将是一种多层次、多中心、多主体参与的网络化模式。未来城市不再依赖于传统的国家主权和地域划分，而是根据功能、利益和价值观进行自组织和自治。未来城市的政治主体将包括各种形式的社区、企业、公民团体、专业机构和个人，这些主体通过信息技术和社会契约建立合作和协调的关系。未来城市的政治决策将更加民主、透明和包容，充分利用大数据、人工智能和区块链等技术提高效率和公正性。本书将未来城市的政治结构自上向下分为以下五个层面：

1. 全球层。未来城市将参与全球性的议题和合作，如气候变化、人权、贸易、安全等，通过全球性的组织和机制，如联合国、世界银行、世界贸易组织等，维护城市的利益和责任。在全球层面上，未来城市也将面临一系列的挑战和机遇，如全球化、多元化、竞争化等，需要不断地调整和适应，寻求创新和突破。

2. 区域层。未来城市将与同一地理区域或文化区域的其他城市形成区域性的联盟和伙伴关系，如欧盟、东盟、北美自由贸易协定等，促进区域内的经济、社会、文化的交流和发展。在区域层面上，未来城市也将尊重和包容区域内的差异和多样性，如语言、宗教、风俗等，需要建立和完善区域内的规则和机制，实现互利和共赢。

3. 城市层。未来城市将拥有较高的自治权和决策权，通过选举产生的城市政府和议会，负责制定和执行城市的法律、政策、规划等，同时也承担一定的税收和财政责任。在城市层面上，未来城市也将关注和平衡城市内部的利益和关系，如城乡、中心边缘、老少等，提升城市的治理能力和水平，实现公平和效率。

4. 社区层。未来城市将鼓励和支持社区的自组织和自管理，通过社区委员会、居民代表大会、志愿者组织等，解决社区内部的问题和需求，同时也参与城市层面的事务和决策。在社区层面上，未来城市也将促进和增强社区内部的凝聚力和活力，如文化、环境、安全等，发挥和利用社区的资源和优势，实现共生和发展。

5. 个人层。未来城市将尊重和保障个人的权利和自由，通过数字化和智能化的技术手段，提供个性化和定制化的服务和选择，同时也要求个人承担相应的义务和责任。在个人层面上，未来城市也将满足和激发个人的潜能和创造力，培养和塑造个人的素养和品质，实现自我超越。

二、未来城市的法律制度

未来城市的法律制度将是一种灵活、开放、智能的动态系统。未来城市的法律不再是固定的规则和条文，而是根据实际情况和社会需求不断进行更新和修订。未来城市的法律将充分尊重个人的自由和权利，同时也强调个人的责任和义务。未来城市的法律将利用互联网、物联网和云计算等技术实现实时监测、预警和执行，提高法律的适应性和有效性。未来城市是一个高度发达的社会，它需要一个完善的法律制度来保障其秩序和发展。未来城市的法律制度应该具有以下四个特点：

1. 适应科技进步和社会变革。未来城市的法律制度应该能够及时反映和规范科技创新和社会变迁所带来的新问题和新挑战，如人工智能、生物技术、网络安全、环境保护等。例如，未来城市的法律制度应该能够明确人工智能的法律地位和责任，保护生物技术的合理利用和伦理规范，防止网络安全的威胁和风险，促进环境保护的措施和效果。

2. 保障人权和公平正义。未来城市的法律制度应该能够充分尊重和保护人的尊严、自由、平等和发展，防止任何形式的歧视、剥削和侵犯，促进社会的和谐与进步。例如，未来城市的法律制度应该能够保障人的基本权利和自由，如生命权、健康权、教育权、表达权等，实现人的平等待遇和机会，如性别平等、民族平等、社会平等等，支持人的个性化和多元化发展，如文化发展、职业发展、创新发展等。

3. 强化法治精神和法治文化。未来城市的法律制度应该能够培养和弘扬法治精神和法治文化，提高公民的法律意识和法律素养，增强对法律的信任和遵守，维护法律的权威和效力。例如，未来城市的法律制度应该能够教育和引导公民尊重法律、遵守法律、维护法律，树立法治观念和价值观，形成法治习惯和行为规范，参与法治建设和监督，反对违法犯罪和减少腐败现象。

4. 优化法律体系和法律实施。未来城市的法律制度应该能够建立一个科学合理、系统完整、协调统一的法律体系，提高法律的适用性和操作性，完善法律的制定、解释、执行和监督机制，提高法律的效率和效果。例如，未来城市的法律制度应该能够根据不同领域和层次的需求，制定相应的法律规范和规则，确保法律的覆盖面和针对性；解释和阐明法律的含义和适用范围，确保法律的明确性和一致性；执行和实施法律的内容和要求，确保法律的有效性和公正性；监督和评估法律的运行状况和影响效果，确保法律的改进性和动态性。

三、未来城市的公共服务

未来城市的公共服务将是一种普惠、便捷、个性化的人本模式。未来城市的公共服务不再是由政府或机构单方面提供的福利，而是由多方参与者共同创造和分享的价值。未来城市的公共服务将涵盖教育、医疗、交通、环境、安全等各个方面，满足不同层次和类型的公民需求。未来城市的公共服务将运用大数据分析、人工智能推荐和虚拟现实交互等技术提高服务质量和用户体验。本书提出了未来城市的公共服务畅想：

1. 公共交通将会利用高速磁悬浮列车、无人驾驶汽车和飞行出租车等技术，提高运输效率和安全性，减少拥堵和污染。这些技术将会改变人们的出行方式和生活质量，让人们能够更快速、更舒适、更环保地到达目的地。高速磁悬浮列车可以在短时间内穿越城市和国家，无人驾驶汽车可以自动规划最优路线和避开障碍，飞行出租车可以在空中绕过地面的拥堵。

2. 公共卫生将会采用远程医疗、人工智能诊断和基因编辑等技术，提高医疗质量和可及性，预防和治疗各种疾病。这些技术将会让人们能够更方便、更准确、更有效地获得医疗服务和保障。远程医疗可以让医生和患者通过网络进行沟通和诊断，人工智能诊断可以利用大数据和机器学习分析病情和提供建议，基因编辑可以修改人类的遗传信息和修复缺陷。

3. 公共教育将会运用虚拟现实、在线课程和个性化学习等技术，提高教育质量和公平性，培养创新和合作的能力。这些技术将会让人们能够更灵活、更多样、更深入地学习知识和技能。虚拟现实可以模拟各种场景和实验，让学习更具有互动性和更有趣；在线课程可以让学习者自由选择时间和地点，跨越地域和文化的限制；个性化学习可以根据每个学习者的特点和需求，提供定制化的教学内容和方法。

4. 公共安全将会使用物联网、人脸识别和无人机等技术，提高监控和预警能力，防止和应对各种灾难和犯罪。这些技术将会让人们能够更安全、更及时、更有效地保护自己和社会。物联网可以连接各种设备和传感器，收集和分析各种数据，实现智能化的管理和控制；人脸识别可以快速识别出嫌疑人或目标人物，提高侦查和追捕的效率；无人机可以在空中进行巡逻和监视，及时发现并处理异常情况。

第六节 未来城市的发展趋势

一、未来城市的显著特征

（一）数字化

未来城市将利用大数据、云计算、物联网等技术，实现城市管理、服务、规划和创新的数字化转型，提高城市的效率和透明度，增强城市的韧性和可持续性。例如，未来城市将通过大数据分析，实时监测和预测城市的人口、交通、气候、能耗等各种指标，为决策者提供科学依据和优化建议；未来城市将通过云计算平台，集成和共享各种城市数据和服务，为居民提供便捷的在线办事和娱乐体验；未来城市将通过物联网技术，连接和控制各种智能设备和传感器，为城市提供高效的运维和管理。

（二）智能化

未来城市将广泛应用人工智能、机器学习、区块链等技术，打造智能交通、智能能源、智能安防、智能医疗等领域的智能应用，提升城市的便捷性和舒适性，增进城市的安全性和健康性。例如，未来城市将通过人工智能技术，实现自动驾驶、智能信号灯、智能停车等交通领域的创新，减少交通拥堵和事故，提高出行效率和安全；未来城市将通过机器学习技术，实现智能电网、智能照明、智能调节等能源领域的创新，降低能源消耗和浪费，提高能源利用率；未来城市将通过区块链技术，实现智能合约、智能身份、智能支付等安防领域的创新，保障数据安全和隐私，提高信任度和透明度。

数智时代：打造智慧城市

（三）绿色化

未来城市将注重环境保护、资源节约、碳中和等目标，采用可再生能源、循环经济、生态建筑等措施，实现城市的低碳发展，提高城市的生态性和美观性。例如，未来城市将通过可再生能源技术，利用太阳能、风能、水力等清洁能源，替代传统的化石燃料，减少温室气体排放，降低环境污染；未来城市将通过循环经济模式，实现废物的再利用、再生产、再消费，减少资源消耗和垃圾产生，提高资源利用效率和价值；未来城市将通过生态建筑理念，采用绿色材料、绿色设计、绿色施工等方法，打造节水、节电、节地的绿色建筑，增加绿化空间和生物多样性。

（四）人性化

未来城市将关注人的需求、幸福、参与等方面，推动社会公平、文化多样、民主治理等理念，实现城市的包容发展，提高城市的文明性和活力性。例如，未来城市将通过社会公平政策，保障城市居民的基本权利和福利，缩小贫富差距和社会分化，提高社会公正和和谐；未来城市将通过文化多样战略，尊重和保护城市的历史文化和民族特色，促进不同文化的交流和融合，提高文化认同和创新；未来城市将通过民主治理机制，增加城市居民的参与度和话语权，建立有效的沟通和协调平台，提高治理效能和满意度。

二、未来城市的关键技术

（一）信息技术

信息技术是未来城市的基础设施和核心驱动力，包括大数据、云计算、物联网、人工智能、区块链等技术，可以为未来城市提供海量的数据采集、存储、分析和应用的能力，支撑未来城市的数字化转型和智能化升级。例如，大数据技术帮助未来城市实现对各种社会经济活动的实时监测和预测，提高未来城市的决策效率和应对能力；云计算技术帮助未来城市

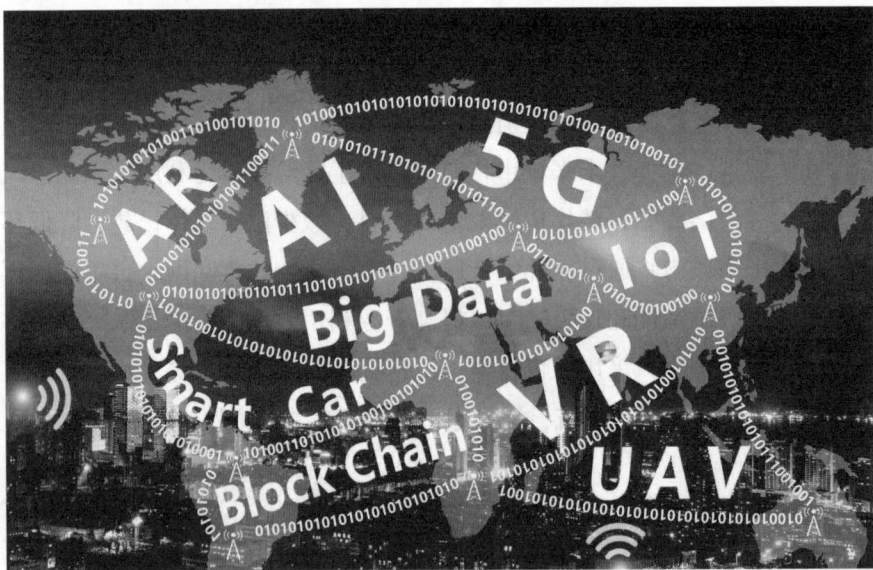

图16-3　未来城市信息技术

实现对各种数据资源的集中管理和共享利用，降低未来城市的运行成本和维护难度；物联网技术帮助未来城市实现对各种物理设备的智能控制和优化调度，提高未来城市的服务质量和资源利用率；人工智能技术帮助未来城市实现对各种复杂问题的智能分析和解决，提高未来城市的创新能力和竞争力；区块链技术帮助未来城市实现对各种交易数据的安全存储和验证，提高未来城市的信任度和透明度。未来城市信息技术情况见图16-3。

（二）通信技术

通信技术是未来城市的连接纽带和传输载体，包括5G、6G、卫星通信等技术，为未来城市提供高速的数据传输和无线覆盖的能力，支持未来城市的信息共享和互联互通。例如，5G技术可以帮助未来城市实现每秒数10Gbps（千兆比特每秒）的数据传输速率和毫秒级的网络延迟，满足未来城市对高清视频、虚拟现实、远程医疗等应用的需求；6G技术帮助未来城市实现每秒数百Gbps的数据传输速率和微秒级的网络延迟，满足未来城市对全息通信、脑机接口、量子计算等应用的需求；卫星通信技术帮助未来城市实现全球范围内的无线覆盖和数据连接，满足未来城市对遥感监测、导航定位、灾难救援等应用的需求。

（三）能源技术

能源技术是未来城市的动力源泉和保障条件，包括太阳能、风能、核能等可再生能源技术，以及储能、微电网等分布式能源技术，为未来城市提供清洁的电力供应和灵活的电力管理的能力，支持未来城市的绿色发展和碳中和目标。例如，太阳能技术可以帮助未来城市利用太阳光将水分解为氢气和氧气，作为清洁燃料使用或储存起来；风能技术帮助未来城市利用风力驱动风力发电机产生电力或制造氢气；核能技术帮助未来城市利用核裂变或核聚变产生大量的电力或热能；储能技术帮助未来城市利用电池、超级电容器、飞轮等设备储存多余的电力或热能，以备使用或调节供需平衡；微电网技术帮助未来城市利用智能电表、智能开关、智能变压器等设备构建自主的电力网络，实现对分布式能源的集成和优化。

（四）材料技术

材料技术是未来城市的构成元素和创新因素，包括纳米材料、生物材料、智能材料等新型材料技术，为未来城市提供轻质的结构材料和多功能的表面材料的能力，支持未来城市的生态建筑和美观设计。例如，纳米材料技术帮助未来城市利用纳米尺度的粒子或结构制造出具有超强强度、超轻重量、超高导热等特性的材料，用于建造高层建筑或高速交通工具；生物材料技术帮助未来城市利用生物分子或细胞制造出具有自我修复、自我降解、自我适应等特性的材料，用于修复受损的组织或器官或制作可穿戴的设备；智能材料技术可以帮助未来城市利用外部刺激如温度、光照、电压等改变材料的形状、颜色、透明度等特性，用于调节室内温度、光线或实现隐形效果。

三、未来城市的智能互联

（一）信息流通

未来城市的信息流通将是无处不在、无时不有的。通过物联网、云计算、大数据、人工智能等技术，城市中的各种设备、设施、服务、人员等都能实现信息的收集、传输、处理、分析和应用。这样，城市就能够实时感知自身的状态，动态调整运行模式，提高效率和质量，满足居民的多样化需求。例如，智能交通系统能够根据实时路况、优化路线和信号灯，减少拥堵和事故；智能环境系统能够根据空气质量和气象条件，调节排放和净化，改善生态和健康。

（二）资源共享

未来城市的资源共享指通过移动互联网、社交网络、区块链等技术，城市中的各种资源，如空间、物品、知识、技能等都能实现在线共享和交易。这样，城市就能够充分利用闲置资源，降低浪费和成本，增加收入和效益，促进社会公平和包容。例如，共享住宿平台能够让房东出租空闲房间，让旅客找到合适住处，增加双方的收益和体验；共享单车平台能够让车主出借闲置自行车，让骑手找到方便出行工具，减少双方的支出和污染；共享知识平台能够让专家提供咨询服务，让学习者找到有用信息，提高双方的知识和技能。

（三）安全连接

未来城市的安全连接将是具有可靠性和保密性的。通过密码学、认证机制、加密通信等技术，城市中的各种连接，如网络连接、数据连接、设备连接等都能实现安全的验证、传输和存储。这样，城市就能够防止信息的泄露、篡改和攻击，保护个人隐私和公共安全，维护社会秩序和法律规范。例如，数字身份系统能够让居民通过生物特征或数字证书进行身份认证，避免身份盗用或冒用；数据隐私系统能够让居民通过差分隐私或同态加密等技术进行数据保护，防止数据泄露或滥用；设备安全系统能够让居民通过数字签名或区块链等技术进行设备控制，阻止设备被劫持或破坏。

（四）实时高效

未来城市的实时高效将是快速、精准的。通过5G网络、边缘计算、机器学习等技术，城市中的各种应用，如智慧医疗、智慧零售、智慧工厂等都能实现实时响应、决策和执行。这样，城市就能够提升服务的速度和质量，满足居民的紧急和个性化需求，增强竞争力和创新力。例如，智慧医疗系统能够通过远程诊断、智能手术、个性化药物等技术，提供及时和精准的医疗服务；智慧零售系统能够通过无人店铺、智能推荐、自动结算等技术，提供快捷和个性化的购物服务；智慧工厂系统能够通过智能机器人、自动化流程、实时监控等技术，提供高效和优质的生产服务。

图16-4　未来城市智能互联

参考文献

［1］陈川江. 智慧城市理念与未来城市发展[J]. 城市建筑与发展，2022，3（9）：56-58.

［2］龚健雅，张翔，向隆刚，等. 智慧城市综合感知与智能决策的进展及应用[J]. 测绘学报，2019，48（12）：1482-1497.

［3］刘锋. 城市大脑的起源、发展与未来趋势[J]. 人民论坛（学术前沿），2021（09）：82-95.

［4］潘峰华，方成，李仙德. 中国城市网络研究评述与展望[J]. 地理科学，2019，39（07）：1093-1101.

［5］秦萧，甄峰，魏宗财. 未来城市研究范式探讨——数据驱动抑或人本驱动[J]. 地理科学，2019，39（01）：31-40.

［6］孙施文. 解析中国城市规划：规划范式与中国城市规划发展[J]. 国际城市规划，2019，34（04）：1-7.

［7］吴立新，刘帝旭，杨洋，等. 论城市地下空间资源评价：现状与未来[J]. 地下空间与工程学报，2022，18（01）：35-49.

［8］吴家骅. 未来城市[J]. 现代装饰，2019（04）：16-17.

［9］姚晓锐，王冠，杨超. 未来城市自动驾驶共享汽车规模研究：以上海为例[J]. 交通运输系统工程与信息，2019，19（06）：85-91.

［10］张洪海，邹依原，张启钱，等. 未来城市空中交通管理研究综述[J]. 航空学报，2021，42（07）：82-106.

［11］甄峰，李智轩. 数据驱动的中国城市空间治理框架设想[J]. 经济地理，2023，43（05）：26-35.

数智时代：打造智慧城市

☆ 第十七章 ☆

未来城市的能力与场景

　　未来城市的设计将重点放在智能化、快捷化、便捷化上。现如今城市规划有了更大的挑战和更高的要求，不仅要实现现代城市建设资源的合理整合和充分利用，还要充分顺应时代经济发展的新趋势，进一步正确处理现代城市规划和经济发展的大方向关系。未来城市的设计需要深入思考未来城市的能力和场景。本章将从未来城市的能力与场景两个方面进行深入的探讨。

第一节　未来城市的能力

一、未来城市将具备高度智慧化的能力

　　通过对5G、物联网、云计算、人工智能等先进技术的广泛应用，城市的基础设施实现全面的互联互通，最终形成城市的大脑。这个大脑能够实时监测城市的运行状态，敏锐地感知城市的变化，并根据大量数据进行分析和决策，为城市的顺畅运行提供强大的智慧支持。未来城市将具备许多

智能化和智慧化的能力，以下是其中一些重要的能力：

智能感知能力。未来城市将布满智能传感器和监控系统，可以实现实时感知和监测城市的各项指标，包括交通流量、环境质量、公共安全等。这些指标将为城市的运营和管理提供重要的信息。

智能决策能力。未来城市将利用人工智能和大数据技术进行智能决策，包括交通流量管理、能源分配、灾害应对等。这些决策将根据实时的数据和预测模型进行自动优化，以提高城市的效率和响应速度。

智能执行能力。未来城市将通过自动化和智能控制技术实现各项任务的执行，包括智能交通系统、智能电网、智能医疗设施等。这些任务将能够自动调整运行方式和优化流程，提高执行效率和准确性。

智能学习和适应能力。未来城市将能够根据实时的数据和反馈进行学习和适应，不断优化自身的运营和管理。例如，智能交通系统可以根据历史数据和实时交通情况进行学习，优化交通流量的预测和管理。

智慧治理能力。未来城市将利用人工智能和大数据技术实现智慧治理，包括智能城市规划、智能公共服务管理、智能环境管理等。这些治理方式将更加精细化，能够更好地满足居民的需求和提高城市的可持续性。

智慧居民服务能力。未来城市将通过智慧化的公共服务系统为居民提供更加便捷和个性化的服务，包括智慧医疗、智慧教育、智慧交通等。这些服务将通过智能设备和互联网实现更加高效的传输和交互，提高居民的生活质量。

这些智能化和智慧化的能力将使未来城市更加高效、智能和可持续，为居民创造更好的生活和工作环境。

二、未来城市将实现全面数字化的能力

在未来城市中，不仅基础设施将实现全面的数字化，城市的各个领域也将实现智能化管理。例如，智能交通系统将实现车辆的自动驾驶和最优路径规划；智能能源系统将实现能源的高效利用和清洁能源的普及；智能

环保系统将实现环境的实时监测和污染治理；智能公共设施系统将实现公共资源的优化配置和服务效率的提升。未来城市将成为一个全面智能化的城市，为居民提供更加高效、便捷、舒适的生活体验。未来城市将实现多个领域的数字化（见图17-1），包括但不限于：

数字基础设施。未来城市将具备高度数字化的基础设施，包括高速、可靠、安全的互联网和通信网络，以及智能化的交通、能源、公共安全等系统。这些基础设施将为城市的各个领域提供必要的信息和通信技术支持。

数字治理。未来城市将实现数字治理，包括智能城市规划、数字化公共服务管理、数字化环境管理等。这些数字化服务将通过数据分析和人工智能等技术实现更加精细化、个性化的管理和服务。

数字产业。未来城市将发展数字产业，包括互联网、人工智能、大数据、云计算等领域。这些产业将为城市创造更多的就业机会和经济增长点，推动城市的经济和社会发展。

图17-1　数字化城市

数字文化。未来城市将具备数字化的文化体验，包括虚拟现实、增强现实、数字艺术等。这些数字化文化体验将增强城市的独特性和吸引力，推动城市的文化交流和发展。

未来城市的数字化与数字经济的发展密切相关。未来城市是数字经济的核心领域和重要载体，数字经济的发展将推动未来城市的数字化进程。具体来说，数字经济的发展将为未来城市提供更多的技术、人才和资本支持，推动城市的数字化转型和升级。同时，未来城市的数字化也将为数字经济的发展提供更多的应用场景和市场需求，推动数字经济的持续发展。因此，未来城市和数字经济的发展是相互促进、相互依存的关系。

未来城市的数字产业化和产业数字化发展趋势是非常明显的。数字产业化是指将数字技术和信息产业化作为新的经济增长点，为城市创造更多的就业机会和经济增长点。未来城市将通过数字产业化和产业数字化来实现城市的可持续发展和经济社会的进步。未来城市的数字产业化将主要集中在互联网、人工智能、大数据、云计算等领域。这些领域的技术创新和应用将推动城市的数字化进程，为城市的发展提供更多的动力。产业数字化是指将传统产业与数字技术相结合，推动产业的转型升级和数字化转型。未来城市将通过产业数字化来实现更加高效、智能化和可持续的城市运营和服务。例如，在医疗领域，数字化医疗系统将实现更加精准和高效的医疗服务；在交通领域，智能交通系统将实现更加高效和安全的交通管理和服务。

未来城市的数字产业化和产业数字化发展趋势是相互促进的。数字产业化为产业数字化提供了必要的技术支持和保障，推动了产业的数字化转型和升级。同时，产业数字化也为数字产业化提供了广阔的应用场景和市场，进一步推动了数字经济的发展。

因此，未来城市的数字产业化和产业数字化是相互依存、相互促进的关系，共同推动城市的数字化转型和升级，实现更加可持续、包容和有活力的城市发展。

三、未来城市将具备个性化服务和定制化产品的能力

在未来城市中，居民的生活将更加个性化，各种服务和产品都将根据居民的需求和偏好进行定制。例如，智能家居系统可以根据居民的生活习惯和偏好自动调节室内环境，智能健康管理系统可以根据居民的健康状况为其提供个性化的健康管理和医疗服务。未来城市还将通过大数据和人工智能技术对居民的需求进行精准分析和预测，为居民提供更加个性化、精准的服务和产品。未来城市将具备个性化服务和定制化产品的能力，以满足居民对更加个性化和定制化的服务需求。以下是其中一些重要的能力：

智能个性化服务系统。未来城市将利用人工智能和大数据技术为居民提供智能个性化服务，例如智能健康管理、智能教育咨询、智能交通服务等。这些服务将根据居民的个人情况和需求进行定制，以满足居民的特定需求。

定制化产品和服务。未来城市将提供定制化的产品和服务，以满足居民的独特需求。例如，定制化的家居设计、定制化的医疗服务、定制化的教育培训服务等。这些产品和服务将根据居民的具体需求进行设计，以满足居民的个性化需求。

个性化公共空间。未来城市将提供个性化的公共空间，以满足居民的社交和娱乐需求。例如，个性化的社交场所、个性化的文化活动场所、个性化的娱乐场所等。这些空间将根据居民的个人兴趣和需求进行设计，增强城市的吸引力和独特性。

个性化交通服务：未来城市将提供个性化的交通服务，以满足居民的出行需求。例如，个性化的出行规划、个性化的交通工具租赁、个性化的交通路线规划等。这些服务将根据居民的具体出行需求进行设计和提供，提高出行的便利性和效率。

具备这些个性化服务和定制化产品的能力，未来城市将能够更好地满足居民的个性化需求，为居民提供更加优质、便捷和人性化的生活和工作环境。

四、未来城市将具备高度安全和可靠性

在未来城市中，各种先进的技术将被广泛应用，为城市的安全和稳定运行提供强大的保障。例如，智能监控系统可以实现全覆盖、实时监控，智能应急系统可以实现快速响应和高效救援，智能安全预警系统可以预测和防范各种安全风险。未来城市还将采用高度可靠的数字化系统和设备，确保城市的稳定运行和公共服务的质量。未来城市将具备高度安全和可靠性，以确保城市的稳定和居民的安全。以下是其中一些重要的能力：

智能监控系统。未来城市将利用智能监控系统对城市进行全方位的监控和警报。这些系统将采用先进的人工智能和视频分析技术，实时检测异常行为和安全威胁，并迅速发出警报。

智能安全预警系统。未来城市将建立智能安全预警系统，通过收集和分析数据，预测和预警潜在的安全威胁。这些系统可以利用大数据、人工智能和传感器技术，对城市的安全状况进行实时监测和预警。

高度安全的通信网络。未来城市将具备高度安全的通信网络，以确保信息的安全传输和数据隐私。这些网络将采用先进的加密技术和安全协议，防止网络攻击和数据泄露。

快速响应的应急管理系统。未来城市将建立快速响应的应急管理系统，以应对各种紧急情况和突发事件。这些系统将具备高效的应急响应能力和协调能力，能够迅速启动应急计划和采取有效措施，确保居民的安全和城市的稳定。

智能消防和救援系统。未来城市将建立智能消防和救援系统，通过先进的传感器技术和实时监测，迅速发现火灾和救援需求，并迅速采取行动。这些系统将具备高效的应急救援能力和协作能力，能够迅速控制火势和救援受困人员。

具备这些高度安全和可靠性的能力，未来城市将能够更好地保障居民的安全和城市的稳定，为居民提供更加安全、可靠和舒适的生活和工作环境。

五、未来城市将具备可持续性和绿色环保的能力

未来城市将广泛采用可再生能源和环保材料，实现城市的绿色和可持续发展（见图17-2）。例如，太阳能、风能等可再生能源将被广泛应用，建筑和交通系统将实现绿色环保，垃圾分类和回收系统将实现垃圾的全面分类和高效回收利用。未来城市还将推广绿色出行方式，如共享单车、电动汽车等，减少对环境的污染和资源的消耗。未来城市将具备可持续性和绿色环保的能力，以实现城市的可持续发展和环境保护。以下是其中一些重要的能力：

资源高效利用。未来城市将采用高效的资源利用方式，包括水、能源、土地等。这些城市将采用先进的节能技术和资源循环利用技术，提高资源的利用效率，减少资源的浪费和消耗。

绿色建筑和基础设施。未来城市将广泛采用绿色建筑和基础设施，包括节能建筑、绿色交通设施、雨水收集和处理设施等。这些设施将采用环保材料和绿色技术，减少对环境的影响和能源的消耗。

图17-2 绿色城市

智能能源管理。未来城市将实现智能能源管理，采用可再生能源和智能电网技术，实现能源的持续供应和优化配置。这些城市将采用智能能源管理系统，实时监测和调整能源的分配和使用，提高能源的利用效率和减少能源的浪费。

生态环境保护。未来城市将加强生态环境保护，采用生态修复和绿化工程技术，提高城市的生态环境和自然承载力。这些城市将广泛种植树木和花草，增加城市的绿化率和生态多样性，改善城市的气候和空气质量。

绿色出行和交通管理。未来城市将推广绿色出行和交通管理，采用低碳和环保的交通方式，包括自行车出行、公共交通、步行等。这些城市还将采用智能交通管理系统，优化交通流量和减少交通拥堵，提高交通效率和安全性。

具备以上可持续性和绿色环保的能力，未来城市将能够更好地实现可持续发展和环境保护，为居民提供更加健康、舒适和可持续的生活和工作环境。

六、未来城市将具备创新性和创造力的能力

在未来城市中，创新将成为城市发展的重要驱动力。未来城市将鼓励创新思维和创新创业，为创新企业和创新人才提供良好的发展环境和政策支持。未来城市还将建立各种创新平台和创新社区，促进创新人才和创新企业的聚集和交流，推动新兴产业的发展和传统产业的转型升级。未来城市将具备创新性和创造力的能力，以推动城市的持续发展和创新。以下是其中一些重要的能力：

创新科技应用。未来城市将广泛采用最新的科技创新和应用，包括人工智能、区块链、物联网、5G等技术，并将这些技术应用于城市的各个领域，实现智能化、高效化、便捷化的城市管理和服务。

创新产业和就业机会。未来城市将发展创新产业和创造新的就业机会，包括高科技产业、文化创意产业、绿色产业等。这些产业将为城市的

经济发展提供新的动力和就业机会，推动城市的转型升级和居民的多元化就业。

创新文化和艺术。未来城市将注重创新文化和艺术的发展，包括支持文化创意产业、举办艺术展览和文化活动、培养文化人才等。这些文化和艺术活动将增强城市的独特性和吸引力，激发居民的创造力和创新思维。

创新城市规划和设计。未来城市将采用创新的城市规划和设计，包括绿色建筑、生态城市、智慧城市等。这些规划和设计将注重城市的可持续性和人性化，提高城市的品质和生活质量。

创新教育和学习。未来城市将注重创新教育和学习的发展，包括在线教育、虚拟现实教学、实践教育等。这些教育和学习方式将提高教育的灵活性和个性化，培养居民的创新思维和实践能力。

具备创新性和创造力的能力，未来城市将能够更好地推动城市的创新和发展，为居民提供更加具有创新、创意和富有活力的生活和工作环境。

第二节　未来城市的场景

具备高度智能化和可持续性的未来城市将在智能交通、智能能源、智能建筑和智能家居、智慧公共服务、智能公共设施和创新创业等场景中发挥重要作用。未来城市将提升城市的生产效率、改善城市居民的生活质量、推动城市的经济发展、提高城市的治理效率，并将实现城市的可持续发展和社会的和谐。

一、智能交通场景

未来城市的交通场景将实现全面智能化，包括智能车辆、智能交通信号灯、智能交通管理中心等。通过实时感知和分析路况信息，智能交通场景可以有效地缓解交通拥堵，提高交通效率，同时降低交通事故的发生率。未来城市还将推广智能共享出行服务，市民可以通过手机预约共享车辆，实现快速、便捷的出行。未来城市的智能交通场景（见图17-3）将实现交通的智能化、自主化和共享化，提高交通效率和便利性，减少城市交通拥堵和交通事故，为城市的可持续发展提供有力支持。

二、智能能源场景

未来城市的能源场景将实现全面数字化和智能化，包括智能电网、智能能源管理、智能储能设备等。通过智能能源系统，未来城市可以实现能源的高效利用和节约，提高能源供应的可靠性和安全性。未来城市还将推广太阳能、风能等可再生能源的使用，建设更加环保、可持续的能源系

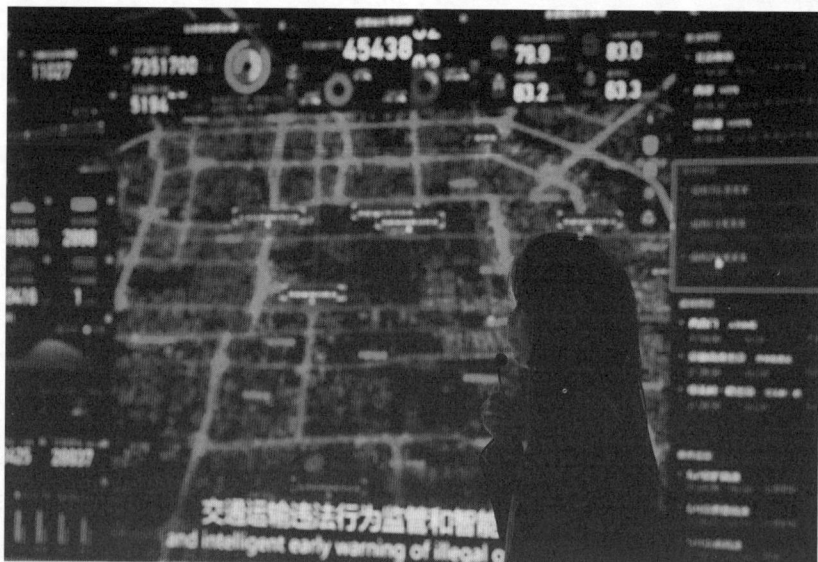

图17-3　智能交通场景

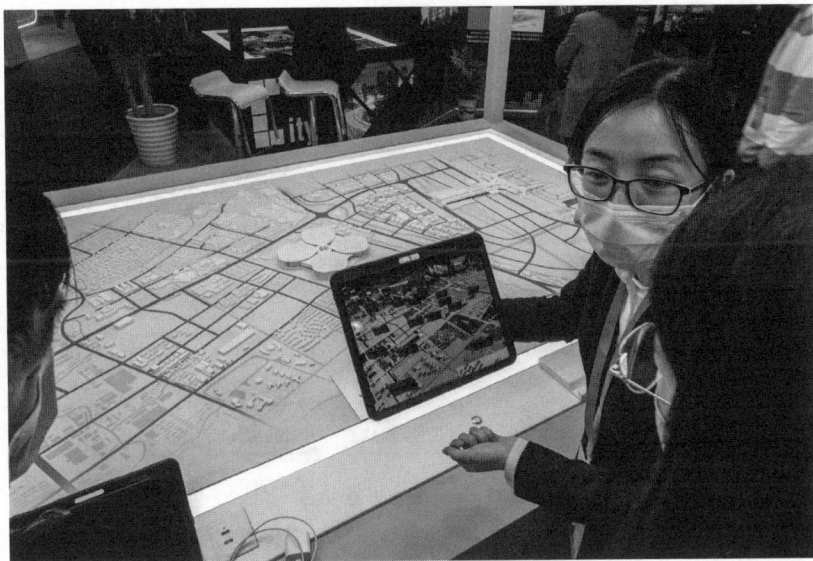

图17-4　智能能源场景

统。未来城市的智能能源场景（见图17-4）将实现能源的智能化、清洁化和高效化，提高能源的利用效率和安全性，减少对传统化石燃料的依赖和环境污染，为城市的可持续发展提供有力支持。

三、智能建筑和智能家居场景

未来城市的建筑和家居将实现全面智能化，包括智能建筑、智能家居（见图17-5）、智能家电等。通过智能建筑和智能家居，未来城市可以实现更加舒适、安全、节能的居住环境。未来城市还将推广智能家电，实现家电之间的互联互通和智能化控制，提高生活的便利性。未来城市的智能建筑和智能家居场景将实现建筑的智能化、家居的智能化、健康养老的智能化和安全防护的智能化，提高居民的生活品质和健康保障，为城市的可持续发展提供有力支持。

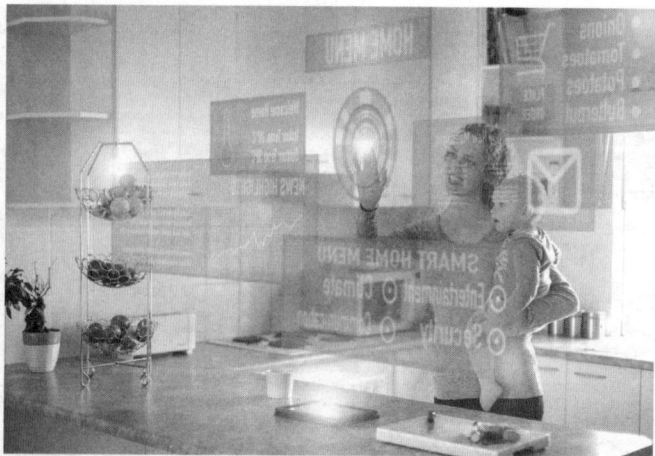

图17-5　智能家居场景

四、智能公共服务场景

　　未来城市将通过数字化和智能化技术优化资源配置，提升公共服务质量，包括医疗、教育、文化娱乐等方面。未来城市的公共服务将更加智能化、个性化和便捷化（见图17-6），满足市民多样化的需求。未来城市还将推广智慧医疗系统，实现医疗资源的优化配置和医疗服务的智能化。

图17-6　智能公共服务场景

数智时代：打造智慧城市

五、智能公共设施场景

未来城市的环保和公共设施将实现全面数字化和智能化，包括智能环保监测设备、智能公共设施管理系统等。通过智能环保和智能公共设施（见图17-7），未来城市可以实现更加高效、便捷、环保的城市管理和服务。未来城市还将推广智能垃圾分类和回收系统，实现垃圾的精准分类和高效回收利用。未来城市的公共设施场景将实现设施的智能化、绿色化、多功能化、开放共享化和安全健康化，为居民提供更加便利、舒适和可持续的生活和工作环境。

图17-7　中国邮政智能报刊亭

六、创新产业和创新创业场景

未来城市将具备创新性和创造力的特性，通过数字化和智能化技术推动城市创新和产业升级。未来城市还将成为创新人才的聚集地，吸引更多的创新企业和创新人才入驻。同时，未来城市也将推广创新创业平台，为创新企业和创新人才提供更多的支持和帮助。未来城市的产业和工作场景将实现产业的数字化和智能化、创意和创新、绿色和可持续发展，以及工作的个性化和定制化、灵活和远程、跨界和合作，为居民提供更加多样、创新、便捷和高效的工作和生活环境，如图17-8所示。

图17-8　创新产业和创新创业场景

数智时代：打造智慧城市

参考文献

［1］EMAMIAN M，ESKANDARI A，AGHAEI M，et al. Cloud computing and IoT based intelligent monitoring system for photovoltaic plants using machine learning techniques[J]. Energies，2022，15.

［2］ELAHI E，KHALID Z. Estimating smart energy inputs packages using hybrid optimisation technique to mitigate environmental emissions of commercial fish farms[J]. Applied Energy，2022（326）：119602

［3］JUGRAVU B A，SAVU T，OPRAN C G. Simulations interoperable transport using intelligent algorithms for polymeric products manufacturing[J]. Macromolecular symposia，2022.

［4］LUIS ANDRE，WERNECKE FUMAGALLI，REZENDE D，et al. Data intelligence in public transportation：sustainable and equitable solutions to urban modals in strategic digital city subproject[J]. Sustainability，2022，14.

［5］LI B，YANG M，LI Z，et al. Research on central air conditioning control strategy of intelligent building group based on DFT[J]. IET Generation，Transmission & distribution，2022（10）：16.

［6］TANG X，ZHAO L，CHONG J，et al. 5G-based smart healthcare system designing and field trial in hospitals[J]. IET Communications，2022（01）：16.

［7］陈冠宇. 等级治理、市场治理、网络治理的模式演进及融合——基于Q市"绿色出行"项目的考察[J]. 河海大学学报（哲学社会科学版），2022，24（02）：102-108.

［8］李静.智慧城市发展背景下的现代城市规划设计[J].智能建筑与智慧城市，2023（07）：48-50.

［9］王鹏.数字赋能融合发展助力商圈提质升级[J].前线，2023（04）：53-56.

［10］徐蕾，李莎，宁焕生.Web3.0概念、内涵、技术及发展现状[J].工程科学学报，2023，45（05）：774-786.

［11］周利敏，罗运泽.数智赋能：智慧城市时代的应急管理[J].理论探讨，2023（02）：69-78.

☆ 后 记 ☆

　　城市作为经济、治理和公共服务的核心单元，在推进数字中国建设中扮演着至关重要的角色。习近平总书记在党的二十大报告中指出，"打造宜居、韧性、智慧城市"。这是以习近平同志为核心的党中央深刻把握城市发展规律，对新时代新阶段城市工作做出的重大战略部署。他指出，"运用大数据、云计算、区块链、人工智能等前沿技术推动城市管理手段、管理模式、管理理念创新，从数字化到智能化再到智慧化，让城市更聪明一些、更智慧一些，是推动城市治理体系和治理能力现代化的必由之路，前景广阔"。

　　根据《智慧城市 术语》（GB/T 37043—2018），智慧城市是指"运用信息通信技术，有效整合各类城市管理系统，实现城市各系统间信息资源共享和业务协同，推动城市管理和服务智慧化，提升城市运行管理和公共服务水平，提高城市居民幸福感和满意度，实现可持续发展的一种创新性城市"。智慧城市建设必须以人民为中心、以科技为驱动、以绿色为理念、以共享为目标。近年来，全国各地积极推动智慧城市建设，在政务服务、交通出行、医疗健康、公共安全等方面取得了显著进展和成就。

随着大数据、云计算、互联网、物联网等信息技术的发展，泛在感知数据和图形处理器等计算平台推动以深度神经网络为代表的人工智能技术飞速发展，大幅跨越了科学与应用之间的"技术鸿沟"，诸如图像分类、语音识别、知识问答、人机对弈、无人驾驶等人工智能技术实现了从"不能用、不好用"到"可以用"的技术突破，迎来爆发式增长的新高潮。当前，人工智能作为新一轮科技革命和产业变革的重要驱动力量，已经成为推动新质生产力发展的重要引擎。如何面对前沿科技和颠覆性技术带来的巨大历史机遇，不断加快智慧城市建设步伐，提升城市治理现代化水平，让城市治理更智能、更高效、更精准，更好服务城市高质量发展、高效能治理、高品质生活，增强人民群众的获得感、幸福感、安全感是重要的具有现实意义的研究课题。

应湖南人民出版社之邀，我们组织编写了这本《数智时代：打造智慧城市》，力求表现近期代表性研究与实践成果，希冀为理论界、学术界等社会各界提供参考借鉴。本书从理论、技术、实践和未来四个篇章入手，深入剖析了国内外智慧城市建设的模式和典型经验，重点论述了前沿技术和颠覆性技术对智慧城市建设的重大价值和应用发展方向，分析展望了我国在智慧交通、智慧环保、智慧公共服务等领域的实践案例和未来发展前景，重点梳理和总结了我国在构建区域协调、城市可持续发展新格局，打造宜居、韧性、智慧城市，推动城市治理体系和治理能力现代化方面进行的不懈探索和取得的宝贵经验成果。本书的具体撰写分工如下：陈晓红院士制订了本书的大纲，组织整理和撰写了各个章节；任剑教授、张新玉博士对全书进行了统稿、校稿并参加了本书的编写；张军号博士、何成文博士、彭晗博士、张震博士、詹敏博士、史庆宇博士、刘丽艳博士、刘金金博士、许冠英博士、陈杰博士参加了本书的编写；李沁博士对全书的编写工作进行了辅助支持。在本书的撰写过程中，我们参考了诸多学者、机构的研究成果及应用实践，使得本书能够比较全面地反映智慧城市建设理论的最新研究与应用进展。在此，对上述参与人员及相关学者、机构表示衷心的感谢和诚挚的祝福！祝愿智慧城市的理念和实践，能够照亮我们前行的道路，引领我们走向一个更加美好的未来。

本书编写组
2024 年 5 月